Texte und Materialien
veröffentlicht vom Institut für Zeitgeschichte
2

R. Oldenbourg Verlag München 1985

Bibliographie zum Strafrecht im Nationalsozialismus

Literatur zum Straf-, Strafverfahrens- und Strafvollzugsrecht mit ihren Grundlagen und einem Anhang: Verzeichnis der veröffentlichten Entscheidungen der Sondergerichte

von
Hinrich Rüping

unter Mitarbeit von Josef Deuringer,
Gisela von Knorring, Kerstin Langen

R. Oldenbourg Verlag München 1985

CIP-Kurztitelaufnahme der Deutschen Bibliothek

Rüping, Hinrich:
Bibliographie zum Strafrecht im Nationalsozialismus : Literatur zum Straf-, Strafverfahrens- u. Strafvollzugsrecht mit ihren Grundlagen u.e. Anh.: Verzeichnis der veröffentlichten Entscheidungen der Sondergerichte / von Hinrich Rüping. Unter Mitarb. von Josef Deuringer ... – München : Oldenbourg, 1985.
(Texte und Materialien / Institut für Zeitgeschichte)
ISBN 3-486-52711-8

NE: HST

Gesamtherstellung: R. Oldenbourg Graphische Betriebe GmbH, München

ISBN 3-486-52711-8

Inhaltsübersicht

Systematische Übersicht

Einleitung

"Äußerungen zum nationalsozialistischen Strafrecht sind bisher überraschend selten", beginnt Hans Dieter Freiherr von Gemmingen seine 1933 erschienene Programmschrift "Strafrecht im Geiste Adolf Hitlers". Dieser Eindruck sollte sich schnell ändern. Der Strom zeitgenössischer Literatur schwillt kurz darauf schlagartig an und steigt unaufhaltsam, bis er durch die Kriegsverhältnisse zunehmend eingeengt wird und etwa ein Jahr vor Ende der nationalsozialistischen Herrschaft austrocknet. Traditionelle Zeitschriften aus der "Systemzeit" stellen bald nach 1933 ihr Erscheinen ein oder werden - wie die renommierte "Juristische Wochenschrift" - von entsprechenden Organisationen der Partei übernommen. Nationalsozialistisches Rechtsdenken sickert in juristische Periodika ein, bis es diese durch eigene Publikationsorgane matt setzt. Ebenso zeigt die Analyse zahlreicher Monographien, wie das neue Denken unmittelbar nach 1933 nur eine Art Vorreiter in der Literatur bildet, dagegen Ende der dreißiger Jahre in zunehmender Breite in allen Bereichen wichtige Positionen erobert hat und schließlich in den Strudel der Kriegsverhältnisse gerät.

Die weltanschauliche Ausrichtung schafft nicht reine Formen linientreuer Literatur, der ideologisch neutrale Stellungnahmen gegenüberständen, sondern läßt ein Gemenge aus unterschiedlichen Ansätzen entstehen. Die Bandbreite reicht von fanatisierten Beiträgen, die hymnisch dem neuen Geist huldigen, bis zu häufig schmalbrüstigen Untersuchungen zu Detailproblemen, die wegen ihrer engen Anlage weder juristisches noch zeitgeschichtliches Interesse beanspruchen können. Das breite Mittelfeld wird bestimmt durch die Masse von angepaßten bis opportunistischen Arbeiten, die unser Urteil über Quantität wie Qualität der "intellektuellen Revolution" im Bereich der Rechtswissenschaft begründen. Greifbar wird dieser Prozeß gerade an den für die Ausbildung der Studenten und Referendare geschriebenen Beiträgen.

Die Bibliographie erscheint 40 Jahre nach dem Zusammenbruch der nationalsozialistischen Herrschaft, - in einer Zeit, die keineswegs einheitliche, sondern disparate Ansätze in der wissenschaftlichen Auseinandersetzung mit dieser Epoche der deutschen Vergangenheit sichtbar werden läßt. Aus der Sackgasse, in der viele rein theoretischen Deutungen münden, können nur an den Quellen orientierte Untersuchungen führen. Sie gestatten differenziertere Einsichten, bereiten neue Antworten auf bekannte Fragen wie die nach der Kontinuität im Rechtsdenken vor und erschließen neue Bereiche, wie den der Literatur zur juristischen Ausbildung.

Um die Forschung auf eine letztlich tragfähige Basis zu stellen, wäre eine Bibliographie zum gesamten Recht erforderlich. Sie bleibt jedoch Zukunft, da sie das Leistungsvermögen auch mehrerer Einzelner übersteigt und nur in groß angelegten Forschungsprojekten verwirklicht werden kann. Die vorliegende Bibliographie beschränkt sich daher auf das Teilgebiet des Strafrechts. Sie erfaßt damit nicht nur einen gegenüber ideologischen Wandlungen stets anfälligen Bereich, sondern auch den im Mittelpunkt des allgemeinen, nicht spezifisch juristischen Interesses stehenden Bereich des Rechts.

Strafrecht umfaßt dabei nicht nur im strengen Wortsinn den Bereich des materiellen Strafrechts, sondern dient als Oberbegriff auch für das Strafverfahrensrecht und Strafvollzugsrecht. Viele der hier auftauchenden Aspekte blieben jedoch unverständlich, wenn sie nicht auf ihre Grundlagen in anderen Bereichen bezogen würden. Daß etwa die für Einzelheiten im Verfahrensrecht charakteristische Bewertung der Individual- im Verhältnis zu den Gemeinschaftsinteressen von staats- und verfassungsrechtlichen Vorfragen abhängt, liegt auf der Hand. Deshalb werden in Teil 1 rechtliche "Grundwerte" in ihrer weltanschaulichen Bedingtheit behandelt. Teil 2 befaßt sich mit Grundlagen im Staatsrecht sowie mit öffentlich-rechtlichen Aspekten nationalsozialistischer Gliederungen. Teil 3 geht auf die Grundlagen von Rechtspflege und Rechtsprechung ein, behandelt die Stellung des Richters zum Gesetz sowie als besonderen Schwerpunkt die juristische Aus- und Fortbildung. Der dem materiellen Strafrecht gewidmete Teil 4 bezieht am Ende des Allgemeinen Teils die Sanktionen sowie die Kriminologie ein. Strafverfahrensrecht in Teil 5 ist ausgeweitet auf das Verfahren besonderer Gerichtsbarkeiten, da diese, wie in der Partei- oder Polizei- und SS-Gerichtsbarkeit, Modellvorstellungen enthält. Die an den Strafvollzug in Teil 6 anschließenden Materien

(Polizeirecht in Teil 7, Verwaltungs- und Völkerrecht in Teil 8) nehmen einzelne Aspekte aus den vorangegangenen Teilen auf (wie im Beamten- und Dienstrecht) oder betreffen methodisch wichtige Fragen in Nebengebieten (wie die im Steuerrecht verwirklichte Interpretation der Gesetze nach nationalsozialistischen Richtlinien). Als Nachtrag sind einschlägige Titel aus dem Schrifttum angeführt, das in der Sicht der Reichsschrifttumskammer als "schädlich und unerwünscht" galt und deshalb nicht angezeigt werden durfte. Das 1949 als Ergänzung I zur Deutschen Nationalbibliographie erschienene "Verzeichnis der Schriften, die 1933-1945 nicht angezeigt werden durften", eröffnet unersetzbare zeitgenössische Quellen, insbesondere soweit sie der Opposition angehören. Ein Anhang mit den veröffentlichten Entscheidungen der Sondergerichte trägt dem besonderen Informationsbedürfnis in diesem berüchtigten und immer noch aktuellen Bereich nationalsozialistischer Strafrechtspflege Rechnung.

Die Systematisierung will nicht wissenschaftlich lückenlos und erschöpfend sein, sondern folgt dem vorhandenen Material. Für den Benutzer wesentliche, systematisch schwer zu entwickelnde Aspekte wie die Stellung der Frau in der juristischen Ausbildung (3.6.3.4), die Diskussion um den Volksrichter (5.5.2.5) oder das Verfahren in politischen Strafsachen (5.12.8) sind daher eigens erwähnt. Das Register zu den Sachgesichtspunkten soll das Auffinden erleichtern.

Innerhalb dieses Rahmens konnte die Literatur nicht vollständig berücksichtigt, sondern mußte ausgewählt werden. Wichtige Monographien sind in der Regel geläufig oder zumindest leicht zu ermitteln, und über sämtliche selbständige Veröffentlichungen prominenter Autoren wie etwa Freislers im Strafrecht gibt unschwer das Gesamtverzeichnis des deutschsprachigen Schrifttums Aufschluß. Die vorliegende Auswahlbibliographie erhält ihre Schwerpunkte durch systematische Auswertung der aus der Anlage ersichtlichen juristischen Zeitschriften, des Jahresverzeichnisses der Hochschulschriften und der einschlägigen Festschriften. Das Interesse gilt damit nicht einzelnen herausragenden Programmschriften, sondern der Breite des juristischen Schrifttums. Weder sind die vorhandenen zeitgenössischen Bibliographien bisher systematisch ausgewertet, noch enthalten auch große wissenschaftliche Bibliotheken die einschlägigen, zuletzt häufig ohne Register erschienenen Zeitschriften sämtlich vollständig. Die Erwähnung in der Bibliographie gibt naturgemäß keinen Aufschluß über die Nähe zum Zeitgeist, sondern folgt dem Charakter eines Schrifttumsnachweises entsprechend aus dem Bemühen, Literatur im genannten Rahmen vollständig zu erfassen.

Nicht aufgenommen wurden:

a) Beiträge vor 1933, auch soweit sie wie in den "Nationalsozialistischen Monatsheften" spätere Themen vorwegnehmen,

b) rein geschichtlich oder rechtsvergleichend konzipierte Arbeiten ohne Berührung mit dem seinerzeit geltenden deutschen Recht,

c) Anleitungen zur juristischen Fallbearbeitung und ausschließlich unter didaktischem Gesichtspunkt aufschlußreiche Beiträge,

d) Urteilsanmerkungen,

e) Fragen und Antworten in Zeitschriften unter Rubriken wie "Fragekasten" oder "Sprechsaal",

f) Berichte und Mitteilungen,

g) Rezensionen, soweit nicht, wie teilweise in der "Kritischen Vierteljahresschrift für Gesetzgebung und Rechtswissenschaft", der Charakter als selbständige Publikation überwiegt,

h) sämtliche Neuauflagen eines Werkes.

Zur Technik der Angaben:

a) Die Angabe der laufenden Nummer aus dem Jahresverzeichnis der Hochschulschriften und eines zweiten oder dritten Teilbandes bei mehrbändigen Zeitschriften (z.B. JW 1936 III) soll dem Benutzer eine Bestellung erleichtern; demselben Ziel dient bei Periodika die Doppelzählung nach Band und Jahrgang.

b) Vornamen wurden nur ergänzt, wenn der Nachname (z.B. bei Freisler oder Rothenberger) eine eindeutige Zuordnung ermöglichte.

c) Die originale Schreibweise ("NSDAP.", "SA.", "national-sozialistisch", "wertmässig") wurde beibehalten.

d) Bei Widersprüchen zwischen Angaben im Inhaltsverzeichnis und an der eigentlichen Fundstelle entschied letztere.

e) Wechselt eine Reihe innerhalb des Untersuchungszeitraumes den Titel, gilt einheitlich der für die überwiegende Zeit gültige Titel. So steht

DJ (Deutsche Justiz) auch für: "Justiz-Ministerial-Blatt für die preußische Gesetzgebung und Rechtspflege" (bis DJ 1933, 380) und für: "Preußische Justiz" (bis DJ 1933, 620),

DStR (Deutsches Strafrecht) auch für: "Archiv für Straf- und Strafprozeßrecht, begründet von Goltdammer" (bis 1933),

MonKrim (Monatsschrift für Kriminalpsychologie und Strafrechtsreform) auch für: "Monatsschrift für Kriminalbiologie und Strafrechtsreform" (ab Bd. 28, 1937),

RVwBl (Reichsverwaltungsblatt) auch für: "Reichsverwaltungsblatt und Preußisches Verwaltungsblatt" (bis Bd. 54, 1933).

Zur Systematik und für weitere Einzelheiten wird verwiesen auf Hildebert Kirchner und Fritz Kastner, Abkürzungsverzeichnis der Rechtssprache, 3. Aufl. Berlin/New York 1983.

Für fachlichen Rat danke ich Herrn Dr. Wolfgang Benz und Herrn Dr. Lothar Gruchmann (Institut für Zeitgeschichte, München), Herrn Ministerialdirigenten Harald Kirchner (Bundesjustizministerium) und Frau Bibliotheksdirektorin Dr. Elsbeth Scharf-Siegers (Universitätsbibliothek Bonn); die Entscheidungen der Sondergerichte hat freundlicherweise Herr Referendar Alfons Schwarz (Berlin) zusammengestellt. Die Bibliographie hätte ohne die praktische Hilfe meiner Mitarbeiter nicht erscheinen können, wofür ich an dieser Stelle Gisela von Knorring, Kerstin Langen und Josef Deuringer danken möchte.

Augsburg, April 1985 Hinrich Rüping

Verzeichnis der Abkürzungen

(Zitierweise in Klammern)

AöR	Archiv des öffentlichen Rechts (Band/Jahrgang/Seite)
ArchKrim	Archiv für Kriminologie (Band/Jahrgang/Seite)
ARSP	Archiv für Rechts- und Sozialphilosophie (Band/Jahrgang/Seite)
BlGk	Blätter für Gefängniskunde (Band/Jahrgang/Seite)
DanzigJZ	Danziger Juristen Zeitung (Jahrgang/Seite)
DGWR	Deutsches Gemein- und Wirtschaftsrecht (Jahrgang/Seite)
DJ	Deutsche Justiz (Jahrgang/Seite)
DjR	Der junge Rechtsgelehrte (Band/Jahrgang/Seite)
DJZ	Deutsche Juristenzeitung (Jahrgang/Spalte)
DRiZ	Deutsche Richterzeitung (Jahrgang/Seite)
DStR	Deutsches Strafrecht (Jahrgang/Seite)
DStZ	Deutsche Steuer-Zeitung (Jahrgang/Seite)
DtR	Deutsches Recht, Ausgabe A (Wochenausgabe) (Jahrgang/Seite)
DtR B	Deutsches Recht, Ausgabe B (Monatsausgabe) (Jahrgang/Seite)
DtRef	Der deutsche Referendar (Band/Jahrgang/Seite)
DtRpfl	Deutsche Rechtspflege (Jahrgang/Seite)
DtRwiss	Deutsche Rechtswissenschaft (Band/Jahrgang/Seite)
DtVw	Deutsche Verwaltung (Jahrgang/Seite)
DVerwBl	Deutsche Verwaltungsblätter (Jahrgang/Seite)
GS	Der Gerichtssaal (Band/Jahrgang/Seite)
HRsp	Höchstrichterliche Rechtsprechung (Jahrgang/Entscheidungsnummer)
JbAkDtR	Jahrbuch der Akademie für Deutsches Recht (Band/Jahrgang/Seite)
JböffR	Jahrbuch des öffentlichen Rechts der Gegenwart (Band/Jahrgang/Seite)
JR	Juristische Rundschau (Jahrgang/Seite)
JuR	Jugend und Recht (Band/Jahrgang/Seite)
JW	Juristische Wochenschrift (Jahrgang/Seite)
KrVjschr	Kritische Vierteljahresschrift für Gesetzgebung und Rechtswissenschaft (Band/Jahrgang/Seite)

LZ	Leipziger Zeitschrift für Deutsches Recht (Jahrgang/Spalte)
MonKrim	bis 1937 Monatsschrift für Kriminalpsychologie und Strafrechtsreform 1937-1944 Monatsschrift für Kriminalbiologie und Strafrechtsreform (Band/Jahrgang/Seite)
NsMh	Nationalsozialistische Monatshefte (Jahrgang/Seite)
PragJZ	Prager Juristen Zeitung (Jahrgang/Spalte)
RVwBl	Reichsverwaltungsblatt (Jahrgang/Seite)
ZAkDtR	Zeitschrift der Akademie für Deutsches Recht (Jahrgang/Seite)
ZStW	Zeitschrift für die gesamte Strafrechtswissenschaft (Band/Jahrgang/Seite)
ZWehrR	Zeitschrift für Wehrrecht (Band/Jahrgang/Seite)

Bibliographie

1. Grundlagen

1.1 Nationalsozialistische Weltanschauung

0001 DIETRICH, Otto: Die philosophischen Grundlagen des Nationalsozialismus, Breslau 1935

0002 HAID, Walter: Sozialismus als Träger des neuen Reichs, Berlin 1935, Diss. iur. Leipzig 1935 (n.f.d.A.) (U 35.2301)

0003 RICHTER, Wilhelm: Entwicklung der nationalsozialistischen Weltanschauung und ihr Einfluß auf die Wissenschaft, Festrede anläßlich des Gedenktages der national-sozialistischen Erhebung und Aufrichtung des Deutschen Reiches, Greifswald 1936 (Greifswalder Universitätsreden 44) (U 36.3921)

0004 RÖSSLER, Werner: Faschismus und Nationalsozialismus. Eine Untersuchung sozialer und politischer Wesensunterschiede an Hand eines Vergleichs der Carta del Lavoro mit dem Gesetz zur Ordnung der nationalen Arbeit, Schwetzingen 1938, Diss. iur. Heidelberg 1938 (U 38.4626)

0005 SCHELER, Wilhelm: Fascismus und Nationalsozialismus, Köln 1939, Diss. iur. Köln 1939 (U 39.5953)

0006 SCHWARZ, Hermann: Zur philosophischen Grundlegung des Nationalsozialismus, Berlin 1936

0007 USADEL, Georg: Zucht und Ordnung. Grundlagen einer nationalsozialistischen Ethik, 3. Aufl., Hamburg 1935

1.2 Rassenlehre

1.2.1 Rassenpolitik

0008 EICKSTEDT, Egon Freiherr von: Die rassischen Grundlagen des deutschen Volkstums, Köln 1934

0009 GROSS, Walter: Die rassenpolitischen Voraussetzungen zur Lösung der Judenfrage, DtR 1942, S. 2-9

0010 HILPERT, Paul: Die rassehygienische Forderung. Rede, gehalten bei der Gedenkfeier der Martin Luther-Universität Halle-Wittenberg an Luthers Geburtstag am 10. November 1937, Halle 1937 (Hallische Universitätsreden 73) (U 37.4207)

0011 KOPP, Walter (Hrsg.): Rassenpolitik im Kriege, Hannover 1941

1.2.2 Rasse und Recht

0012 ANONYM: Die deutsche Rechtswissenschaft im Kampf gegen den jüdischen Geist, in: Das Judentum in der Rechtswissenschaft, 1, Berlin 1936

0013 DEISS, Robert: Das Recht der Rasse, München 1938

0014 FRANK, Hans: Rasse als Grundlage und als Gegenstand des Rechts, JW 1937 II, S. 1140-1142

0015 FRICK: Die Rassenfrage in der deutschen Gesetzgebung, DJZ 1934, Sp. 1-6

0016 GERCKE, Achim: Rasse und Recht, in: Frank, Hans (Hrsg.): Nationalsozialistisches Handbuch für Recht und Gesetzgebung, München 1935, S. 11-16

0017 GERLOFF: Rasse und Recht, DRiZ 1934, S. 136-139

0018 LEERS, von: Rasse und Recht, DtRef 7 (1933), S. 147-150

0019 MEINHOF, C.G.: Rasse und Recht, JW 1935 III, S. 3072-3080

0020 ROTHENBERGER, Curt: Rassenbiologie und Rechtspflege, Hamburg 1936

0021 RUTTKE: Durch Erb- und Rassenpflege zum deutschen Recht, ZAkDtR 1936, S. 888-891

0022 RUTTKE: Erb- und Rassenpflege in Gesetzgebung und Rechtsprechung des Dritten Reiches, DtR 1935, S. 25-28

0023 RUTTKE, Falk: Rasse, Recht und Volk. Beiträge zur rassenkundlichen Rechtslehre, München 1937

0024 SCHRAUT, Rudolf: Blutgebundenes Recht, DtR 1934, S. 73-74

0025 STUCKART: Partei und Staat, in: Beiträge zum Recht des neuen Deutschland, Festschrift für Franz Schlegelberger zum 60. Geburtstag, hrsg. von Erwin Bumke, J. Wilhelm Hedemann und Gustav Wilke, Berlin 1936, S. 45-69

0026 STUCKART, Wilhelm/SCHIEDERMAIR, Rolf: Rassen- und Erbpflege in der Gesetzgebung des Dritten Reichs, Leipzig 1938

1.2.3 Rechtsstellung der Juden

0027 LORENZEN, Sievert: Die Juden und die Justiz, 1. Aufl., Hamburg 1942

0028 NOACK: Der Jude und sein Recht, DtR 1938, S. 56-57

0029 SCHULZ, Heinz: Die Rechtsstellung der jüdischen Mischlinge nach den Verordnungen zum Reichsbürger- und Blutschutzgesetz, Quakenbrück 1938, Diss. iur. Göttingen 1938 (U 38.3488)

0030 WELLMANN: Der Jude im Rechtsverkehr, DtRpfl 1938, S. 353-355

0031 WÖLLNER, Eberhard: Die Bedeutung der nationalen Minderheit und die Juden in Deutschland, Weida 1938, Diss. iur. Jena 1938 (U 38.5092)

1.2.4 Rasse und Strafrecht

0032 MÜLLER, Heinz: Die rechtliche Stellung blutsfremder Menschen nach dem Blutschutzgesetz, Dresden 1938, Diss. iur. Leipzig 1938 (U 38.6337)

0033 REIMER, Hans: Rechtsschutz der Rasse im neuen Staat, Greifswald 1934, Diss. iur. Greifswald 1934 (U 34.3826)

0034 SCHLENTER, Heinz: Strafrechtlicher Schutz von Volk und Rasse im neuen deutschen Staat, Gummersbach 1935, Diss. iur. Köln 1935 (U 35.4905)

0035 TIMCKE, Carl Ernst: Rasse, Volk und Kriminalität. Ein Beitrag zur Frage der Rasseneinflüsse auf die Art der Neigung zum Verbrechen, Hamburg 1940, Diss. iur. Hamburg 1940 (U40.3321)

1.3 Rechtsphilosophie

1.3.1 Allgemeines

0036 EBELING, Fritz: Gegen eine lebensferne Rechtsphilosophie, DtRef 7 (1933), S. 198-199

0037 EMGE, C.A.: Die Aufgaben einer neuen Rechtsphilosophie, JW 1933 III, S. 2104-2105

0038 EMGE, A.: Die Aufgaben einer neuen Rechtsphilosophie, DtRef 7 (1933), S. 143-147

0039 EMGE, C.A.: Ideen über die Aufgaben der wissenschaftlichen Rechtsphilosophie, ZAkDtR 1934, S. 210-212

0040 EMGE, C.A.: Über die Aufgabe der Rechtswissenschaft im neuen Staat, ZAkDtR 1936, S. 617-622

0041 JUNG, Erich: Deutsche Rechtsphilosophie, in: Frank, Hans (Hrsg.): Nationalsozialistisches Handbuch für Recht und Gesetzgebung, München 1935, S. 29-70

0042 LARENZ, Karl: Deutsche Rechtserneuerung und Rechtsphilosophie, Tübingen 1934

0043 MEZGER, Edmund: Rezension von: Larenz, Rechts- und Staatsphilosophie der Gegenwart, 1935, KrVjschr 64 (1936), S. 12-14

0044 MEZGER, Edmund: Rezension von: Larenz, Deutsche Rechtserneuerung und Rechtsphilosophie, 1934, KrVjschr 64 (1936), S. 11-12

0045 OESTERREICH, Heinrich: Politische Rechtsphilosophie, JuR 13 (1939), S. 65-69

0046 ROSENBERG, Alfred: Eine neue deutsche Rechtsphilosophie, ZAkDtR 1934, S. 47-48

0047 SCHÖNFELD, Walther: Zur geschichtlichen und weltanschaulichen Grundlegung des Rechts, DtRwiss 4 (1939), S. 201-221

0048 SWOBODA, Ernst: Die Rückkehr zu den Grundgedanken des Rechts, in: Festschrift Justus Hedemann zum 60. Geburtstag, hrsg. v. Roland Freisler, Georg Anton Löning und Hans Carl Nipperdey, Jena 1938, S. 87-94

0049 TILKA: Das Ende des Rechts. Eine rechtsphilosophische Betrachtung, DjR 9 (1933), S. 341-343

1.3.2 Recht allgemein, Rechtstheorie, Rechtswissenschaft

0050 BARTH, Heinrich: Das Werden des deutschen Gemeinrechts, Der Schulungsbrief 6 (1939), S. 191-199

0051 BOCKHOFF, E.W.: Der Bolschewismus als Rechtsproblem, NsMh 1937, S. 792-815

0052 BUCH, Walter: Recht, nicht Juristenrecht, sondern Lebensrecht!, DJ 1936 II, S. 1354-1358

0053 BUSSE, Martin: Zur Aufgabe der heutigen Rechtswissenschaft, DtRwiss 1 (1936), S. 289-299

0054 DAHM: Wissenschaft und Praxis, DtR 1939, S. 824-829

0055 ENGISCH, Karl: Die Einheit der Rechtsordnung, Heidelberg 1935

0056 FRANK: Die Juden in der Rechtswissenschaft, DtR 1936, S. 393-395

0057 FRANK, Hans: Herrisches und geordnetes Recht, Berlin 1938

0058 FREISLER, Roland: Das Rechtsdenken des jungen Europas, Berlin 1941

0059 FREISLER, Roland: Das Recht im Reich. Rede, gehalten vor den Verwaltungs-Akademien der Nordmark in Kiel, Flensburg, Lübeck, Itzehoe, Kiel 1940 (Schriftenreihe der Verwaltungs-Akademie der Nordmark 1)

0060 FREISLER, Roland: Reich und Recht, DJ 1939, S. 444-448

0061 FREISLER, Roland: Grundlegende Denkformen des Rechts im Wandel unserer Rechtserneuerung, Berlin 1941

0062 GUTJAHR, Herbert: Das Judentum in der Rechtswissenschaft, DtRpfl 1936, S. 405-466

0063 HÄRTLE, Heinrich: Weltanschauung und Wissenschaft, NsMh 1939, S. 771-779

0064 HIPPEL, Ernst von: Der Rechtsgedanke im neuen Deutschland, DJZ 1933, Sp. 1156-1159

0065 JAEHNER, Theodor: Der Mythos vom Recht und seine empirischen Grundlagen, München, Berlin, Leipzig 1933

0066 JÖCKEL, Wilhelm: Politische Rechtswissenschaft, JW 1933, S. 1051-1052

0067 KEMPERMANN, Eugen: Richtiges Recht und positives Recht, ARSP 30 (1936/37), S. 86-103

0068 KIRCHMANN, Julius Hermann von/NEESSE, Gottfried (Hrsg.): Die Werthlosigkeit der Jurisprudenz als Wissenschaft, Stuttgart 1938

0069 KRAUSS, Günther: Der Rechtsbegriff des Rechts. Eine Untersuchung des positivistischen Rechtsbegriffs im besonderen Hinblick auf das rechtswissenschaftliche Denken Rudolph Sohms, Hamburg 1935, Berlin 1936, Diss. iur. Berlin 1935 (n.f.d.A.) (U 36.63)

0070 LANGE, Heinrich: Das Judentum und die deutsche Rechtswissenschaft, DJZ 1936, Sp. 1129-1133

0071 LEHMANN, Heinrich: Der Primat der Rechtspflicht, in: Kampf für ein deutsches Volksrecht, Richard Deinhardt zum 75. Geburtstage, hrsg. v. Roland Freisler und Justus Hedemann, Berlin 1940, S. 108-115

0072 LEIBHOLZ, Gerhard: Der Zweck des Rechts, PragJZ 1937, Sp. 481-491

0073 LEIBHOLZ, Gerhard: Der Zweck des Rechtes, DjR 12 (1936), S. 193-198

0074 POLAK, Karl: Studien zu einer existenzialen Rechtslehre, Schramberg 1933, Diss. iur. Freiburg i.B. 1933 (U 33.5821)

0075 PREISLER: Recht als Kunst, DJ 1941, S. 703-706

0076 RIEDINGER: Recht - Moral - Verjährung, DRiZ 1934, S. 78-81

0077 RITTERBUSCH: Rechtswissenschaft und Politik, DJZ 1934, Sp. 1361-1364

0078 SCHMITT, Carl: Die deutsche Rechtswissenschaft im Kampf gegen den jüdischen Geist, DJZ 1936, Sp. 1193-1199

0079 SCHMITT, Carl: Die Rechtswissenschaft im Führerstaat, ZAkDtR 1935, S. 435-440

0080 SCHWINGE, Erich: Irrationalismus und Ganzheitsbetrachtung in der deutschen Rechtswissenschaft, Bonn 1938 (Rechtsvergleichende Untersuchungen zur gesamten Strafrechtswissenschaft 10)

0081 SEYDEL, Helmut: Auf dem Wege zum deutschen Gemeinrecht, DtR 1936, S. 115-117

0082 TILKA: Das Ende des Rechts. Eine rechtsphilosophische Betrachtung, DjR 9 (1933), S. 341-343

0083 TRITT, Hans: Der Ordnungsgedanke im Recht. Versuch einer Darstellung und Deutung, Tübingen 1938, Diss iur. Heidelberg 1939 (U 39.4846)

0084 WEIMAR, Wilhelm: Lebensrecht statt Formalrecht, DjR 11 (1935), S. 338-339

0085 WITTMACK: Die neue Rechtsordnung, ZWehrR 7 (1942/43), S. 456-458

1.3.3 Nationalsozialismus und Recht

0086 BAUER, Max: Das Programm der NSDAP und seine Verwirklichung, DtRpfl 1939, S. 49-51

0087 BUCHERT, Rudolf: Deutsche Rechtsentwicklung und Rechtserneuerung, in: Frank, Hans (Hrsg.): Nationalsozialistisches Handbuch für Recht und Gesetzgebung, München 1935, S. 71-84

0088 DALUEGE, Kurt: Nationalsozialistischer Kampf gegen das Verbrechertum, München 1936

0089 EBERHARD, Raimund: Vom Wesen des Rechts. Gedanken zur Neugestaltung des Rechts im national-sozialistischen Deutschland, Mecklenburgische Zeitschrift für Rechtspflege, Rechtswissenschaft, Verwaltung 51 (1935), Sp. 47-59

0090 FRANK, Hans: Die Einwirkung des nationalsozialistischen Ideengutes auf das deutsche Rechtsleben, DRiZ 1934, S. 257-259

0091 FRANK, Hans: Die Einwirkung des nationalsozialistischen Ideengutes in das deutsche Rechtsleben, JW 1934 III, S. 2289-2291

0092 FRANK, Hans: Nationalsozialismus im Recht, ZAkDtR 1934, S. 8

0093 FRANK, Hans: Das Recht im Reich, DtR 1937, S. 1-2

0094 FREISLER, Roland: Nationalsozialistisches Recht und Rechtsdenken, Berlin 1938 (Schriften des Reichsverbandes deutscher Verwaltungsakademien)

0095 GÜRTNER, Franz: Von den Aufgaben des Rechtslebens, DJ 1939, S. 443-444

0096 KLOSE, Fr.W.: Rechtsphilosophischer Idealismus und nationalsozialistische Weltanschauung, DJZ 1936, Sp. 1279-1286

0097 NOACK: Nationalsozialistische Rechtspolitik, JW 1934 III, S. 3182-3185

0098 ROSENBERG, Alfred: Die nationalsozialistische Weltanschauung und das Recht, DJ 1938, S. 357-363

0099 ROTHENBERGER, Kurt: Nationalsozialistisches Rechtsdenken und einheitliche deutsche Justiz, Hamburg 1934

0100 SAUER: Die nationale Revolution im rechts- und sozialphilosophischen Lichte, DJZ 1933, Sp. 597-598

0101 SCHMELZEISEN, G.K.: Das Recht im Nationalsozialistischen Weltbild, Leipzig 1934

0102 SCHMITT, Carl: Nationalsozialistisches Rechtsdenken, DtR 1934, S. 225-229

0103 WOLF, Erik: Das Rechtsideal des nationalsozialistischen Staates, ARSP 28 (1934/35), S. 348-363

0104 WOLF, Erik: Richtiges Recht im nationalsozialistischen Staate, Freiburg 1934

1.3.4 Volksgemeinschaft

0105 ALLARDT, Helmut: Das deutsche Volk als Gemeinschaft. Eine kritische Wertung der deutschen Staatslehre, Berlin 1935, Diss. iur. Göttingen 1935 (n.f.d.A.) (U 35.4273)

0106 GERCKE, Achim: Das Lebensrecht der biologischen Gemeinschaft, DtR 1934, S. 308-316

0107 HÖHN, Reinhard: Rechtsgemeinschaft und Volksgemeinschaft, Hamburg 1935

0108 KELTER, Friedrich: Das Volk als Grundbegriff der Staatslehre. Bemühung um einen Beitrag zur nationalsozialistischen Staatswissenschaft, Lünen 1936, Diss. iur. Münster 1936 (U 36.8497)

0109 KIESER, Walther: Die Gestalt des Volkes im nationalsozialistischen Weltbild. Ein Versuch ihrer staatswissenschaftlichen Erfassung, Würzburg 1936, Diss. iur. Jena 1936 (U 36.5327)

0110 KRIECK, Ernst: Grundsätze einer politischen Gemeinschaftslehre, DtR 1939 B, S. 3

0111 LEMMEL, Herbert: Die Volksgemeinschaft, ihre Erfassung im werdenden Recht, Stuttgart/Berlin 1941, Habil. iur. Berlin 1939 (n.f.d.A.) (U 41.55)

0112 ROGGE, Heinrich: Der Begriff des Völkischen, DtRwiss 6 (1941), S. 271-304

0113 SAUER, Wilhelm: Schöpferisches Volkstum als national- und weltpolitisches Prinzip. Zur Klärung der rechts- und sozialphilosophischen Grundlagen der nationalsozialistischen Bewegung, ARSP 27 (1933/34), S. 1-43

0114 SCHEELE, Wilhelm: Gemeinschaft und völkische Lebensordnung, Berlin 1939, Diss. iur. Berlin 1939, Neue deutsche Forschungen. Abteilung Volkslehre und Gesellschaftskunde, Bd. 12 (U 39.115)

0115 TIMMERMANS, Rudolf: Studien über Begriffe und Formen des Volksstaates, Berlin 1936, Diss. iur. Bonn 1936 (U 36.1153)

1.3.5 Volk und Recht

0116 FRANK, Hans: Aufgabe des Rechtslebens nicht die Sicherung der Paragraphenanwendung, sondern vor allem Sicherung des Volkslebens, DtR 1934, S. 425-427

0117 FRANK, Hans: Gegen jüdische Rechtsverdrehung, für ein neues deutsches Volksrecht, DtRef 7 (1933), S. 153-155

0118 FRANK, Hans: Kampf für deutsches Volksrecht, DtR 1938, S. 354-358

0119 JENNE, Ernst: Volksverbundene Rechtsprechung, DtRpfl 1936, S. 166-180

0120 KERSTEN, F.: Die Rückkehr zum deutschen Volksrecht, JW 1933 II, S. 1233-1234

0121 LANGE, Friedrich: Volksdeutsche Rechtsauffassungen, DJ 1934 II, S. 1347-1349

0122 MITZSCHKE: Der Rechtsschutz des Volkes, seine Bedeutung und Auswirkung, DJ 1936, S. 413-415

0123 ROSENBERG, Alfred: Das Recht wurzelt im Volk, ZAkDtR 1937, S. 610

0124 SCHMIDT, Bernd: Einige Gedanken zur Frage der Verbundenheit zwischen Volk und Recht, DtRef 7 (1933), S. 122-124

0125 STEINAECKER, Freiherr von: Volk und Recht, DtRef 7 (1933), S. 119-121

1.3.6 Volk und Staat

0126 DERNEDDE, Carl: Völkischer, totaler und autoritärer Staat, JW 1934, S. 955-959

0127 DRÄGER, Werner: Primat des Volkes? Ein Beitrag zur Grundfrage einer völkischen Staatslehre, Berlin 1935, Diss. iur. Berlin 1934, Neue deutsche Forschungen 34, Abteilung Staats-, Verwaltungs-, Kirchen-, Völkerrecht und Staatstheorie, 3 (U 35.3356)

0128 FREISLER, Roland: Rationale Staatsverfassung des Liberalismus - völkische Lebensordnung des Nationalsozialismus, in: Festschrift für Heinrich Lehmann zum 60. Geburtstag, hrsg. v. der Kölner Rechtswissenschaftlichen Fakultät, Berlin 1937, S. 43-53

0129 FREISLER, Roland: Volk und Staat, DtRef 7 (1933), S. 141-143

0130 HELD, Herm. J.: Volk, Staat und Recht im Lichte deutscher Rechtserneuerung, Berlin 1935

0131 HOLTZ , Dietrich: Volkstum und Staat im neuen Staatsrecht, DJZ 1933, Sp. 1517-1523

0132 KIER, Herbert: Volk, Rasse und Staat, in: Frank, Hans (Hrsg.): Nationalsozialistisches Handbuch für Recht und Gesetzgebung, München 1935, S. 17-28

0133 KOELLREUTTER, Otto: Verfassungsschutz. Zum Wesen der deutschen völkischen Verfassung, RVwBl 1938, S. 302-307

0134 KOELLREUTTER, Otto: Wesen und Rechtscharakter des deutschen Volksstaates, RVwBl 1934, S. 806-807

0135 MONATH, Armin: Obrigkeitsstaat und Volksstaat. Untersuchung des von Hugo Preuß und anderen liberalen Staatsrechtlern geprägten Gegensatzes zweier Staatstypen. Ihre theoretische Haltbarkeit und praktische Verwertung für die Staatsrechtslehre des Dritten Reiches, Marburg 1934, Diss. iur. Marburg 1934 (U 34.4767)

0136 RITTERBUSCH: Die Volksgemeinschaft als Grundlage der deutschen Verfassung, DtR 1936, S. 349-352

0137 RÜFNER, Vinzenz: Gemeinschaft, Staat und Recht, Bonn 1937

0138 STUCKART, Wilhelm: Die völkische Grundordnung des deutschen Volkes, DtR 1935, S. 557-564

1.3.7 Gemeinschaft und Recht

0139 BILFINGER, Rudolf: Der Gemeinschaftsgedanke im geltenden Recht, JW 1933 III, S. 2550-2551

0140 FRANK, Hans: Rechtsidee und Volksgemeinschaft, DtR 1942, S. 865-866

0141 FREISLER, Roland: Gemeinschaft und Recht, DJ 1938 II, S. 1867-1871

0142 HOFACKER, W.: Die rechtliche Bedeutung des Satzes "Gemeinnutz geht vor Eigennutz", ARSP 29 (1935/36), S. 432-446

0143 LARENZ, Karl: Gemeinschaft und Rechtsstellung, DtRwiss 1 (1936), S. 31-39

0144 LUYKEN, Fritz: Der Gefolgschaftsgedanke im geltenden Recht unter besonderer Berücksichtigung des Strafrechts, Würzburg 1937

0145 REUSS, Hermann: Persönlichkeit und Gemeinschaft in der völkischen Verfassung, JW 1938 III, S. 2573-2579

0146 SCHLEGELBERGER, Franz: Abkehr vom Individualismus, DJ 1934, S. 141-142

0147 SIEGERT, Karl: Autoritäres oder Gemeinschaftsdenken im heutigen Recht?, JW 1937, S. 131-134

1.3.8 Naturrecht

0148 DIETZE, Hans-Helmut: Naturrecht in der Gegenwart, Bonn 1936, Habil.iur. Würzburg 1936 (U 38.9024)

0149 DIETZE, Hans-Helmut: Naturrecht aus Blut und Boden, ZAkDtR 1936, S. 818-821

0150 EBERHARD, Raimund: Modernes Naturrecht, Rostock 1934

0151 FEHR , Hans: Die Ausstrahlungen des Naturrechts der Aufklärung in die neue und neueste Zeit, Bern/Leipzig 1938

0152 JOEI, King-Sien: Das Verhältnis von positivem Recht und Naturrecht, Frankfurt a.M. 1936, Diss. iur. Frankfurt 1935 (U 36.2746)

0153 RIEZLER, Erwin: Naturgesetz und Rechtsordnung, ARSP 34 (1940/41), S. 149-167

0154 THIEME, Hans: Zwischen Naturrecht und Positivismus, DJZ 1936, Sp. 153

0155 WELZEL, Hans: Naturalismus und Wertphilosophie im Strafrecht, Mannheim 1935

1.3.9 Recht und Sittlichkeit

0156 FREISLER, Roland: Der Heimweg des Rechts in die völkische Sittenordnung, in: Beiträge zum Recht des neuen Deutschland, Festschrift für Franz Schlegelberger zum 60. Geburtstage, hrsg. v. Erwin Bumke, J. Wilhelm Hedemann u. Gustav Wilke, Berlin 1936, S. 28-44

0157 HAFF, R.: Der Sippengedanke im deutschen Recht, DtR 1935, S. 84-86

0158 KEMPERMANN, Eugen: Recht und Sittlichkeit, ARSP 35 (1942), S. 654-677

0159 SCHOMBARDT, Walter: Recht und Sittlichkeit, Düsseldorf 1938, Diss. iur. Marburg 1938 (U 38.6860)

1.3.10 Rechtssicherheit

0160 BARTH: Rechtssicherheit und Gerechtigkeit. Vortrag auf dem Deutschen Juristentag, DJ 1936, S. 803

0161 MEZGER, Edmund: Rezension von: Göring, Die Rechtssicherheit als Grundlage der Volksgemeinschaft, 1935, in: KrVjschr 64 (1936), S. 1-3

0162 SCHMIDT-LEICHNER: Gerechtigkeit und Rechtssicherheit, DJ 1943, S. 193-195

0163 SCHOLZ, Franz: Die Rechtssicherheit, DtRpfl 1936, S. 112-114

0164 SEYDEL, Helmut: Die zwei Begriffe der Rechtssicherheit, DtRwiss 1 (1936), S. 84-86

1.4 Rechtsgeschichte

1.4.1 Allgemeines

0165 BEYERLE, Franz: Der Entwicklungsgedanke im Recht, in: Festschrift der Leipziger Juristenfakultät für Alfred Schultze zum 19. März 1936, Leipzig 1938, S. 229-249

0166 CLAUSSEN, Hans-Kurt: Das neue deutsche Recht und die Rechtsgeschichte, DtR 1939, S. 846-849

0167 ROTHENBERGER, Curt: Die geschichtliche Entwicklung des deutschen Richterstandes, DJ 1943, S. 225-228

1.4.2 Germanentum

0168 FISCHER, Paul: Strafen und sichernde Maßnahmen gegen Tote im germanischen und deutschen Recht, Düsseldorf 1936, Diss. iur. Bonn 1936 (U 36.1125)

0169 FRANK: Germanische Rechtsgesinnung, DJ 1938 II, S. 1462-1463

0170 HÄBERLEIN, Ludwig: Grundfragen germanischen Rechts- und Staatslebens, übertragen auf den nationalsozialistischen Staat, JuR 10 (1936), S. 206-207

0171 ORTH, Josef: Das Blut als Rechtsbegriff in der germanischen Rechtsgeschichte, Schleiden 1938, Diss. iur. Köln 1938 (U 38.5776)

0172 SCHULZ, Walther: Führer und Volk in germanischer Vorzeit, Rede zum 30. Januar 1937, Halle 1937 (Hallische Universitätsreden 72) (U 37.4208)

0173 SCHWERIN, Claus Freiherr von: Rechtsgeschichte und Geschichtswissenschaft, ZAkDtR 1938, S. 15-17

1.4.3 Rechtsphilosophie

0174 FENCK, Kurt: Die Rechtsidee oder das Naturrecht des Menschen, unter besonderer Berücksichtigung der Philosophie Schopenhauers, Heidelberg 1933, Diss. iur. Heidelberg 1933 (U 33.3413)

0175 FLECHTHEIM, Ossip Kurt: Die Hegelsche Strafrechtstheorie, Brünn, Prag, Leipzig, Wien 1936, Diss. iur. Köln 1935 (U 36.5997)

0176 KRÄNZLEIN, Erich: Die Naturphilosophie Stammlers und das moderne deutsche Rechtsdenken, Erlangen 1935, Diss. iur. Erlangen 1935 (U 35.6874)

0177 MEWES, Erika: Hegel und das deutsche Richterideal. Versuch einer Fortführung rechtsphilosophischer Gedanken Hegels, Urach 1937, Diss. iur. Tübingen 1938 (U 38.8764)

0178 WALDER, Rudolf: Das Wesen der Gesellschaft bei Adam Smith und Rudolf von Ihering. Zur Geschichte des rechtsphilosophischen und soziologischen Positivismus, Kiel 1943, Diss. iur. Kiel 1943 (n.f.d.A.) (U 43.3509)

0179 WEBER, Heinrich: Gustav Hugo. Vom Naturrecht zur historischen Schule. Ein Beitrag zur Geschichte der deutschen Rechtswissenschaft, Göttingen 1935, Diss. iur. Göttingen 1935 (n.f.d.A.) (U 35.4313)

0180 WOLFF, Karl-August: Kritik der Volksgeistlehre v. Savignys, Würzburg 1937, Diss. iur. Bonn 1937 (U 37.1355)

2. Staatsrecht

2.1 Allgemeines, Zusammenfassungen

0181 KÖTTGEN, Arnold: Vom Deutschen Staatsleben (vom 1. Januar 1934 bis zum 30. September 1937), JböffR 24 (1937), S. 1-165

0182 LAMMERS: Zum 30. Januar 1943, RVwBl 1943, S. 41-44

0183 MELCHIOR, Walter: Das Wesen des organischen Staatsgedankens, Berlin 1935

0184 MERK, Wilhelm: Der Staatsgedanke im Dritten Reich, Stuttgart 1935

0185 NICOLAI, Helmut: Der Staat im nationalsozialistischen Weltbild, 4. Aufl., Leipzig 1935

0186 POETZSCH-HEFFTER, Fritz/ULE, Carl Hermann/DERNEDDE, Carl: Vom Deutschen Staatsleben (vom 30. Januar bis 31. Dezember 1933), JböffR 22 (1935), S. 1-272

2.2 Staatslehre, Staatsrecht

2.2.1 Allgemeines

0187 BEST, Werner: Die Weimarer Verfassung. Ein Nachwort zum 11. August 1939, RVwBl 1939, S. 757-760

0188 BRANCA, Gerhard Freiherr von: Der Staatsgedanke des Dritten Reiches, München 1934

0189 DENNEWITZ, Bodo: Staatslehre und nationalsozialistischer Staat, Berlin 1934

0190 DERNEDDE, Carl: Staatslehre als Wirklichkeitswissenschaft, JW 1934 III, S. 2514-2518

0191 DILL, Gerhard: Der Justizstaat in Deutschland, Stuttgart 1938, Diss. iur. Tübingen 1938 (U 38.8746)

0192 FIALA, Hugo: Politischer Dezisionismus, Internationale Zeitschrift für Theorie des Rechts 9 (1935), S. 101-123

0193 FREISLER, Roland: Die Idee des Reiches, DJ 1940, S. 253-256

0194 FREITAG, Hermann: Staatsbegriff und Staatsperson im Dritten Reich, Gelnhausen 1937, Diss. iur. Frankfurt 1937 (U 37.2842)

0195 GERBER, Hans: Staatsrechtliche Grundlinien des neuen Reiches, Tübingen 1933

0196 GRIMM, Friedrich: Der Rechtskampf des nationalsozialistischen Deutschlands gegen Versailles, DtR 1939 II, S. 1540-1544

0197 HAAG: Staatsnotwendigkeit, Recht, Gerechtigkeit, DJ 1942, S. 322-324

0198 HAVESTADT, Gerhard: Der Staat und die nationale Gesamtordnung, AöR 27 (1936), S. 28-80, 137-165

0199 HILLER, Karl: Die Grundlagen des faschistischen Staates, Berlin 1935, Diss. iur. Breslau 1934, Neue deutsche Forschungen, 21, Abteilung Staats-, Verwaltungs-, Kirchen-, Völkerrecht und Staatstheorie, 2 (U 35.3814)

0200 HÖHN, Reinhard: Staat als Rechtsbegriff, DtR 1934, S. 322-324

0201 HÖHN, Reinhard: Die Wandlung im staatsrechtlichen Denken, Hamburg 1934

0202 HÖHNDORF, Erich: Der staatsrechtliche Begriff der Legitimität, Würzburg 1935, Diss. iur. Bonn 1936 (U 36.1133)

0203 KOELLREUTTER, Otto: Das Volks- und Staatsdenken unserer Zeit, RVwBl 1939, S. 1-3

0204 KÜCHENHOFF: Das staatsrechtliche Wesen des Dritten Reiches, JR 1934, S. 17-20

0205 LEIBHOLZ, Gerhard: Die Problematik des berufsständischen Staatsgedankens!, PragJZ 1937, Sp. 129-134

0206 MEISSNER, Otto/KAISENBERG, Georg: Staats- und Verwaltungsrecht im Dritten Reich, Berlin 1935

0207 MÜLLER, Günther: Die Staatswissenschaft als Gesamtwissenschaft. Versuch über die Grundlegung einer staatswissenschaftlichen Erkenntnislehre, Elbing 1939, Diss. iur. Königsberg 1939 (U 39.6236)

0208 REWOLDT, Karl Heinrich: Das Staatsnotrecht im deutschen Staatsrecht, Ohlau 1933, Diss. iur. Breslau 1933 (U 33.5256)

0209 SCHEUNER, Ulrich: Die Rechtsstellung der Persönlichkeit in der Gemeinschaft, in: Frank, Hans (Hrsg.): Deutsches Verwaltungsrecht, München 1937, S. 82-98

0210 TATARIN-TARNHEYDEN, Edg.: Werdendes Staatsrecht. Gedanken zu einem organischen und deutschen Verfassungsneubau, Berlin 1934

0211 WOLTER, Helmut: Das Staatsnotrecht. Seine rechtliche Beurteilung in der Vergangenheit und seine Wandlung im völkischen Führerstaat, Düsseldorf 1937, Diss. iur. Göttingen 1937 (U 37.3740)

2.2.2 Judentum

0212 TATARIN-TARNHEYDEN, Edgar: Einfluß des Judentums in Staatsrecht und Staatslehre, in: Das Judentum in der Rechtswissenschaft, 5, Berlin 1938

2.2.3 Autoritärer Staat

0213 DERNEDDE, Carl: Völkischer, totaler und autoritärer Staat, JW 1934, S. 955-959

0214 HARMS: Der Begriff des "autoritären Staates", RVwBl 1938, S. 893-894

0215 LEIBHOLZ, Gerhard: Die Auflösung der liberalen Demokratie in Deutschland und das autoritäre Staatsbild, München 1933

0216 LEIBHOLZ, Gerhard: Die Auflösung der liberalen Demokratie und das autoritäre Staatsbild, DjR 9 (1933), S. 305-309

0217 RÖHRBORN, Gerhard: Der autoritäre Staat, Weida 1935, Diss. iur. Jena 1935 (U 35.1862)

0218 VOCKE, Annemarie: Der Freiheitsbegriff im individualistischen und im nationalsozialistischen Staatsrecht, JuR 13 (1939), S. 37-40

0219 WALZ: Autoritärer Staat, nationaler Rechtsstaat oder völkischer Führerstaat?, DJZ 1933, Sp. 1334-1340

0220 WESTPHALEN, Eduard Graf: Vom demokratischen zum autoritären Staat. Eine rechtshistorische Betrachtung, DJZ 1933, Sp. 933-936

2.2.4 Totaler Staat

0221 FORSTHOFF, Ernst: Der totale Staat, Hamburg 1933

0222 FREISLER, Roland: Totaler Staat? - Nationalsozialistischer Staat!, DJ 1934, S. 43-44

0223 KOELLREUTTER: Leviathan und totaler Staat, RVwBl 1938, S. 803-807

0224 SCHÖNE, Lothar: Zum Begriff des totalen Staates, JR 1934, S. 25-26, 43-46

2.2.5 Rechtsstaat

0225 BEST, Werner: Rechtsstaat?,DtR 1938, S. 413-416

0226 FREISLER, Roland: Der Rechtsstaat, DJ 1937, S. 151-155

0227 GROSS-FENGELS, Kurt: Der Streit um den Rechtsstaat, Düsseldorf 1936, Diss. iur. Marburg 1936 (U 36.7316)

0228 HELFRITZ: Rechtsstaat und nationalsozialistischer Staat, DJZ 1934, Sp. 426-433

0229 KERN, Eduard: Der Rechtsstaatsgedanke im Strafrecht und Strafverfahrensrecht, Freiburg 1933

0230 KOELLREUTTER, Otto: Liberaler und nationaler Rechtsstaat, DjR 9 (1933), S. 337-341

0231 KOELLREUTTER, Otto: Der nationalsozialistische Rechtsstaat, in: Die Verwaltungsakademie Band I Gruppe 2 Beitrag 15, Berlin 1935, S. 1-15

0232 KOELLREUTTER, Otto: Der nationale Rechtsstaat, DJZ 1933, Sp. 517-524

0233 MEIFERT, Werner: Der Begriff des Rechtsstaats in der neueren Staatsrechtslehre, Danzig 1932, Diss. iur. Königsberg 1933 (U 33.1306)

0234 SCHMITT, Carl: Der Rechtsstaat, in: Frank, Hans (Hrsg.): Nationalsozialistisches Handbuch für Recht und Gesetzgebung, München 1935, S. 3-10

0235 SCHMITT, Carl: Nationalsozialismus und Rechtsstaat, JW 1934, S. 713-718

0236 SCHMITT, Carl: Was bedeutet der Streit um den "Rechtsstaat"?, Zeitschrift für die gesamte Staatswissenschaft 95 (1934), S. 189-201

0237 WITTIG, Martin: Der Rechtsstaat im Wandel der Staatsformen, Greifswald 1933, Diss. iur. Greifswald 1933 (U 33.3173)

2.2.6 Gewaltenteilung

0238 BITTER, Franz von: Die Lehre von der Gewaltenteilung und der nationalsozialistische Staat, Dresden 1936, Diss. iur. Leipzig 1936 (U 36.6547)

0240 HERBERT, Walter: Die Einheit der Staatsgewalt und die Lehre von der Gewaltenteilung, Würzburg 1937, Diss. iur. Marburg 1938 (U 38.6846)

0241 HOFFMANN, Annelies: Totaler Staat und Gewaltenteilung, Gießen 1935, Diss. iur. Gießen 1935 (U 35.7176)

0242 HUBER, Ernst Rudolf: Die Einheit der Staatsgewalt, DJZ 1934, Sp. 950-960

0243 MENGEL, Hans Wolf: Sinn und Sinnwandel der Lehre von der Gewaltenteilung, Kassel 1934, Diss. iur. Göttingen 1934 (U 35.1211)

0244 NASSAUER, Erich: Gewaltenteilung im nationalsozialistischen Staate?, DJZ 1934, Sp. 336-337

0245 VOLLMER, Josef: Die Überwindung des Grundsatzes von der Dreiteilung der Gewalten, Geisenheim 1935, Diss. iur. Marburg 1935 (U 36.7359)

0246 WEBER, Hans: Das Dogma der Gewaltenteilung und die Verfassungsgrundsätze des nationalsozialistischen Deutschen Reiches, Bruchsal 1935, Diss. iur. Heidelberg 1935 (U 35.4552)

0247 WELCZECK, Hans von: Die Überwindung der Lehre von der Gewaltenteilung durch die Grundsätze der Führung und Volksgemeinschaft, Berlin 1940, Diss. iur. Berlin 1940 (U 40.105)

0248 ZIELKE, Edmund: Das Wesen der Gewaltenteilung und ihre Ueberwindung im nationalsozialistischen Staat, Stallupönen 1935, Diss. iur. Königsberg 1937 (U 41.3801)

2.2.7 Staatsorganisation

0249 ARENZ, Wilhelm: Gedanken zum ständischen Aufbau im neuen Reich, Berlin 1937, Diss. iur. Berlin 1937 (U 37.61)

0250 BECK, Rudolf: Das neue Reich. Beiträge zu seinem staatsrechtlichen Aufbau, Leipzig 1934, Diss. iur. Leipzig 1934 (U 34.4566)

0251 FRICK, Wilhelm: Der Aufbau des nationalsozialistischen Staates und das Staatsrecht, DtR 1938, S. 402-403

0252 FRICK, Wilhlem: Gestalt und Aufbau des Dritten Reiches, DtVw 1937, S. 34-40

0253 FRICK, Wilhelm: Der Neubau des Dritten Reichs (Vortrag), Berlin 1934

0254 KAISENBERG, Georg: Gleichschaltung der Länder mit dem Reich, Berlin 1933

0255 MEDICUS, Franz Albrecht: Die Gleichschaltungsgesetze, in: Frank, Hans (Hrsg.): Nationalsozialistisches Handbuch für Recht und Gesetzgebung, München 1935, S. 346-356

0256 MEDICUS, Franz Albrecht: Das Gesetz über den Neuaufbau des Reiches, in: Frank, Hans (Hrsg.): Nationalsozialistisches Handbuch für Recht und Gesetzgebung, München 1935, S. 357-364

0257 STUCKART, Wilhelm: Die Staatsverwaltung, in: Frank, Hans (Hrsg.): Deutsches Verwaltungsrecht, München 1937, S. 129-150

2.3 Verfassungsrecht

2.3.1 Allgemeines

0258 BEST, Werner: Rechtsbegriff und Verfassung, DtR 1939, S. 1201-1203

0259 BÖSEL, Günther: Der liberale und der nationalsozialistische Verfassungsbegriff, Ohlau 1936, Diss. iur. Breslau 1936 (U 36.1633)

0260 BOHLEN, Kurt von: Das Verfassungsrecht des nationalen Volksstaats, JW 1933 III, S. 1913-1916

0261 EMIG, Kurt: Der Begriff der Verfassung im heutigen deutschen Recht, Zeitschrift für die Gesamte Staatswissenschaft 95 (1934), S. 463-482

0262 FREISLER, Roland: Rationale Staatsverfassung des Liberalismus, völkische Lebensordnung des Nationalsozialismus, in: Festschrift für Heinrich Lehmann zum 60. Geburtstag, Berlin 1937, S. 43-53

0263 HERRFAHRDT, Heinrich: Die Verfassungsgesetze des nationalsozialistischen Staates dem Text der Weimarer Verfassung gegenübergestellt, Marburg 1934

0264 HORNEFFER, Reinhold: Das Problem der Rechtsgeltung und der Restbestand der Weimarer Verfassung, Zeitschrift für die Gesamte Staatswissenschaft 99 (1939), S. 148-178

0265 HUBER, Ernst Rudolf: Wesen und Inhalt der politischen Verfassung, Hamburg 1935

0266 NICOLOAI, Helmut: Grundlagen der kommenden Verfassung, Berlin 1933

0267 PETERS, Hans: Die Rechtsnatur der Landesgesetze, DtR 1939, S. 426-430

0268 PFUNDTNER, Hans: Die Quellen der geltenden Verfassung, in: Frank, Hans (Hrsg.): Nationalsozialistisches Handbuch für Recht und Gesetzgebung, München 1935, S. 331-342

0269 SCHMITT, Carl: Die Verfassung der Freiheit, DJZ 1935, Sp. 1133-1135

0270 SCHMITT, Carl: Ein Jahr nationalsozialistischer Verfassungsstaat, DtR 1934, S. 27-30

0271 TATARIN-TARNHEYDEN: Verfassungsneubau zum völkischen Rechtsstaat, DJZ 1933, Sp. 1224-1229

2.3.2 Grundrechte

0272 HUBER, Ernst Rudolf: Bedeutungswandel der Grundrechte, AöR 24 (1933), S. 1-98

0273 HUCK, Hans Joachim: Grundrechte im neuen Deutschen Reich, Halle 1936, Diss. iur. Freiburg 1936 (U 36.3119)

0274 VOCKE, Annemarie: Grundrechte und Nationalsozialismus, Leipzig 1938, Diss. iur. Heidelberg 1938 (U 38.4637)

2.3.3 Gleichheitssatz

0275 LORENZEN, Sievert: Die Juden und die deutsche Justiz, Hamburg 1942

0276 LUNGWITZ, Arno: Die Bedeutung des Grundsatzes der Gleichheit im liberalen und im neuen Staatsrecht, Berlin 1937, Diss.iur. Marburg 1938 (U 38.6854)

0277 MASSOW, Detlef von: Die Tragweite der bisherigen Begriffe "Gleichheit vor dem Gesetz" und "Gewährleistung des Eigentums" im Dritten Reich, Greifswald 1936, Diss. iur. Marburg 1936 (U 36.7336)

0278 SCHEUNER, Ulrich: Der Gleichheitsgedanke in der völkischen Verfassungsordnung, Zeitschrift für die Gesamte Staatswissenschaft 99 (1939), S. 245-278

0279 VOCKE, Annemarie: Der Gleichheitsbegriff im individualistischen und im nationalsozialistischen Staatsrecht, JuR 12 (1938), S. 139-142

0280 WALZ, G.A.: Gleichheit und Rangordnung im Recht, DtR 1941 II, S. 2209-2217

0281 WEGENER, Ulrich: Der Grundsatz der Gleichheit im Weimarer Staat und seine Wandlung im nationalsozialistischen Reich, Kallmünz 1940, Diss. iur. München 1940 (U 40.5469)

2.3.4 Weitere Grundrechte

0282 KONRAD, Franz: Die persönliche Freiheit im nationalsozialistischen Deutschen Reiche, München 1936, Diss. iur. München 1936 (U 36.7622)

0283 KRÜGER, Gerhard: Die staatliche Selbsterhaltung als völkerrechtliches Grundrecht, Düsseldorf 1936, Diss. iur. Frankfurt 1936 (U 37.2847)

0284 PFEIFFER, Arthur: Der Gedanke des Widerstandsrechtes des Staatsbürgers gegen die unrechtmäßige Ausübung der Staatsgewalt: seine geschichtliche Entwicklung und seine Stellung im geltenden deutschen Recht, Quakenbrück 1934, Diss. iur. Hamburg 1935 (U 35.1492)

0285 STEGMÜLLER, Franz: Das Recht der Meinungsäußerung im nationalsozialistischen Staat, Bückeburg 1938, Diss. iur. Gießen 1938 (U 38.3273)

2.4 Machtergreifung

2.4.1 Ermächtigungsgesetz

0286 ADLER, Franz: Das Ermächtigungsgesetz, PragJZ 1933, Sp. 443-453

0287 BEZLER, Reinhold: Das Gesetz zur Behebung der Not von Volk und Reich vom 24. März 1933 (RGBl. I S. 141). Eine staatsrechtliche Untersuchung, Pforzheim 1934, Diss. iur. Heidelberg 1934 (U 34.7013)

0288 KAISENBERG: Das Ermächtigungsgesetz, DJZ 1933, Sp. 458-461

0289 MEUKEL, Leonhard: Das Gesetz zur Behebung der Not von Volk und Reich vom 24. März 1933 (RGBl. I S. 141), in: Frank, Hans (Hrsg.): Nationalsozialistisches Handbuch für Recht und Gesetzgebung, München 1935, S. 343-345

0290 RAUCHBERG, Heinrich: Kann die Verfassungsmäßigkeit eines Ermächtigungsgesetzes angefochten werden, das nicht mehr gilt?, PragJZ 1938, Sp. 383-388

0291 SCHEUNER, Ulrich: Die staatsrechtliche Bedeutung des Gesetzes zur Behebung der Not von Volk und Staat, LZ 1933, Sp. 899-900

0292 SCHMITT, Carl: Das Gesetz zur Behebung der Not von Volk und Reich, DJZ 1933, Sp. 455-458

0293 SCHWARZ: Das Ermächtigungsgesetz, DRiZ 1933, S. 97-98

0294 ZSCHUCKE: "Reichsführungsgesetz", nicht "Ermächtigungsgesetz", DJZ 1933, Sp. 835

2.4.2 Nationale Revolution

0295 ALBRECHT, Erwin: Das Recht der Revolution, Berlin 1934, Diss. iur. Marburg 1934 (n.f.d.A.) (U 34.4740)

0296 BEST, Werner: Die Weimarer Verfassung, RVwBl 1939, S. 757-760

0297 DILLER, Albert: Die Legalität der nationalsozialistischen Revolution, Erlangen 1935, Diss. iur. Erlangen 1935 (U 35.716)

0298 GRAWE, Adolf: Das Wesen der Revolution, Emsdetten 1935, Diss. iur. Köln 1935 (U 35.4849)

0299 GURWITSCH, Alexander: Das Revolutionsproblem in der deutschen staatswissenschaftlichen Literatur, insbesondere des 19. Jahrhunderts, Berlin 1935, Diss. iur. Berlin 1934 (n.f.d.A.) (U 35.26)

0300 HARTMANN, Paul: Die Rechtsgrundlagen der neuen deutschen Verfassung, PragJZ 1933, Sp. 407-413

0301 JÄKEL, Ernst: Der Einfluß der Nationalsozialistischen Revolution auf die Lehre von der Verbindlichkeit der Staatsakte, Schmiedeberg 1936, Diss. iur. Breslau 1937 (U 37.1809)

0302 KNUBBEN, R.: Die nationalsozialistische Revolution und ihre Legalität, RVwBl 1934, S. 522-524

0303 KRÜGER, Heinrich/NEESSE, Gottfried: Die Verfassung der nationalsozialistischen Revolution, Dresden 1934

0304 SAUER: Die nationale Revolution im rechts- und sozialphilosophischen Lichte, DJZ 1933, Sp. 597-598

0305 SCHEUNER, Ulrich: Die nationale Revolution, AöR 25 (1934), S. 166-220, 261-344

0306 STEINBRINK, Konrad: Die Revolution Adolf Hitlers. Eine staatsrechtliche und politische Betrachtung der Machtergreifung des Nationalsozialismus, Berlin 1934, Diss. iur. Rostock 1934 (n.f.d.A.) (U 34.2331)

0307 WIDER: Das 6. Jahr der nationalsozialistischen Revolution, RVwBl 1939, S. 3-7, 21-26

2.5 Nationalsozialistische Organisationen im Staat

2.5.1 Partei

0308 BEST, Werner: Die NSDAP als die politische Führungsfunktion in der deutschen Volksordnung, DtR 1939 II, S. 1667-1670

0309 BURKERT, Karl-Heinrich: Die Stellung der NSDAP im Staat, Breslau 1934, Diss. iur. Breslau 1935 (U 35.6647)

0310 DIECK, Hans-Peter: Die Grundlagen der Rechtsstellung der Amtsträger der National-Sozialistischen Deutschen Arbeiter-Partei und ihrer Gliederungen, Berlin 1938, Diss. iur. Halle 1938 (U 38.3974)

0311 FISCHER, Ludwig: Das Reichsrechtsamt der NSDAP, in: Frank, Hans (Hrsg.): Nationalalsozialistisches Handbuch für Recht und Gesetzgebung, München 1935, S. 1555-1565

0312 GAHLMANN, Franz: Probleme der rechtlichen Stellung der Organe der Nationalsozialistischen Deutschen Arbeiterpartei in strafrechtlicher und strafprozessualer Hinsicht, Emsdetten 1940, Diss. iur. Köln 1940 (U 40.4554)

0313 HERRMANN, Heinz-Lebrecht: Die Amtstraeger der Bewegung, o.O. 1941, Diss. iur. München 1941 (n.f.d.A.) (U41.4432)

0314 KEIM, Walter: Die nationale fascistische Partei, Greifswald 1935, Diss. iur. Würzburg 1935 (U 36.9599)

0315 MÄDING, Erhard: Die staatsrechtliche Stellung der NSDAP, Leipzig 1936, Diss. iur. Leipzig 1937 (U 37.6808)

0316 NEESSE, Gottfried: Die Nationalsozialistische Deutsche Arbeiterpartei. Versuch einer Rechtsdeutung, Stuttgart 1935, Diss. iur. Leipzig 1935 (n.f.d.A.) (U 35.5063)

0317 REULING, Robert: Die öffentlich-rechtliche Gestaltung der NSDAP, Düsseldorf 1936, Diss. iur. Gießen 1936 (U 36.3368)

0318 SOMMER, Walter: Die NSDAP als Verwaltungsträger, in: Frank, Hans (Hrsg.): Deutsches Verwaltungsrecht, München 1937, S. 166-175

0319 SPIESS, Heinz: Der rechtliche und organisatorische Aufbau der Nationalsozialistischen Deutschen Arbeiterpartei, Tübingen 1936, Diss. iur. Tübingen 1936 (U 36.9392)

0320 STIER, Karlheinz: Das Gesetz über die Vernehmung von Angehörigen der Nationalsozialistischen Deutschen Arbeiter-Partei und ihrer Gliederungen, JW 1936 III, S. 3520-3523

0321 TEGTMEYER, Werner: Zur Frage der Rechtsstellung der NSDAP, DtR 1939 II, S. 1998-2001

0322 TRAEGE, Lothar: Die staatsrechtliche Stellung der NSDAP, Würzburg 1936, Diss. iur. Halle 1936 (U 36.4179)

2.5.2 Partei und Staat

0323 BAUER, Karl: Querverbindungen von Partei und Staatsbehörden, Urach 1936, Diss. iur. Tübingen 1936 (U 36.9353)

0324 FRICK, Wilhelm: Die Gesetze gegen die Neubildung von Parteien und zur Sicherung der Einheit von Partei und Staat, in: Frank, Hans (Hrsg.): Nationalsozialistisches Handbuch für Recht und Gesetzgebung, München 1935, S. 389-392

0325 GRUBE, Heinrich: Der Einbau der nationalsozialistischen Organisation in den Staat, Nürnberg 1934, Diss. iur. Erlangen 1934 (U 35.734)

0326 JOHANNY, Carl: Partei und Staat, o.O. 1937, Diss. iur. Würzburg 1936 (U 37.9519)

0327 LAUFFS, Arno: Partei und Staat, Leipzig 1936, Diss. iur. Leipzig 1936 (U 36.6598)

0328 PREL, Freiherr du: Vom Parteienstaat zum Staat der Partei, JW 1934 III, S. 2291-2292

0329 REDELBERGER, Oskar: Die Einheit von Partei und Staat, RVwBl 1940, S. 130-132

0330 REDELBERGER, Oskar: Partei und Staat, RVwBl 1942, S. 147-150

0331 REUSS: Partei und Staat im Dritten Reich, JW 1935 II, S. 2314-2320

0332 SCHACK: Partei und Staat, DjR 14 (1938), S. 69-74

2.5.3 HJ

0333 DIETZE, H.-H.: Die verfassungsrechtliche Stellung der Hitler-Jugend, DtR 1939, S. 505-508

0334 HEUSSLER, Wilhelm: Aufbau und Aufgaben der nationalsozialistischen Jugendbewegung, Würzburg 1938, Diss. iur. Würzburg 1938 (U 38.9029)

0335 NESSE, Gottfried: Die Rechtsarbeit der Hitler-Jugend, JuR 9 (1935), S. 76-77

0336 WEHNER, Gerhart: Die rechtliche Stellung der Hitler-Jugend, Dresden 1939, Diss. iur. Leipzig 1939 (U 39.6530)

2.5.4 Weitere Gliederungen und Organisationen

0337 D'ALQUEN, Gunter: Die SS, Berlin 1939

0338 BÄTZEL, Kurt: Die Stellung der NS.-Wohlfahrt im Rechtsleben, Düsseldorf 1940, Diss. iur. Köln 1940 (U 40.4543)

0339 BEST, Werner: Die Schutzstaffel der NSDAP und die Deutsche Polizei, DtR 1939, S. 44-48

0340 BÜHLER, Josef: Das Reichsjustizkommissariat, in: Frank, Hans (Hrsg.): Nationalsozialistisches Handbuch für Recht und Gesetzgebung, München 1935, S. 1581-1584

0341 EMGE, C.A.: Die wissenschaftliche Arbeit der Akademie für Deutsches Recht, DtR 1939, S. 539-540

0342 FABRICIUS, Hans/STAMM, Kurt: Bewegung, Staat und Volk in ihren Organisationen, in: Führerkalender von Hans Fabricius und Kurt Stamm, 4. Aufl., Berlin 1935

0343 HIMMLER, Heinrich: Die Aufgaben des Reichskommissars für die Festigung des deutschen Volkstums, RVwBl 1940, S. 261-262

0345 HIMMLER, Heinrich: Die Schutzstaffel als antibolschewistische Kampforganisation, München 1936

0346 LASCH, Karl: Die Akademie für Deutsches Recht, in: Frank, Hans (Hrsg.): Nationalsozialistisches Handbuch für Recht und Gesetzgebung, München 1935, S. 1572-1580

0347 NOETZOLD, H.: Die Akademie für Deutsches Recht, ihre Aufgabe und Bedeutung, DJZ 1934, Sp. 841-844

0348 SCHMIDT, Albert: Die Kriegstagung der Akademie für Deutsches Recht in München, DtR 1940 B, S. 297-299

0349 WARNECKE, Karl Joachim: Rechtliche Entwicklung und Stellung der nationalsozialistischen Sturmabteilungen (SA), Springe 1935, Diss. iur. Göttingen 1936 (U 36.3651)

2.6 Führertum

2.6.1 Führergedanke

0350 BRAUSSE, Hans-Bernhard: Die Führungsordnung des deutschen Volkes, Hamburg 1940, Diss. iur. Leipzig 1940 (U 40.4912)

0351 EMGE, C.A.: Ideen zu einer Philosophie des Führertums, ARSP 29 (1935/36), S. 175-194

0352 HÖHN, Reinhard: Der Führerbegriff im Staatsrecht, DtR 1935, S. 296-301

0353 HUBER, Ernst Rudolf: Herrschaft und Führung, DtR 1941 II, S. 2017-2024

0354 KOELLREUTTER, Otto: Führung und Herrschaft, RVwBl 1941, S. 445-449

0355 KÜHN, Friedrich: Zur Entwicklung des Führergedankens, DtR 1935, S. 202-204

0356 LUYKEN, Fritz: Der Gefolgschaftsgedanke im geltenden Recht unter besonderer Berücksichtigung des Strafrechts, Würzburg 1937, Diss. iur. Köln 1937 (U 37.6144)

0357 MÜLLER, Karl-Ludwig: Diktaturgewalt einst und jetzt, Lippstadt 1932, Diss. iur. Rostock 1933 (U 33.7581)

0358 MÜLLEREISERT, F.A.: Das Rechtsverhältnis zwischen Führer und Gefolgschaft, RVwBl 1936, S. 309-311

0359 NEESSE, Gottfried: Führer, Führungsordnung, Führertum im deutschen Verfassungsrecht, DtR 1942, S. 546-550 und DtR 1942 B, S. 118-119

0360 REESE, Gottfried: Führung und Herrschaft, RVwBl 1941, S. 253-255

0361 THALHEIMER, Karl: Der Führergedanke und seine bisherige organisatorische Durchführung, Coburg 1934, Diss. iur. Erlangen 1934 (U 34.3495)

0362 ULE: Herrschaft, Führung, Gemeinschaft, RVwBl 1941, S. 248-253

2.6.2 Führerstaat

0363 BORNHAK, Conrad: Weimarer Verfassung und Führerstaat, Zeitschrift für öffentliches Recht 20 (1940), S. 573-593

0364 FRANK, Hans: Rechtsgrundlegung des nationalsozialistischen Führerstaates, 2. Aufl., München 1938

0365 GIERTH, Karl: Grundlinien des Führerstaates, Dresden 1937, Diss. iur. Leipzig 1937 (U 37.6779)

0366 HÖHN, Reinhard: Führerstaat und parlamentarische Republik, ZAkDtR 1937, S. 715-717

0367 KOELLREUTTER, Otto: Der deutsche Führerstaat, Tübingen 1934

0368 KOELLREUTTER, Otto: Führung und Verwaltung. Zum Problem einer neuen Begriffsjurisprudenz, in: Festschrift für Justus Wilhelm Hedemann zum 60. Geburtstag, hrsg. v. Roland Freisler, Georg Anton Löning und Hans Carl Nipperdey, Jena 1938, S. 95-105

0369 KRÜGER, Herbert: Der Aufbau der Führerverfassung, DtR 1935, S. 210-212

0370 STUCKART, Wilhelm: Der nationalsozialistische Führerstaat im Verhältnis zur Demokratie, Diktatur und Selbstverwaltung, DtR 1936, S. 342-349

0371 TREPTE, Martin: Die Führerverfassung der deutschen Gemeinden und die Führerverfassung im allgemeinen, Leipzig 1943, Diss. iur. Leipzig 1943 (U 43.4023)

0372 WALZ: "Der Führerstaat" (Vortrag auf dem Deutschen Juristentag), DJ 1936, S. 813-815

2.6.3 Führerregierung

0373 BARING, Burkhard: Die Führerregierung. Eine staatsrechtliche Abhandlung über die heutige Stellung der Reichsregierung, Dresden 1938, Diss. iur. Leipzig 1938 (U 38.6276)

0374 DOLLINGER, Heinz: Das Recht des Führerrates unter Berücksichtigung der Reichsgesetzgebung und der Gesetzgebung der Länder, namentlich Preußens und Sachsens, Borna-Leipzig 1937, Diss. iur. Leipzig 1937 (U 37.6763)

0375 GEHLEN, Wolfgang von: Die Umwandlung in der Staatsleitung vom Kanzlersystem zum Führerprinzip, Düsseldorf 1939, Diss. iur. Innsbruck 1939 (U 39.5531)

0376 HEINE, Horst-Ulrich: Die staatsrechtliche Stellung des Staatsoberhauptes im Weimarer Reich und im nationalsozialistischen Reich, o.O. 1939, Diss. iur. Breslau 1939 (U 39.1593)

0377 HUBER, Ernst Rudolf: Der Führer als Gesetzgeber, DtR 1939, S. 275-278

0378 IRLINGER, Max: Die Rechte des Führers und Reichskanzlers als Staatsoberhaupt des Deutschen Reiches nach dem Gesetz vom 1.August 1934, Innsbruck 1939, Diss. iur. Innsbruck 1939 (U 39.5533)

0379 LÜBBERS, Hermann: Die staatsrechtliche Stellung des Führers und Reichskanzlers, Emden 1938, Diss. iur. Göttingen 1938 (U 38.3469)

0380 SCHNEIDER, Herbert: "Führer" und "Führerrat". Eine verfassungspolitische Studie. Gelnhausen 1938, Diss. iur. Frankfurt 1938 (U 39.2515)

0381 WAGNER, Dietrich: Die staatsrechtliche Stellung der Reichsregierung im nationalsozialistischen Verfassungsrecht nach dem Stand vom 30. Januar 1934, Nürnberg 1934, Diss. iur. Erlangen 1934 (U 34.3500)

0382 ZUND, August: Die rechtliche Stellung der Reichsminister, Mannheim 1939, Diss. iur. Heidelberg 1939 (U 39.4852)

2.6.4 Justiz im Führerstaat

0383 DEINHARDT, Richard: Die leben-, sinn- und werterfassende Um- und Neugestaltung einer nationalsozialistischen Richter-(Rechtfindungs-), Gerichts- und Verfassungsordnung im Großdeutschen Reich, DGWR 1940, S. 193-207, 228-237

0384 DIECKHOFF, Albrecht: Führertum in der deutschen und englischen Rechtspflege, JW 1935, S. 1207-1208

0385 DIECKMANN, Charlotte: Der Vorbehalt des Führerwillens und der Vorbehalt des Gesetzes im nationalsozialistischen Verfassungsrecht, Düsseldorf 1937, Diss. iur. Bonn 1937 (U 37.1310)

0386 FAUSER, Manfred: Das Gesetz im Führerstaat, AöR 26 (1935), S. 129-154

0387 FRANK, Hans: Der Führer und das Recht, ZAkDtR 1937, S. 289-291

0388 FREISLER, Roland: Etwas über Führertum in der Rechtspflege, Berlin 1935

0389 HAGEMEISTER, Heinrich: Das Führerprinzip in der ordentlichen Gerichtsbarkeit, DtR 1934, S. 490-492

0390 HUEBER: Justiz im Führerstaat, DJ 1942, S. 5-9

0391 KAISER, Franz: Justizreform? Juristenreform!, Berlin 1933

0392 KERN, Eduard: Das Führertum in der Rechtspflege, Freiburg 1935

0393 NAUCK: Das Führerprinzip in der ordentlichen Gerichtsbarkeit, DRiZ 1935, S. 70-72

0394 ROTHENBERGER: Die Stellung des Richters im Führerstaat, DtR 1939, S. 831-833

0395 SAUER, Wilhelm: Recht und Volksmoral im Führerstaat, ARSP 28 (1934/35), S. 230-274

0396 SCHMIDT-DUMONT, Franz Johannes: Vom Wesen der Führeranordnungen, o.O. 1942, Diss. iur. Berlin 1942 (n.f.d.A.) (U 42.120)

0397 SCHMITT, Carl: Der Führer schützt das Recht, DJZ 1934, Sp. 945-950

0398 SEIDEL, Willi: Der Einsatz des Rechtswahrers für die Schulungsarbeit der Partei, DtR 1939 B, S. 90-96

0399 TÖWE: Führertum und Rechtspflege, DRiZ 1935, S. 225-227

0400 WALDMANN: Das Führerprinzip in der ordentlichen Gerichtsbarkeit, DRiZ 1935, S. 72-73

3. Recht, Gesetz und Richter

3.1 Justiz als Institution

3.1.1 Allgemeines

0401 BARTH: Justiz am Scheideweg, DtR 1942, S. 311-314

0402 BARTH, Heinrich: Die Berufung des Rechtswahrers zur rechtspolitischen Arbeit, DtR 1939, S. 1026-1030

0403 BEST, Werner: Kritik und Apologie des "Juristen", DtR 1939, S. 196-199

0404 BEYERLE, Franz: Vom Sinn des deutschen Rechtsstandes, DJZ 1936, Sp. 597-601

0405 BILLIG, Heinz: Der Führer über die Aufgaben der Justiz, JuR 11 (1937), S. 34-36

0406 BRETTLE: Volksnahe Rechtspflege, DtR 1939 B, S. 292-296

0407 FRANK, Hans: Der Kriegseinsatz der Rechtswahrer, DtR 1941 B, S. 301-302

0408 FRANK, Hans: Aufruf an die deutschen Rechtswahrer, DtR 1942 B, S. 1

0409 FREISLER, Roland: Justiz im Zeitgeschehen, DJ 1940, S. 41-54

0410 IPSEN, Hans Peter: Politik und Justiz, Hamburg 1937

0411 ROZYCKI, von/HOEWEL, Fred von: Die Justiz am Scheideweg, Berlin/Leipzig/Wien 1941

0412 SCHWABE, Helmut: Gericht und Richter im Spiegel der Oeffentlichkeit, DtR 1937, S. 401-406

0413 SEYDEL, Helmut: Recht und Justiz, DtR 1942, S. 817-819

3.1.2 Gerichtsorganisation

0414 BRAND: Der Reichsrechtshof, ein Vorschlag, DtR 1941, S. 161-164

0415 BRAUN, Erwin: Die Entwicklung der Gerichtsstätten in Deutschland, o.O. 1945, Diss. iur. Erlangen 1944 (n.f.d.A.) (U 44.2126)

0416 JONAS, M.: Gedanken über die Neugestaltung der Gerichtsorganisation, DtR 1941, S. 1329-1338

0417 KNIESCH, Jochen: Die Organisation unserer Gerichte, DjR 18 (1942), S. 41-44, 49-50

0418 ROTHENBERGER, Curt: Die ersten Gedanken über den Aufbau einer nationalsozialistischen Rechtspflege, DJ 1942, S. 565-568

0419 ROTHENBERGER, Curt: Gedanken zum Neuaufbau der deutschen Rechtspflege, DJ 1942, 662-664

0420 ROTHENBERGER, Curt: Die ersten sachlichen Maßnahmen zum Aufbau einer nationalsozialistischen Rechtspflege, DJ 1943, S. 66-70

0421 SCHNEIDER, Herbert: Zur Neugestaltung der Gerichtsorganisation, DtR 1941 II, S. 2024-2029

0422 SCHULIN, P.: Gedanken zum Neuaufbau des deutschen Gerichtswesens, DtR 1941 B, S. 282-286

0423 THIERACK, Otto: Gedanken zum Neuaufbau der deutschen Rechtspflege, DJ 1942, S. 661-662

3.1.3 Vereinheitlichung

0424 GÖRING, Hermann: Hermann Göring über die Vereinheitlichung des Rechtswesens. Die Rede des preußischen Innenministers beim Staatsakt vom 2.4.1935, DJ 1935, S. 536-539

0425 GÜRTNER: Ein Reich - ein Recht - eine Rechtspflege, DJ 1935, S. 464-465

0426 GÜRTNER: Auf dem Wege zur einheitlichen Justiz. Rede des Reichsjustizministers Dr. Gürtner bei der Übernahme der bayerischen Justizverwaltung, DJ 1935, S. 81-82

0427 GÜRTNER: Der Weg zur Reichsjustiz, DJ 1934, S. 205-206

0428 JONAS, Martin: Der Übergang der Justizhoheit auf das Reich, in: Frank, Hans (Hrsg.): Nationalsozialistisches Handbuch für Recht und Gesetzgebung, München 1935, S. 1489-1497

0429 NADLER: Einheit der Justizverwaltung, DJ 1935, S. 85-86

0430 NAUCK: Der Reichsrichter, DRiZ 1933, S. 227-229

0431 SAUER, Franz: Die Auswirkungen der Justizverreichlichung, in: Beiträge zum Recht des neuen Deutschland, Festschrift für Franz Schlegelberger zum 60. Geburtstag, hrsg. v. Erwin Bumke, J. Wilhelm Hedemann und Gustav Wilke, Berlin 1936, S. 70-84

0432 SCHLEGELBERGER, Franz: Was erwarten das deutsche Volk und der deutsche Jurist von der Vereinheitlichung der deutschen Justiz?, Berlin 1934

0433 WAGNER, Otto: Vom personellen Aufbau der einheitlichen Reichsjustizverwaltung, in: Beiträge zum Recht des neuen Deutschland, Festschrift für Franz Schlegelberger zum 60. Geburtstag, hrsg. v. Erwin Bumke, J. Wilhelm Hedemann und Gustav Wilke, Berlin 1936, S. 85-108

3.1.4 Amtstracht

0434 GÜRTNER, Franz: Kundgebung zu dem Erlaß des Führers und Reichskanzlers vom 19.6.1936 über die Amtstracht in der Reichsjustizverwaltung, DJ 1936, S. 949

0435 SAUER: Zur Amtstracht der Reichsjustizverwaltung, DJ 1936 II, S. 1013-1014

3.1.5 Standesorganisation

0436 FRISCHING, Carl von: Die deutschen Richtervereinigungen, Schramberg 1936, Diss. iur. Freiburg 1936 (U 36.3114)

0437 HEUBER, Wilhelm: Der Bund Nationalsozialistischer Deutscher Juristen und die Deutsche Rechtsfront, in: Frank, Hans (Hrsg.): Nationalsozialistisches Handbuch für Recht und Gesetzgebung, München 1935, S. 1566-1571

0438 SCHMIDT: Aus der Reichsgruppe Richter und Staatsanwälte, DtR 1942 B, S. 111

0439 THIERACK: Die Aufgaben des Nationalsozialistischen Rechtswahrerbundes, DtR 1942 B, S. 225-226

3.1.6 Personen

0440 FRANK, Hans: Nachruf für Reichsjustizminister Dr. Gürtner, DtR 1941 B, S. 21

0441 FRANK, Hans: Nachruf für den verstorbenen Reichsjustizminister Dr. Franz Gürtner, ZAkDtR 1941, S. 57

0442 LETZ, Rudolf: Von der Landesjustizverwaltung Hamburg zum Präsidenten des Hanseatischen Oberlandesgerichts, in: Das Hanseatische Oberlandesgericht, Gedenkschrift zu seinem 60-jährigen Bestehen, hrsg. v. Curt Rothenberger, Hamburg 1939, S. 183-199

0443 SCHLEGELBERGER: Franz Gürtner zum Gedächtnis, DJ 1941, S. 849

3.1.7 Geschichte

0444 RENSCH, Max: Das Reichsgericht im Ersten, Zweiten und Dritten Reich, DJ 1939, S. 909-913

0445 SCHLEGELBERGER, Franz: Der Weg ins Reich, in: 200 Jahre Dienst am Recht, Gedenkschrift aus Anlaß des 200jährigen Gründungstages des Preußischen Justizministeriums, hrsg. v. Franz Gürtner, Berlin 1938, S. 173-190

0446 SCHWESINGER, Adolf: Die Entwicklung der deutschen Gerichtsorganisation seit 1879, Würzburg 1938, Diss. iur. Jena 1938 (U 38.5084)

0447 THIESING, Adolf: Die Geschichte des Preußischen Justizministeriums, in: 200 Jahre Dienst am Recht, Gedenkschrift aus Anlaß des 200jährigen Gründungstages des Preußischen Justizministeriums, hrsg. v. Franz Gürtner, Berlin 1938, S. 11-172

0448 WURST, Bruno: 700 Jahre Gerichtsbarkeit in Berlin, DJ 1937 II, S. 1179-1184

3.2 Unabhängigkeit

3.2.1 Richterliche Unabhängigkeit

0449 HEINTZELER: Autoritärer Staat und unabhängiges Richtertum, DJ 1934 II, S. 1438-1440

0450 HENKEL, Heinrich: Die Unabhängigkeit des Richters in ihrem neuen Sinngehalt, Hamburg 1934

0451 KERN, Eduard: Grenzen der richterlichen Unabhängigkeit?, ARSP 27 (1933/34), S. 309-318

0452 KERN, Eduard: Die Grenzen der richterlichen Unabhängigkeit, DJZ 1933, Sp. 656-660

0453 KÜCHENHOFF, Günther: Richterliche Unabhängigkeit und beamtenrechtliche Stellung des Richters im Dritten Reich, GS 115 (1941), S. 297-339

0454 LICHTIG, Ignaz: Die richterliche Unabhängigkeit, Hamburg 1931, Diss. iur. Hamburg 1936 (n.f.d.A.) (U. 36.4364)

0455 MÜLLER: Die Unabhängigkeit der Rechtsprechung im Lichte der Philosophie, DJZ 1933, Sp. 603-607

0456 SAUER, Wilhelm: Rechtsprechung und Regierung. Zur Frage der Unabhängigkeit des Richters, DJ 1935, S. 181-183

0457 SCHELD: Richterliche Unabhängigkeit und Rechtssicherheit, DjR 11 (1935), S. 70-71

0458 TIWISINA, Erich: Rechtsprechung nach Weisung oder gelenkte Rechtsprechung?,DtR 1942 II, S. 1108-1111

3.2.2 Rechtsstellung des Richters

0459 BEST, Werner: Wesen und verfassungsrechtliche Stellung des Richters, DtR 1939, S. 1227-1228 und DtR 1939 B, S. 429-430

0460 BRÜCKMANN, Werner C. Ph.: Eine Untersuchung über die Verbeamtung des deutschen Richters nebst Vorschlägen zur Wiederherstellung echten Richtertums, Hamburg 1942, Diss. iur. Hamburg 1942 (n.f.d.A.) (U 43.2734)

0461 JÄGER, August: Der Richter. Wesen und verfassungsrechtliche Stellung, Berlin 1939

0462 JÄGER: Die verfassungsrechtliche Stellung des Richters im Großdeutschen Reich, DtR 1939 B, S. 467-471

0463 MÜLLER, Georg: Die Entwicklung des Deutschen Richteramtes, DRiZ 1935, S. 164-166

0464 ROEDER, Gisela: Die Stellung des beamteten deutschen Richters nach geltendem Recht, o.O. 1939, Diss. iur. Jena 1940 (n.f.d.A.) (U 44.5377)

0465 ROTHENBERGER: Die Stellung des Richters im Führerstaat, DtR 1939 B, S. 262-264

0466 TIGGES, Hans: Die Stellung des Richters im absoluten Staat, Berlin 1935, Diss. iur. Bonn 1935 (U 35.6511)

0467 WEBER, Otto: Stellung und Aufgaben des Richters im neuen deutschen Staat, Weimar 1933

3.2.3 Nationalsozialistisches Richtertum

0468 ADAMI, Friedrich Wilhelm: Der Richter des Dritten Reiches, JuR 10 (1936), S. 38-40

0469 BULL: Richter und Richteramt in unserer Zeit, ZAkDtR 1943, S. 147-150

0470 ECKHARDT, Karl August: Richteramt, DtRwiss 1 (1936), S. 124-131

0471 FRANK, Hans: Der nationalsozialistische Richter steht im Mittelpunkt des nationalsozialistischen Rechtsaufbaues, DtRpfl 1936, S. 8-10

0472 FRANK: Der Richter im Neuen Reich, DRiZ 1933, S. 161-163

0473 GÜRTNER: Richter und Rechtsanwalt im neuen Staat, JbAkDtR 1 1933/34, S. 155-163

0474 GÜRTNER, Franz: Richter und Rechtsanwalt im neuen Staat, DJ 1934, S. 369-372

0475 HAHN: Richter und Nationalsozialismus, DRiZ 1933, S. 131

0476 KISCH, Wilhelm: Der deutsche Richter, ZAkDtR 1934, S. 9-11

0477 KRIECK, Ernst: Der Weg zum völkisch-politischen Richter, DtR 1936, S. 434-437

0478 MALZ, Heinrich: Richtertum im nationalsozialistischen Staat, DtR 1941 II, S. 2217-2221

0479 ROTHENBERGER, Curt: Der deutsche Richter, Hamburg 1943

0480 ROTHENBERGER, Curt: Der Richter im national-sozialistischen Staat, DJ 1943, S. 257-261

0481 RUMPF, Max: Richter und Volksgemeinschaft, DJZ 1934, Sp. 377-383

0482 SCHEPPLER, P.: Richter und Nationalsozialismus, DRiZ 1933, S. 132

0483 SCHRAUT: Der Richter im neuen Reich, DRiZ 1934, S. 3

0484 STEINAECKER, Freiherr von: Der Richter im nationalsozialistischen Staat, DJ 1936, S. 151-152

0485 WAGNER, M.: Gleichschaltung in der Rechtsprechung, DjR 9 (1933), S. 211-212

3.2.4 Aufgabe des Richters

0486 BESSELMANN, Friedrich: Die politische Aufgabe des deutschen Richters, DtR 1942 II, S. 1762-1765

0487 DAGEFÖRDE, Otto: Die Aufgaben der Richter und Rechtspfleger im Vierjahresplan, DtRpfl 1937, S. 225-229

0488 ENGELHARDT: Der Gestaltungswille des Richters, DtRpfl 1936, S. 455-461

0489 FREISLER, Roland: Die Aufgaben der Reichsjustiz entwickelt aus der biologischen Rechtsauffassung, DJ 1935, S. 468-470

0490 FREISLER, Roland: Richterarbeit - Lebensgestaltung. Ein Bekenntnis, in: Erwin Bumke zum 65. Geburtstage, hrsg. von Wolfgang Mettgenberg, Berlin 1939, S. 31-37

0491 HOERGER, Max: Die Entwicklung des Richtereides in Deutschland, unter besonderer Berücksichtigung Bayerns, o.O. 1941, Diss. iur. München 1943 (n.f.d.A.) (U 43.4516)

0492 KERN, Eduard: Der Aufgabenkreis des Richters, Tübingen 1939

0493 KÜCHLER, D.: Richter und Volkspflege, DtR 1939, S. 1133-1134 und DtR B, S. 430-431

0494 LÖWISCH: Stellung und Aufgaben des Richters nach der Auffassung der Jenaer Schule und nach heutiger Auffassung, in: Kampf für ein deutsches Volksrecht, Richard Deinhardt zum 75. Geburtstag, hrsg. von Roland Freisler und Justus Hedemann, Berlin 1940, S. 116-130

0495 PIETSCH, Walter Ludwig: Die geistige und seelische Situation des Richters im Verfahren, DtR 1942 B, S. 120-122

0496 ROTHENBERGER: Aufgaben der Rechtspflege, DtRpfl 1936, S. 504-506

3.2.5 Richterkönigtum

0497 OSTWALD: Richterkönigtum, Führergrundsatz und Rechtsgestaltung, DJZ 1934, Sp. 440-446

0498 SCHROER, Hermann: Der königliche Richter, in: Festschrift zum 100jährigen Bestehen des Landgerichts Wuppertal, Wuppertal 1934, S. 5-6

0499 STEINAECKER, Freiherr von: Der wahrhaft königliche Richter, DtRef 7 (1933), S. 150-152

3.2.6 Dienstrecht

0500 DOERNER, Karl: Neue Bestimmungen über die Laufbahn für das Amt des Richters und des Staatsanwalts, DjR 15 (1939), S. 177-178

0501 FRANK: Grenzen der Dienstaufsicht über Richter, DRiZ 1933, S. 9-11

0502 ROTHENBERGER, Curt: Richterliche Unabhängigkeit und Dienstaufsicht, ZAkDtR 1937, S. 637-640

0503 WITTLAND: Dienstaufsicht und Dienststrafgewalt im Bereich der Reichsjustizverwaltung, DJZ 1935, Sp. 784-790

3.2.7 Personalpolitik

0504 FREISLER, Roland: Die Einheit von Partei und Staat in der Personalpolitik der Justiz, DJ 1935 II, S. 1685-1686

0505 FREISLER, Roland: Personalpolitik im höheren Justizdienst, volkspolitisch gesehen, DJ 1939 II, S. 1342-1353

0506 SCHLOCKERMANN: Über die Heranbildung von Richterpersönlichkeiten, DRiZ 1934, S. 103-104

0507 SCHULZ, Wilhelm: Die Mitwirkung der NSDAP. bei der Besetzung der Gerichte, o.O. 1937, Diss. iur. Tübingen 1938 (U 38.8773)

3.3 Justiz und Verwaltung

3.3.1 Allgemeines

0508 FREISLER, Roland: Rechtspflege und Verwaltung, Justizverwaltung und Richtertum, DJZ 1934, Sp. 167-171

0509 MATHUSE, Hans Christian: Justiz und Verwaltung. Beiträge zur Auslegung der §§ 13 GVG. und 4 EGGVG.; nebst einer Einleitung über das System der Vorbehalte im Gerichtsverfassungsgesetz, Oelde 1934, Diss. iur. Freiburg i.B. 1934 (U 34.3596)

0510 WAGNER, Albrecht: Der Kampf der Justiz gegen die Verwaltung in Preußen, Hamburg 1936, Diss. iur. Berlin 1935

3.3.2 Richterliches Prüfungsrecht

0511 BEPLER: Das richterliche Prüfungsrecht im alten und neuen Rechtsdenken, DtRpfl 1938, S. 343-344

0512 FEIGENSPAN, Rolf: Das richterliche Prüfungsrecht, Dresden 1933, Diss. iur. Leipzig 1933 (U 33.3886)

0513 GLOZ, Wolfgang Hannibal: Das richterliche Prüfungsrecht im neuen Staate, Düsseldorf 1935, Diss. iur. Köln 1935 (U 35.4846)

0514 HALBERKANN, Rolf: Das richterliche Prüfungsrecht im alten und neuen Rechtsdenken, Berlin 1938, Diss. iur. Freiburg i.B. 1938 (n.f.d.A.) (U 38.2988)

0515 HUBER, Ernst Rudolf: Rechtsetzung und Richterliches Prüfungsrecht, in: Festschrift anläßlich des 25jährigen Bestehens der Deutschen Landesgruppe der International Law Association, Berlin 1938, S. 105-115

0516 IPSEN, Hans Peter: Politik und Justiz. Das Problem der justizlosen Hoheitsakte, o.O. 1937, Habil. iur. Hamburg 1936 (U 37.4463)

0517 KARNER, Wilhelm: Verordnung und richterliches Prüfungsrecht von Verordnungen im Dritten Reich, Wien 1940, Diss. iur. Wien 1940 (U 41.5539)

0518 LAUER, Klaus: Die richterliche Nachprüfung polizeilicher Maßnahmen, JW 1934 III, S. 2832-2834

0519 LOBE, Adolf: Das richterliche Prüfungsrecht und die Entwicklung der gesetzgebenden Gewalt im neuen Reich, AöR 28 (1937), S. 194-220

0520 MAST, Karl: Das richterliche Prüfungsrecht im nationalsozialistischen Staat unter besonderer Berücksichtigung der Rechtsprechung, Schwenningen 1937, Diss. iur. Tübingen 1937 (U 38.8762)

0521 REITIS, Otto: Die richterliche Nachprüfung von Staatsakten im nationalsozialistischen Staat, Quakenbrück 1936, Diss. iur. Göttingen 1936 (U 36.3620)

0522 SCHACK, F.: Die richterliche Prüfung von Gesetz und Verordnung, RVwBl 1938, S. 68-75

0523 SCHACK, Friedrich: Die richterliche Prüfung der Verordnungen im neuen Staat, DVerwBl 1937, S. 217-229

0524 SCHACK, F.: Die richterliche Kontrolle von Staatsakten im neuen Staat, RVwBl 1934, S. 592-595

0525 SCHEUNER, U.: Die Gerichte und die Prüfung politischer Staatshandlungen, RVwBl 1936, S. 437-443

0526 SEIFERT, Karl-Heinz: Das Recht der Gerichte, Reichsgesetze auf ihre Rechtsgültigkeit zu überprüfen. Zugleich ein Beitrag zur Lehre vom fehlerhaften Staatsakt, Dresden 1933, Diss. iur. Leipzig 1934 (U 34.7535)

0527 ULM, Theodor: Das richterliche Prüfungsrecht im neuen Staat, Düsseldorf 1936, Diss. iur. Gießen 1936 (U 36.3373)

3.3.3 Nachprüfung politischer Maßnahmen

0528 BAUR, Fritz: Die Zulässigkeit des Rechtswegs bei politischen Streitigkeiten, DtR 1939, S. 51-55

0529 BERGER, Norbert: Sind politische Maßnahmen, insbesondere Schutzhaftbefehle, der richterlichen Nachprüfung entzogen?, JW 1934, S. 14-15

0530 NEUBERT, Reinhard: Die Schranken richterlichen Prüfungsrechts bei staatspolitischen Handlungen der Verwaltung, JW 1933 III, S. 2426-2427

0531 SCHOETZAU: Maßnahmen der politischen Leiter unterliegen nicht der Nachprüfung durch die Gerichte, JW 1935 III, S. 3210

3.4 Rechtsquellen

3.4.1 Allgemeines

0532 HANTELMANN, Erich von: Anwendung vornationalsozialistischer Gesetze, Würzburg 1937, Diss. iur. Göttingen 1937 (U 37.3693)

0533 JUNG, Erich: Positivismus, Freirechtsschule, neue Rechtsquellenlehre, in: Das Judentum in der Rechtswissenschaft, 8 Berlin 1937

0534 LEPPIN: Das gesunde Volksempfinden, JuR 13 (1939), S. 14-15

0535 LOBE: Gesetztes und ungesetztes Recht, ARSP 29 (1935/36), S. 24-28

0536 ROTHENBERGER, Curt: Die Rechtsquellen im neuen Staat, DJZ 1936, Sp. 22-26

0537 SCHULTE, Franz: Weltanschauung als Quelle der Rechtsanwendung, DRiZ 1933, S. 229-231

0538 STELLRECHT, Helmut: Gesetz und Recht, DtR 1939 B, S. 2

3.4.2 Gesetzeslehre

0539 BEST, Werner: Rechtsbegriff und Gesetzgebung, DtR 1939, S. 673-675

0540 BOSSUNG, Hanno: Gesetz und Verordnung. Ihr Verhältnis und seine Wandlung vom Konstitutionalismus bis zum Nationalsozialismus, Berlin 1936, Diss. iur. München 1937 (n.f.d.A.) (U 37.7730)

0541 DIENER, Rodger: Gesetzgebung und Gesetzesbefolgung, DtR 1936, S. 192-194

0542 FELSCH, Hans B.: Die Rechtsetzung im neuen Reich, Saalfeld 1937, Diss. iur. Königsberg 1938 (U 38.6017)

0543 FRASCH, Albert: Das Gesetzgebungsverfahren im Dritten Reich, Bottrop 1939, Diss. iur. Tübingen 1939 (U 39.8849)

0544 HEIN, Jakob: Rechtsprobleme der Volksgesetzgebung im deutschen Reichs- und Landesverfassungsrecht, Emsdetten 1934, Diss. iur. Bonn 1934 (U 34.3026)

0545 HÖHN, Reinhard: Das Gesetz als Akt der Führung, DtR 1934, S. 433-435

0546 KÜMMERLING, Karl: Der Sinnwandel des Gesetzesbegriffs im nationalsozialistischen Staate, Diss. iur. Münster 1938

0547 MALLMANN, Walter: Die Sanktion im Gesetzgebungsverfahren, Emsdetten 1938, Diss. iur. Marburg 1938 (n.f.d.A.) (U 38.6855)

0548 MÜLLER, Karl Heinz: Die sogenannte Gesetzesumgehung im Lichte neuen Rechtsdenkens, o.O. 1944, Diss. iur. Leipzig 1944 (n.f.d.A.) (U 44.5831)

0549 SCHLEGELBERGER, Franz: Der Beruf unserer Zeit zur Gesetzgebung, Vortrag auf der Arbeitstagung der Akademie für Deutsches Recht am 29.1.1934, JbAkDtR 1 (1933/34), S. 99-110

0550 SCHWARZ, Philipp: Die Bedeutung der Statistik für die Gesetzgebung des Dritten Reiches, in: Frank, Hans (Hrsg.): Nationalsozialistisches Handbuch für Recht und Gesetzgebung, München 1935, S. 85-95

0551 WALZ, Josef: Zur Bekämpfung der Gesetzesumgehung, Köln 1938, Diss. iur. Köln 1938 (U 38.5813)

0552 ZELLER, Otto: Die Berufung der Partei zur Gesetzgebung, JW 1936 III, S. 2504

3.4.3 Gesetzestechnik

0553 DIETZE, Hans-Helmut: Der Gesetzesvorspruch, JuR 11 (1937), S. 294-301

0554 DIETZE, H.-H.: Vom Wesen der Gesetzesvorsprüche, DtR 1939 II, S. 1550-1555

0555 ROSEN, von/HOEWEL, von: Fragen der Gesetzessystematik und der Gesetzestechnik, RVwBl 1942, S. 243-250

0556 WAGNER, M.: Preußische Gesetzestechnik, DjR 9 (1933), S. 294-296

3.4.4 Gewohnheitsrecht

0557 PAUL, Albert: Die Möglichkeit der Neubildung und der Anwendung von Gewohnheitsrecht auf dem Gebiete des Strafrechts, Quakenbrück 1939, Diss. iur. Jena 1939 (U 39.5280)

3.4.5 Rechtserneuerung

0558 BOCKHOFF, E.H.: Voraussetzungen des antibolschewistischen Rechtskampfes, JuR 11 (1937), S. 269-272

0559 FRANK, Hans: Gesetzgebung und Rechtsprechung im Dritten Reich, ZAkDtR 1936, S. 137-142

0560 FRANK, Hans: Nationalsozialistische Rechtspolitik, DtR 1936, S. 389-392

0561 FREISLER, Roland: Der Aufbau der rechtserneuernden Kräfte im ersten Jahre nationalsozialistischer Staatsführung, DJ 1933, S. 829-832

0562 FREISLER, Roland: Einige Gedanken zu den ersten vier Jahren nationalsozialistischer Rechtsarbeit, DJ 1937, S. 212-214

0563 FREISLER, Roland: Zur Befreiung des Rechtsdenkens, DJ 1936 II, S. 1568-1574

0564 GÜRTNER, Franz: Zur Erneuerung des deutschen Rechts, DJ 1933, S. 622

0565 HEYDEBRAND u. d. LASA, Ernst von: Deutsche Rechtserneuerung aus dem Geiste des Nationalsozialismus, Berlin 1933

0566 NOACK, Nationalsozialistische Rechtserneuerung, DtR 1934, S. 556-559

0567 RISTOW, Erich: Umbruch im Recht, DtRef 7 (1933), S. 199-202

0568 RUTTKE: Durch Erb- und Rassenpflege zum deutschen Recht, ZAkDtR 1936, S. 888-891

0569 SCHLEGELBERGER, Franz: Abkehr vom Individualismus. Ein Rückblick auf die Rechtsentwicklung im ersten Jahr der nationalen Erhebung, DJ 1934, S. 141-142

3.4.6 Parteiprogramm, Rechtsarbeit der Partei

0570 ADAMI, Friedrich Wilhelm: Das Programm der NSDAP und die Rechtsprechung, DtR 1939, S. 486-491

0571 DANIELCIK, Hans Peter: Die Verwirklichung des Parteiprogramms durch die Rechtsentwicklung vom Reichsparteitag 1935 bis zum Reichsparteitag 1936, JW 1936 III, S. 2505-2507

0572 FRANK: Die Rechtsarbeit der Partei im Kriege, Vortragsbericht, DtR 1939 II, S. 2121

0573 FRANK, Hans: Punkt 10 des Parteiprogramms: "Wir fordern Ersatz für das der materialistischen Weltordnung dienende römische Recht durch ein deutsches Gemeinrecht.", Der Schulungsbrief 6 (1939), S. 182-186

0574 RAEKE, Walter: Die Neugestaltung des deutschen Rechts im Sinne des Parteiprogramms seit dem 30. Januar 1933, JW 1936, S. 289-290

0575 ROSENBERG, Alfred: Das Parteiprogramm, 20. Aufl., München 1939

0576 SCHLEY: Die Partei als Hort des deutschen Rechts, JW 1934 III, S. 2513

0577 SCHMID, Paul: Die bisherige Erfüllung des Parteiprogramms in seiner heutigen Auslegung durch die Gesetzgebung des Kabinetts Hitler, Pfullingen 1936, Diss. iur. Tübingen 1937 (U 37.9299)

0578 SEIDEL, Willi: Der Einsatz des Rechtswahrers für die Schulungsarbeit der Partei, DtR 1939, S. 90-96

0579 TEGTMEYER: Die Rechtsarbeit der Partei, DtR 1939 II, S. 1942-1943 und DtR 1939 B, S. 561-562

0580 ZELLER, Otto: Die Berufung der Partei zur Gesetzgebung, JW 1936 III, S. 2504

0581 ZELLER, Otto: Partei, Recht und Politik, JW 1937 II, S. 1870-1871

3.4.7 Volksgruppenrecht

0582 FREISLER, Roland: Entwicklung des Volkstumsrechts der deutschen Volksgruppen, DJ 1941, S. 881-885, 897-900

0583 KLAUSS, Herbert: Nationalsozialistisches Volksgruppenrecht, Würzburg 1937, Diss. iur. Heidelberg 1937 (U 37.5109)

3.4.8 Regionales Recht

0584 ALLINGER-CSOLLICH, Theofried: Grundgedanken der österreichischen Strafgesetzgebung, DtR 1940 B, S. 167-169

0585 PICHLER-DREXLER, Erwin: Grundgedanken der österreichischen Strafgesetzgebung. Strafverfahrensrecht, DtR 1940 B, S. 241-243

3.4.8.1 Generalgouvernement

0586 MEDEAZZA, von: Neues aus dem Rechtsleben im Generalgouvernement, DtR 1940 B, S. 249

0587 SANDER, Fritz: Zur Frage der Zulässigkeit von Ermächtigungsgesetzen nach der Verfassungsurkunde der Tschechoslowakischen Republik, PragJZ 1934, Sp. 1-22, 46-59, 83-100

0588 WEH: Recht und Rechtspflege im Generalgouvernement, DjR 17 (1941), S. 62-67

0589 WILLE, Kurt: Drei Jahre Aufbauarbeit in der Justiz des Generalgouvernements, DtR 1942 B, S. 229-232

3.4.8.2 Ostrecht

0590 BEURMANN, Arno: Danzigs Gesetze seit dem Umbruch und das deutsche Recht, DtR 1939 II, S. 1545-1550

0591 BUCHHOLZ: Zur Ostrechtspflegeverordnung, DtR 1941 II, S. 2476-2481

0592 FRANK, Hans: Danzigs Kampf - ein Kampf um das Recht, DtR 1939 II, S. 1537-1540

0593 HENLEIN, Konrad: Sudetendeutscher Rechtskampf, DtR 1939, S. 529

0594 ROHLFING, Theodor: Die Neuordnung des Rechts in den Ostgebieten, Berlin 1941

0595 SCHMIED, Erich: Einige Bemerkungen zur Militärverratsnovelle, PragJZ 1936, Sp. 533-536

3.4.8.3 Warthegau

0596 FREISLER, Roland: Ein Jahr Aufbau der Rechtspflege im Reichsgau Wartheland, DJ 1940 II, S. 1125-1130

0597 FROBÖSS: Zwei Jahre Justiz im Warthegau, DtR 1941 B, S. 303

0598 TAUTPHAEUS: Der Richter im Reichsgau Wartheland, DtR 1941 II, S. 2466-2468 und DtR 1942 B, S. 6-9

3.4.9 Kriegsverhältnisse

0599 DIETZ, Heinrich: Kriegs-Rechts-Denken. Die Rechtsarbeit der Partei während des Krieges, ZWehrR 4 (1939/40), S. 415

0600 FRANK, Hans: Das Recht im Kriege, DtR 1941 B, S. 149-152

0601 FRANK, Hans: Die Rechtsarbeit der NSDAP im Kriege. Rede auf der Arbeitstagung des Reichsrechtsamts der NSDAP, DtR 1941 B, S. 189-190

0602 KESSLER: Die Bedeutung der Kriegsgesetzgebung für die künftige Rechtsgestaltung, DtR 1941 B, S. 94-98

0603 KESSLER: Die Kriegsgesetzgebung und ihre Auswirkung, DtR 1941 B, S. 225-236

3.5 Gesetz und Richter

3.5.1 Allgemeines

0604 DACKWEILER, Edgar: Recht, Richter und Gesetz, JuR 10 (1936), S. 136-137

0605 FRANZEN, Hans: Gesetz und Richter. Eine Abgrenzung nach den Grundsätzen des nationalsozialistischen Staates, Hamburg 1935, Diss. iur. Bonn 1935 (U 35.6505)

0606 FREISLER, Roland: Richter und Gesetz. Von der neutralen zur kämpferischen Rechtspflege, DJ 1935, S. 241-242

0607 FREISLER, Roland: Recht, Richter und Gesetz, DJ 1933, S. 694-696

0608 FREISLER, Roland: Richter, Recht und Gesetz, DJ 1934 II, S. 1333-1335

0609 FREISLER, Roland: Reich, Richter und Recht, DtR 1942, S. 145-150

0610 FREISLER, Roland: Volk, Richter und Recht, DJ 1935 II, S. 1160-1163

0611 LÜBTOW: Gesetz und Richteramt, DGWR 1940, S. 107-112

0612 SCHÖNE, Lothar: Richter und Rechtspflege im neuen Staat, AöR 25 (1934), S. 265-290

0613 SCHWISTER: Gesetz und Richteramt, DJZ 1934, Sp. 1429-1438

0614 SEIBERT, Claus: Richter und Gesetz, DjR 13 (1937), S. 309-310

3.5.2 Stellung zum Strafgesetz

0615 HÄFELE, Ottmar: Freiheit und Gebundenheit des Strafrichters im früheren und im nationalsozialistischen Recht, Würzburg 1940, Diss. iur. Tübingen 1940 (U 40.6756)

0616 HENKEL, Heinrich: Strafrichter und Gesetz im neuen Staat, Hamburg 1934

0617 MATZKE: Was bedeutet die Überwindung der liberalistischen Weltanschauung für die heutige Stellung des Richters zum Strafgesetz?, JW 1934 II, S. 1609-1616

0618 PÖSCH, Reinhold: Die Stellung des Richters zum Gesetz im Strafrecht, Köln 1937, Diss. iur. Köln 1937 (U 37.6163)

3.5.3 Gesetzesbindung

0619 ASCHAFFENBURG: Bindung des deutschen Richters an den "Paragraphen", MonKrim 26 (1935), S. 159-160

0620 EICHHORN: Bindung des Richters an das Gesetz und neuzeitliche Rechtsfindung, DRiZ 1935, S. 321-329

0621 LÜHR: Darf der Richter gegen das Gesetz entscheiden?, DRiZ 1934, S. 33-35

0622 MOSER VON FILSECK: Die Unabhängigkeit des Richters und seine Bindung an das Gesetz, DtRpfl 1936, S. 219-223

0623 SCHMIDT-KLEVENOW, Kurt: Die Bindung des Richters an das Gesetz, DtR 1939, S. 337-341 und DtR 1939 B, S. 196-200

0624 STILLE, Friedrich: Die Bindung des Richters an das positive Recht und ihre Grenzen als Forderungen des inneren Rechts der Menschen, Hannover 1939, Diss. iur. Bonn 1939 (U 39.1134)

3.5.4 Rechtsfindung

0625 BERGER: National-sozialistisches Denken in der Rechtsprechung, DJZ 1935, Sp. 1289

0626 BRETTLE: Volksnahe Rechtspflege, DtR 1939, S. 480-485

0627 BUNG, Hubertus: Worauf stützt der deutsche Richter seine Entscheidung?, DRiZ 1935, S. 269

0628 HILDEBRANDT, Heinz: Rechtsfindung im neuen deutschen Staate. Ein Beitrag zur Rezeption und den Rechtsquellen, zur Auslegung und Ergänzung des Gesetzes, Berlin/Leipzig 1935

0629 JÄGER: Rechtsfindung im Gericht, DtR 1936, S. 440-444

0630 LENZ, Georg: Neue Grundlagen der Rechtsfindung, Hamburg 1940

0631 OLCZEWSKI: Rassegebundene Rechtsprechung, DtR 1941, S. 36-37

0632 RADLOFF: Wesen und Methode der Rechtsprechung, JW 1934, S. 68-72

0633 SATTELMACHER: Richter und Rechtsfindung, DJ 1942, S. 93-94

0634 TSCHÖPE, Hans-Georg: Die Grenzen der Bindung des Strafrichters an die präjudiziellen Entscheidungen gerichtlicher und sonstiger Behörden, Jena 1934, Diss. iur. Halle 1934 (U 34.3901)

3.5.5 Rechtsanwendung

0635 NEHRING, Herbert: Das politische Motiv und seine Bedeutung für die deutsche Strafgesetzgebung und Justiz, Iserlohn 1935, Diss. iur. Köln 1935 (U 35.2108)

0636 WAGNER, M.: Die authentische Interpretation, DjR 9 (1933) S. 85-87

3.5.6 Rechtsschöpfung

0637 BECKER, Herbert: Rechtsschöpfung des Richters im Strafrecht, DjR 15 (1939), S. 5-9

0638 BECKER, W.: Die richterliche Rechtschöpfung in der strafrechtlichen Praxis, DJ 1937, S. 457-461

0639 BEPLER, Hans J.R.: Richterliche Rechtsschöpfung, JW 1939, S. 257-266

0640 DAGEFÖRDE, Otto: Grenzen der rechtsschöpferischen Tätigkeit des Richters, JuR 11 (1937), S. 186-189

0641 DANIELCIK: Befugnis des Richters zur Rechtsgestaltung, DtR 1937, S. 201-202

0642 GUSTORF, W.: Schöpferische Rechtsprechung, DtR 1943, S. 258-262

0643 MITTELBACH, Hans: Richterliche Rechtsschöpfung, DtR 1942, S. 407-419

0644 MITTELBACH, Hans: Richterliche Rechtsschöpfung, DtR 1943, S. 735-739

0645 REDEL, Oskar: Rechtslücken und Rechtsschöpfung. Ein Beitrag zur Kritik der Lückenlehre. Darmstadt 1933, Diss. iur. Gießen 1933 (U 33.2992)

0646 RICHTER, Hans: Rechtsschöpferische Gedanken in der Rechtsprechung des Reichsgerichts zum Strafverfahrensrecht, in: Erwin Bumke zum 65. Geburtstage, hrsg. von Wolfgang Mettgenberg, Berlin 1939, S. 85-104

0647 SCHULTZE, Erich: Rechtsschöpferische Rechtsprechung des Reichsgerichts auf dienststrafrechtlichem Gebiet, in: Erwin Bumke zum 65. Geburtstage, hrsg. von Wolfgang Mettgenberg, Berlin 1939, S. 105-133

0648 SCHWARZ: Die richterliche Rechtsschöpfung in der strafrechtlichen Praxis, GS 110 (1938), S. 369-387

0649 SCHWARZ, Otto: Der Strafrichter als Rechtsschöpfer, DJZ 1936, Sp. 209-216

0650 WACHINGER, Michael: Rechtsschöpferische Rechtsprechung des Reichsgerichts auf materiell-strafrechtlichem Gebiet, in: Erwin Bumke zum 65. Geburtstage, hrsg. von Wolfgang Mettgenberg, Berlin 1939, S. 53-84

3.5.7 Rechtsfortbildung

0651 SCHWARZ: Fortbildung des Strafrechts durch das Reichsgericht, ZAkDtR 1937, S. 45-48

3.6 Ausbildung

3.6.1 Allgemeines

0652 BEST, Werner: Die Nachwuchsfrage, DtR 1939, S. 501-504 und DtR 1939 B, S. 300-303

0653 BILLIG, Heinz: Rechtsreform und Junger Rechtswahrer, DtR 1939, S. 556-557

0654 BILLIG, Heinz: Der junge Rechtswahrer gestern, heute und morgen, JuR 13 (1939), S. 17-18

0655 BLOMEYER: Erneuerungsbewegung und Juristenausbildung, DJZ 1933, Sp. 1410-1413

0656 BURMEISTER: Nationalsozialistisches Schul- und Hochschulwesen, in: Frank, Hans (Hrsg.): Nationalsozialistisches Handbuch für Recht und Gesetzgebung, München 1935, S. 562-571

0657 DEINHARDT, Richard: Der werdende Richter, JuR 10 (1936), S. 104-109

0658 FRANK, Hans: Erhaltet die schöpferische Kraft unseres Nachwuchses!, DJZ 1934, Sp. 1489-1491

0659 FREISLER, Roland: Das Werden des Juristen im Dritten Reich, Berlin 1933

0660 FREISLER, Roland: Die Ausbildung der Juristen, DJ 1933, S. 462-463

0661 FREISLER, Roland: Deutsche Rechtswahrerausbildung, DJ 1941, S. 833-840, 850-856

0662 GEFFROY: Erziehung und Führung, DtR 1939, S. 540-541

0663 HEUSS: Die Aufgabe der politischen Schulung der Juristen im nationalsozialistischen Staat, DRiZ 1933, S. 297-298

0664 JESCHECK, Hans-Heinrich: Die juristische Ausbildung in Preussen und im Reich. Vergangenheit und Gegenwart, Berlin 1939, Diss. iur. Berlin 1939 (n.f.d.A.), Neue deutsche Forschungen. Abteilung Bürgerliche Rechtspflege, Bd. 2 (U 39.8857)

0665 KRÜCKMANN: Rechtsstudium, JW 1933 III, S. 2729-2733

0666 KRUG: Das Werden des Juristen im Dritten Reich, DJ 1933, S. 644-645

0667 LANG, Karl: Die Erziehung des Rechtswahrernachwuchses, DtR 1939, S. 3-9

0668 LUDWIG, Herbert: Grundsätze für die Neugestaltung des juristischen Bildungswesens, JW 1934, S. 587-588

0669 MÜLLER, Erich: Richterhandwerk - Richterkunst. Gedanken zur Ausbildung des Rechtswahrernachwuchses, DJ 1937 II, S. 1776-1779

0670 PALANDT, Otto: Der Werdegang des jungen Juristen im nationalsozialistischen Staat, DJ 1935, S. 586-589

0671 RAUCHBERG, Heinrich: Die Reform des Rechtsstudiums in der Tschechoslowakei, PragJZ 1935, Sp. 805-808 und 1936, Sp. 15-24

0672 SCHWISTER: Leitsätze über die Ausbildung der Juristen, DJZ 1933, Sp. 1057-1065

0673 SEIDEL: Die Beschäftigung des Nachwuchses und seine Erziehung zur Persönlichkeit, DRiZ 1935, S. 33-37

0674 SIEBERT, Wolfgang: Das Rechtsstudium im totalen Kriege, DtR 1944, S. 818-823

0675 TERHARDT: Zur Ausbildung der Juristen, JW 1934, S. 874-875

0676 THIERACK, Otto: Der Weg des jungen Juristen, ZAkDtR 1934, S. 17-18

0677 TILKA, Bogislav: Prüfung und Ausbildung der Juristen im Reich, Stuttgart/Berlin 1935

0678 WÜRZ: Einheitliche Justizausbildung in Großdeutschland, DjR 15 (1939), S. 33-38

3.6.2 Rechtserziehung

0679 KALLFELZ, Walter: Rechtserziehung an den Adolf-Hitler-Schulen, DtRpfl 1937, S. 169-170

0680 LIEBICH, Werner: Über Rechtserziehung, insbesondere ihre Notwendigkeit zur Förderung der völkischen Arbeit, o.O. 1944, Diss. iur. Halle 1944 (n.f.d.A.) (U 44.3803)

0681 STUCKART, Wilhelm: Nationalsozialistische Rechtserziehung, Frankfurt 1935

3.6.3 Studium

0682 ECKHARDT, Karl August: Das Studium der Rechtswissenschaft, Hamburg 1935

3.6.3.1 Studienreform

0683 ERNST: Die neue Ordnung des Rechtsstudiums, DRiZ 1935, S. 140-142

0684 FRANK, Hans: Zur Reform des Rechtsstudiums, DtR 1933, S. 23-24

0685 GERLAND: Der Strafprozeß und die Reform des Rechtsunterrichts, DJZ 1933, Sp. 1235-1239

0686 HUGELMANN, K.G.: Zur Reform des rechtswissenschaftlichen Studiums, ZAkDtR 1937, S. 592-594

0687 ROTHENBERGER, Curt: Nahziele der Ausbildungsreform, DtR 1943, S. 2-6

0688 ROTHENBERGER, Curt: Die Reform der juristischen Ausbildung, ZAkDtR 1939, S. 145-149

0689 RUMPF, Max: Leitsätze zur Neuordnung des Rechtsunterrichts, DtR 1933, S. 150-151

0690 SCHAFFSTEIN, Friedrich: Politische Universität und Neuordnung des juristischen Studiums, DJZ 1934, Sp. 511-517

0691 SCHMIDT-ROST, W.: Zur Reform der akademischen Rechtswahrer-Ausbildung, DJ 1942, S. 518-520

0692 SIEBERT, Wolfgang: Rechtssystem und Studienordnung, DtR 1939, S. 829-831

0693 STUCKART: Ziel und Weg einer nationalsozialistischen juristischen Studienreform, ZAkDtR 1934, S. 53-55

0694 WAGNER, Heinz: Ausbildungsreform, DtRef 7 (1933), S. 183-186

3.6.3.2 Justizausbildungsordnung

0695 FREISLER, Roland: Zur neuen Justizausbildungsordnung, DJ 1939, S. 116-119

0696 HENNIGES, Karl: Die Justizausbildungsordnung vom 22. Juli 1934, JuR 11 (1937), S. 195-197

0697 JONAS: Die neue Justizausbildungsordnung, RVwBl 1934, S. 828-833

0698 KESSLER: Die neue Justizausbildungsordnung, DtRpfl 1939, S. 66-69

0699 PALANDT, Otto/RICHTER, Heinrich/SAGEL, Friedrich: Die Justizausbildungsordnung des Reiches, 2. Aufl., Berlin 1939

0700 SATTELMACHER, P.: Die Justizausbildungsordnung vom 22. Juli 1934, JW 1934 III, S. 2292-2297

0701 THIERACK, Otto: Die Justizausbildungsordnung, ZAkDtR 1934, S. 80-82

0702 WAGNER, M.: Juristisches aus der Justizausbildungsordnung, DjR 10 (1934), S. 324-327

0703 WAGNER, Max: Justizausbildungsordnung des Neuen Reiches, Köln 1934

3.6.3.3 Einzelfragen

0704 ERDMANN, H.: Die Eignung zum Juristen, DjR 17 (1941), S. 49-52

0705 GERKE, Ernst: Der juristische Nachwuchs und die Judenfrage, DtRef 6 (1933), S. 98-99

0706 JUNG, Erich: Die rechts- und staatswissenschaftliche Fakultät der Universität Straßburg, DtR 1941 B, S. 57-59

0707 KAHLE, Erhard: Die Notwendigkeit einer einheitlichen rechtsphilosophischen Erziehung für den juristischen Nachwuchs Deutschlands, DtR 1934, S. 99-101

0708 KESSLER: Die "Geschichte" in der Juristenausbildung, DRiZ 1935, S. 162-164

0709 KOELLREUTTER, Otto: Wesen und Gestaltung der ersten juristischen Staatsprüfung, ZAkDtR 1938, S. 255-258

0710 SCHEID, Dietrich: Die vereinfachte juristische Staatsprüfung (Kriegsnotprüfung), DtR 1940 B, S. 83-84, 133

0711 SCHULIN, Paul: Grundsätzliches über die Lösung von Rechtsfällen, DjR 19 (1943), S. 1-9, 13-20

3.6.3.4 Frauen in juristischen Berufen

0712 DIETRICH: Der Beruf der Frau zur Rechtsprechung, DJZ 1933, Sp. 1255-1259

0713 LOWITSCH, Vera: Die Frau als Richter, Berlin 1933, Diss. iur. Freiburg i.B. 1933 (U 33.5815)

3.6.3.5 Promotion

0714 DIENER, Roger: Doktorarbeiten und rechtspolitische Verantwortung der Fakultäten, JuR 11 (1937), S. 55-57

0715 TILKA: Neue Promotionsbestimmungen, DjR 13 (1937), S. 120-121

3.6.3.6 Studententum

0716 KREPPEL, Otto: Nationalsozialistisches Studententum und Studentenrecht, Königsberg 1937, Diss. iur. Würzburg 1936, Öffentlich-rechtliche Vorträge und Schriften, Heft 20 (U 37.9523)

0717 RESCHKE, Karl: Arbeit und Haltung des Studenten, Greifswald 1935 (Greifswalder Universitätsreden 43) (U 35.1295)

3.6.4 Vorbereitungsdienst

3.6.4.1 Allgemeines

0718 KERRL, Hanns: Die Nationalsozialistische Revolution und der deutsche Referendar, DtRef 7 (1933), S. 140-141

0719 KÖLBLE, Josef: Referendardezernate als Mittel der Persönlichkeitsausbildung und Leistungsauslese, JuR 11 (1937), S. 197-201

0720 LUDWIG, Herbert: Die völlige Neuordnung der Referendarausbildung, DtRef 7 (1933), S. 165-183

0721 LUDWIG, Herbert: Unsere Pflicht! (betr. die Stellung der Gerichtsreferendare zur nationalen Revolution), DtRef 7 (1933), S. 111-113

0722 RIPPICH, Friedrich: "Persönliche Gleichschaltung", DtRef 7 (1933), S. 115-116

0723 SCHLÜTER: Gemeinschaftsarbeit der Referendare, DJ 1935 II, S. 1066-1068

0724 WALLNER: Wir grüßen unseren Staat!, DtRef 7 (1933), S. 114-115

3.6.4.2 Arbeitsgemeinschaften

0725 EICHHORN: Die Arbeitsgemeinschaften der Referendare und die Ausstellung von Referendarzeugnissen, DRiZ 1935, S. 180-183

0726 FLEHINGHAUS: Die Kritik an den Arbeitsgemeinschaften, JuR 9 (1935), S. 194-199

0727 KESSLER: Sinn und Zweck der Arbeitsgemeinschaften, DRiZ 1934, S. 328-332

0728 KESSLER: Zum Aufbau der Arbeitsgemeinschaften, DJ 1934 II, S. 908-910

0729 POHLMANN: Leibesübungen in den Referendar-Arbeitsgemeinschaften, DJ 1937 II, S. 1674-1679

3.6.4.3 Ausbildung bei der NSDAP

0730 GAUWEILER, Otto: Ausbildung von Gerichtsreferendaren bei der Verwaltung der NSDAP, JuR 11 (1937), S. 243-245

0731 RICHTER: Die Ausbildung von Referendaren im außenpolitischen Schulungshaus der NSDAP, DJ 1937 II, S. 1561-1562

3.6.4.4 Politische Schulung

0732 ROSENBERG, Alfred: Außenpolitische Schulung von Referendaren, DJ 1937 II, S. 1555-1557

0733 TROMMER, Hans: Wochenberichte der Referendare über Politik und Recht, DJ 1940, S. 452

3.6.4.5 Gemeinschaftslager

0734 EISINGER, Herbert: 4 Jahre Referendarschulungslager, JuR 11 (1937), S. 189-192

0735 FREISLER, Roland/KUNISCH, Siegm./SPIELER, Christian (Hrsg.): Das Gemeinschaftslager Hanns Kerrl, Berlin 1934

0736 FREISLER, Roland: Hanns-Kerrl-Lager, weltanschauliche Schulung und Volksgemeinschaft, DJ 1936 II, S. 1750-1751

0737 FRIEDRICH, Kurt: Das Gemeinschaftslager Hanns Kerrl, DjR 15 (1939), S. 65-67

0738 HEDEMANN, J.W.: Das Gemeinschaftslager der Referendare, DJZ 1933, Sp. 1159-1163

0739 HEDEMANN, J.W.: Juristen im Schulungslager, DtR 1934, S. 181-182

0740 HERRMANN, Wolfgang: Die geistig-politische, insbesondere die geschichtliche Schulungsarbeit des Gemeinschaftslagers Hanns Kerrl in Jüterborg, Vergangenheit und Gegenwart 26 (1936), S. 275-281

0741 HEUSS: Das badische Gemeinschaftslager für Referendare, DRiZ 1934, S. 104-107

0742 HEUSS: Die Durchführung der politischen Schulung im Gemeinschaftslager für Referendare (Dr.-Frank-Lager) in Rastatt, JW 1934, S. 589-590

0743 HEUSS: Ein Jahr badisches Gemeinschaftslager für Referendare, DJZ 1934, Sp. 1475-1478

0744 HEUSS: Gemeinschaftslager für Referendare, JW 1933 III, S. 2495-2497

0745 HILDEBRANDT: Grundsätzliches zum Dienst im Gemeinschaftslager Hanns Kerrl, DJ 1936 II, S. 1757-1759

0746 KERRL, Hanns: Die Bedeutung des Gemeinschaftslagers der Referendare in Preußen, DJ 1934, S. 237-239

0747 KERSTEN, F.: Die Charakterprüfung im Gemeinschaftslager, JW 1933 II, S. 1754-1755

0748 LAWALL: Die Schulung im Gemeinschaftslager Hanns Kerrl, DJ 1936 II, S. 1760-1761

0749 MUNZEL, Karl: Ein Jahr Gemeinschaftslager Hanns Kerrl, DJ 1934 II, S. 916-917

0750 PALANDT: Die fachliche Auswirkung der Gemeinschaftserziehung, DJ 1936 II, S. 1751-1753

0751 PALANDT, Otto: Drei Monate Prüflinge aus dem Gemeinschaftslager der preußischen Referendare, DJ 1933, S. 640-641

0752 RICHTER, Heinrich: Gemeinschaftsleiter im Hanns-Kerrl-Lager, DJ 1936 II, S. 1761-1762

0753 SPIELER: Preußischer Geist im Gemeinschaftslager in Jüterborg, DJ 1933, S. 641-644

3.6.4.6 Große Staatsprüfung

0754 MÜNSTER: Die praktische Arbeit (Proberelation) als Kernstück der Großen Staatsprüfung, JW 1935, S. 95-96

0755 SATTELMACHER: Vorbereitungsdienst und Große Staatsprüfung, JW 1934, S. 577-581

0756 SCHEID, Dietrich: Die geschichtliche Prüfung in der ersten und in der großen juristischen Staatsprüfung, DtR 1940 II, S. 1507-1508

0757 SCHWISTER: Zur Umgestaltung der Prüfungen, DJZ 1933, Sp. 1139-1144

3.6.5 Fortbildung

0758 GAUWEILER: Nationalsozialistische Rechtswahrerschulung, DtR 1939, S. 557-561

0759 MOSER VON FILSECK: Das politisch-sachliche Gemeinschaftslager der deutschen Richter und Staatsanwälte, DtR 1939 B, S. 365-367

4. Strafrecht

4.1 Grundlagen

4.1.1 Allgemeines

0760 BOLDT, Gottfried: Bericht über Stand und Aufgaben des Strafrechts, DtRwiss 2 (1937), S. 39-47

0761 FRANK, Hans: Strafrechts- und Strafvollzugsprobleme, BlGk 68 (1937/38), S. 259-268

0762 GRIMM: Politik und Strafrechtspflege, ZAkDtR 1935, S. 513-514

0763 PFENNINGER, Felix: Liberalismus und Strafrecht, in: Festgabe für Fritz Fleiner. Zum 70. Geburtstag, Zürich 1937, S. 257-280

0764 SPILLNER, Herbert: Partei und Strafrecht, o.O. 1943, Diss. iur. Königsberg 1943 (n.f.d.A.) (U 43.3863)

4.1.2 Zusammenfassungen

0765 DIENER, Roger: Nationalsozialistisches Strafrecht, JuR 11 (1937), S. 51-55

0766 FREISLER, Roland: Deutsches Strafrecht, Vermächtnis und Aufgabe, DStR 1934, S. 1-9

0767 HENTIG, von: Nationalsozialistisches Strafrecht, MonKrim 24 (1933), S. 633-634

0768 MAYER, Hellmuth: Das Strafrecht des deutschen Volkes, Stuttgart 1936

4.1.3 Strafrecht im NS-Staat

0769 BRONS: Das Strafrecht im neuen Staat, DtR 1933, S. 116-119

0770 DAHM, Georg: Autoritäres Strafrecht, MonKrim 24 (1933), S. 162-180

0771 DAHM, Georg: Nationalsozialistisches und faschistisches Strafrecht, Berlin 1935

0772 GINSBERG: Strafrechtspflege im alten und neuen Reich, DRiZ 1933, S. 298-300

0773 HÖHN, Reinhard: Staatsbegriff, Strafrecht und Strafprozeß, DtR 1935, S. 266-269

0774 NAGLER, Johannes: Staatsidee und Strafrecht, GS 103 (1933), S. 1-40

0775 SCHMIED, Erich: Die Grundlagen des Strafrechts im Wandel der Staatsauffassung, PragJZ 1933, Sp. 619-636

0776 WEBER, von: Die neueste Entwicklung des Strafrechts in Deutschland, PragJZ 1936, Sp. 339-352

0777 WEGNER: Staatsgedanke, sozialistische Doktrin und Strafrechtsreform, DJZ 1933, Sp. 598-603

4.1.4 Gemeinschaft und Strafrecht

0778 BARTH, Heinrich: Das neue deutsche Strafrecht im Dienste der Volkserhaltung, DtRpfl 1937, S. 34-37

0779 DAHM, Georg: Gemeinschaft und Strafrecht, Hamburg 1935 (Kieler Universitätsreden N.F.5) (n.f.d.A.) (U 35.4730)

0780 REBINGER: Gemeinschaftsnormenlehre und Strafjustiz, RVwBl 1942, S. 101-105

0781 SIEGERT, Karl: Die gemeinschaftsbildende Kraft des Strafrechts, DJZ 1936, Sp. 476-482

4.1.5 Judentum und Strafrecht

0782 KLEE, Karl: Judentum und Strafrecht, in: Das Judentum in der Rechtswissenschaft, 4, Berlin 1936

4.1.6 Ethik und Strafrecht

0783 MAURACH, Reinhart: Volksethik und Strafrecht, Berlin 1934

0784 SAUER, Wilhelm: Die Ethisierung des Strafrechts, DStR 1934, S. 177-190

0785 SONNENHOL, Adolf: Sitte, Moral, Sittlichkeit und Recht im zukünftigen Strafrecht, unter besonderer Berücksichtigung der Beurteilung der Täterpersönlichkeit. Eine Wert-Wirklichkeitsbetrachtung, Mainz 1936, Diss. iur. Marburg 1936 (U 36.7352)

0786 WALDE, H.: Moral und Strafrecht, Archiv für Rechtspflege in Sachsen, Thüringen und Anhalt 1933, S. 241-251

4.1.7 Täterstrafrecht, Willensstrafrecht

0787 BOCKELMANN, Paul: Studien zum Täterstrafrecht, o.O. 1938, Habil. iur. Berlin 1938 (U 38.71)

0788 FREISLER, Roland: Einige Gedanken über Willensstrafrecht und Mehrheit von Straftaten, DStR 1935, S. 162-186

0789 GEMMINGEN, Hans Dieter Freiherr von: Willensstrafrecht oder Gefährdungsstrafrecht?, JW 1933 III, S. 2371-2373

0790 GRAU: Weiter Täterbegriff und Willensstrafrecht, DJ 1935, S. 294-297

0791 KNETSCH, Otto: Die Täterpersönlichkeit bei Franz von Liszt und im kommenden Strafrecht, Gießen 1936, Diss. iur. Gießen 1936 (U 36.3359)

0792 LANGE, Richard: Der Täterbegriff im Willensstrafrecht, DJ 1936, S. 687-688

0793 MEZGER, Edmund: Täterstrafrecht, DStR 1934, S. 125-135, 145-161

0794 MEZGER, Edmund: Willensstrafrecht, Gefährdungsstrafrecht und Erfolgsstrafrecht, DJZ 1934, Sp. 97-104

0795 WENIG, Hermann: Der Täter und seine Tat. Ein grundsätzlicher Vergleich zwischen dem Gesetz vom 24. November 1933 und der symptomatischen Verbrechenslehre, Dresden 1934, Diss. iur. Erlangen 1935 (U 35.806)

4.2 Methode

4.2.1 Allgemeines

0796 BRUNS, Hans-Jürgen: Die Befreiung des Strafrechts vom zivilistischen Denken. Beiträge zu einer selbständigen, spezifischen strafrechtlichen Auslegungs- und Begriffsbildungsmethodik, Berlin 1938, Habil. iur. Breslau 1938 (n.f.d.A.) (U 38.1672)

0797 DAHM, Georg: Der Methodenstreit in der heutigen Strafrechtswissenschaft, ZStW 57 (1938), S. 225-294

0798 DAHM, Georg/SCHAFFSTEIN, Friedrich: Methode und System des neuen Strafrechts, Berlin 1939

0799 DAHM, Georg: Gerechtigkeit und Zweckmäßigkeit im Strafrecht der Gegenwart, in: Probleme der Strafrechtserneuerung, Eduard Kohlrausch zum 70. Geburtstage dargebracht, Berlin 1944, S. 1-23

0800 ENGISCH, Karl: Interessenjurisprudenz und Strafrecht, MonKrim 25 (1934), S. 65-86

0801 ENGISCH, Karl: Wesensschau und konkretes Ordnungsdenken im Strafrecht, MonKrim 29 (1938), S. 133-148

0802 FREISLER, Roland: Zur Befreiung des Rechtsdenkens, DJ 1936 II, S. 1568-1574

0803 GERLAND, Heinrich: Metarechtliche Bindungen des Strafgesetzbuches, in: Rudolf Stammler, Festschrift zu seinem 80. Geburtstag, hrsg. von C.A. Emge, Berlin 1936, ARSP 29 (1935/36), S. 43-53

0804 HÖHN, Reinhard: Nationalsozialismus und Strafrechtswissenschaft, JuR 9 (1935), S. 247-248

0805 MEZGER, Edmund: Strafrechtsmethodik und Rechtsprechung, ZAkDtR 1938, S. 116-119

0806 MEZGER, Edmund: Wesensschau und konkretes Ordnungsdenken im Strafrecht, ZAkDtR 1937, S. 417-421

0807 NIETHAMMER, Emil: Ungeschriebenes Strafrecht, ZStW 55 (1936), S. 745-767

0808 SCHAFFSTEIN, Friedrich: Die Befreiung des Strafrechts vom zivilistischen Denken, DtR 1939 B, S. 68-70

0809 SCHAFFSTEIN, Friedrich: Formalismus im Strafrecht, DtR 1934, S. 349-352

0810 SCHAFFSTEIN, Friedrich: Politische Strafrechtswissenschaft, Hamburg 1934

0811 SCHILLER, Wolfgang: Materielles Rechtsdenken in der Rechtsprechung des Reichsgerichts zu den Grundbegriffen der Verbrechenslehre, Leipzig 1938, Diss. iur. Leipzig 1940 (U 40.4956)

0812 SCHWINGE, Erich: Irrationalismus und Ganzheitsbetrachtung in der deutschen Rechtswissenschaft. Rechtsvergleichende Untersuchungen zur gesamten Strafrechtswissenschaft, Bonn 1938

0813 SCHWINGE, Erich/ZIMMERL, Leopold: Wesensschau und konkretes Ordnungsdenken im Strafrecht, Bonn 1937

0814 WAGNER, M.: Nullum crimen sine lege!, DjR 9 (1933), S. 369-371

0815 WELZEL, Hans: Tradition und Neubau in der Strafrechtswissenschaft, DtRwiss 3 (1938), S. 113-121

0816 WOLF, Erik: Der Methodenstreit in der Strafrechtslehre und seine Überwindung, DtRwiss 4 (1939), S. 168-181

0817 ZIMMERL, Leopold: Gesetz und materielle Gerechtigkeit im Strafrecht, in: Beiträge zur Neugestaltung des Deutschen Rechts, Festgabe der Rechts- und Staatswissenschaftlichen Fakultät Marburg zum 70. Geburtstag des ... Erich Jung, Marburg 1937, S. 222-242

4.2.2 Strafrechtsanwendung

0818 BEYER, Justus: Auslegung und Rechtsfindung, JuR 9 (1935), S. 171-176

0819 ELSTER, Alexander: Veränderte Auslegung bei gleichbleibendem Gesetzestext, DJ 1935, S. 144-146

0820 ENGISCH: Rezension von: v. Gemmingen, Probleme der Strafrechtsanwendung, 1934, KrVjschr 64 (1936), S. 397-409

0821 GEMMINGEN, Hans Dieter Freiherr von: Probleme der Strafrechtsanwendung. Ein Beitrag zur Praktikabilitätslehre, Beiträge zur Strafrechtswissenschaft N.F. Bd. 4, Tübingen 1934

0822 LOBE, A.: Die Fassung gesetzlicher Auslegungsregeln, GS 108 (1936), S. 61-63

0823 MÜLLER, Hans: Zur Geschichte der bindenden Gesetzesauslegung, Berlin 1939, Diss. iur. Tübingen 1939 (n.f.d.A.), Prozessrechtliche Abhandlungen, Heft 14 (U 39.8861)

0824 PETERS, Karl: Aufgaben der Rechtsanwendung im Strafrecht, DtR 1933, S. 178-180

0825 SCHAFFSTEIN, Friedrich: Zur Abkehr der strafrechtlichen Tatbestandsauslegung von der zivilrechtlichen Begriffsbildung, DtRwiss 4 (1939), S. 241-258

0826 SCHMAUSER: Ausdehnende Anwendung von Strafgesetzen, ZWehrR 1 (1936/37), S. 209-211

0827 TEGTMEYER, Werner: Die Ermittlung des Gesetzeszweckes; zugleich ein Beitrag zur Auslegung der BD. über außerordentliche Rundfunkmaßnahmen vom 1. September 1939, DtR 1940, S. 353-355

0828 WALLIS, Hugo von: Die Methoden der Auslegung strafrechtlicher Normen, Borna-Leipzig 1935, Diss. iur. Köln 1935 (U 35.4921)

4.2.3 Rechtsgut

0829 GALLAS, Wilhelm: Zur Kritik der Lehre vom Verbrechen als Rechtsgutsverletzung, in: Gegenwartsfragen der Strafrechtswissenschaft, Festschrift zum 60. Geburtstag von Graf W. Gleispach, Berlin/Leipzig 1936, S. 50-69

0830 GELBERT: Die Rechtsgüter des nationalsozialistischen Strafrechts, DRiZ 1934, S. 263-265

0831 KEMPERMANN, Eugen: Die Erkenntnis des Verbrechens und seiner Elemente, Berlin 1934

0832 KOCH, Otto-Klaus: Ist das Wesen des Verbrechens Rechtsgutsoder Pflichtverletzung?, Emsdetten 1937, Diss. iur. Köln 1937 (U 37.6119)

0833 MITTASCH, Helmut: Die Auswirkungen des wertbeziehenden Denkens in der Strafrechtssystematik, Berlin 1939

0834 ROEDEL, Fritz: Der Wert im Strafrecht, Dinkelsbühl 1935, Diss. iur. Erlangen 1935 (U 35.6908)

0835 SCHAFFSTEIN, Friedrich: Das Verbrechen eine Rechtsgutsverletzung?, DStR 1935, S. 97-105

0836 SCHAFFSTEIN, Friedrich: Der Streit um das Rechtsgutsverletzungsdogma, DStR 1937, S. 335-348

4.2.4 Tatbestandslehre

0837 MEZGER, Edmund: Vom Sinn der strafrechtlichen Tatbestände, in: Probleme der Strafrechtserneuerung, Eduard Kohlrausch zum 70. Geburtstag dargebracht, Berlin 1944, S. 180-198

0838 PÜTZ, Willy: Der Gefahrbegriff im Strafrecht, Emsdetten 1936, Diss. iur. Köln 1936 (U 36.6087)

0839 SCHAFFSTEIN, Friedrich: Das subjektive Recht im Strafrecht, DtRwiss 1 (1936), S. 39-49

0840 SEIPOLT, Paul: Das "Unternehmen" als Grundform des Verbrechenstatbestandes, Würzburg 1935, Diss. iur. Breslau 1936 (U 36.1668)

4.2.5 Rechtstechnik

0841 FREISLER, Roland: Gedanken zur Technik des werdenden Strafrechts und seiner Tatbestände, ZStW 55 (1936), S. 503-532

0842 KRÜGER, Herbert: Rechtsgedanke und Rechtstechnik im liberalen Strafrecht, ZStW 54 (1935), S. 591-664, ZStW 55 (1936), S. 77-123

0843 STAHLBERG, Wolfgang: Nationalsozialistisches Strafrecht als Überwinder römischen Rechtsgeistes, DRiZ 1934, S. 65-67

4.2.6 Begriffsbildung

0844 BRUNS, Hans-Jürgen: Zur Frage der Autonomie der strafrechtlichen Begriffsbildung, DtRwiss 5 (1940), S. 300-329

0845 KLEE, Karl: Begriffsjurisprudenz und Gerechtigkeit in der Strafrechtspflege, ZAkDtR 1941, S. 255-259

0846 KLINGE: Bemerkungen zur Begriffsbildung im Polenstrafrecht, DJ 1942, S. 324-326

0847 PRECHTEL: Die "Volkszugehörigkeit" im Strafrecht, DtR 1940 B, S. 56-58

0848 SCHAFFSTEIN, Friedrich: Zur Problematik der teleologischen Begriffsbildung im Strafrecht, in: Festschrift der Leipziger Juristenfakultät für Richard Schmidt zum 1. November 1934, Leipzig 1936, S. 47-77

0849 WELZEL, Hans: Über den substantiellen Begriff des Strafgesetzes, in: Probleme der Strafrechtserneuerung, Eduard Kohlrausch zum 70. Geburtstage dargebracht, Berlin 1944, S. 101-119

4.2.7 Generalklauseln

0850 KELLER, Hans Gerhard: Generalklauseln im Strafrecht?, Berlin 1935, Diss. iur. Frankfurt 1935 (U 36.2749)

0851 KÖLBLE, Josef: Der neue Sinngehalt der unbestimmten Rechtsbegriffe, JuR 11 (1937), S. 153-155

0852 LANGE, Heinrich: Generalklauseln und neues Recht, JW 1933 III, S. 2858-2859

4.2.8 Gesundes Volksempfinden

0853 BARTSCH, Robert: Das "gesunde Volksempfinden" im Strafrecht, Hamburg 1940, Diss. iur. Hamburg 1941 (U 41.2587)

0854 KADEČKA, Ferdinand: Gesundes Volksempfinden und gesetzlicher Grundgedanke, ZStW 62 (1942/44), S. 1-27

0855 MIRIEVSKY, Erich: Die Volksanschauung und ihre Berücksichtigung in der Strafrechtswissenschaft des 19. Jahrhunderts und der bisherigen Rechtsprechung des Reichsgerichts in Strafsachen, Dresden 1940, Diss. iur. Leipzig 1940 (U 40.4943)

0856 PETERS, Karl: Das gesunde Volksempfinden. Ein Beitrag zur Rechtsquellenlehre des 19. und 20. Jahrhunderts, DStR 1938, S. 337-350

4.2.9 Tätertyp

4.2.9.1 Allgemeines

0857 BECKER, W.: Der Tätertyp in der strafrechtlichen Praxis, seine Bedeutung für das Ermittlungsverfahren und für die Hauptverhandlung, DJ 1942, S. 677-683

0858 DAHM, Georg: Der Tätertyp im Strafrecht, Leipzig 1940

0859 DAHM, Georg: Der Tätertyp im Strafrecht, in: Festschrift der Leipziger Juristenfakultät für Heinrich Siber zum 10. April 1940, Leipzig 1943, S. 183-246

0860 HOGRÄFER, Rolf: Ein Beitrag zur Lehre vom Tätertypus im Strafrecht, BlGk 72 (1941/42), S. 227-241

0861 KLEE, Karl: Der Tätertypus als Mittel der Auslegung und Gestaltung strafbarer Tatbestände, DStR 1940, S. 97-108

0862 KLEE, Karl: Was läßt das Reichsgericht vom "Tätertypus" übrig?, DStR 1943, S. 11-18

0863 LEWALDER, Albert: Ueber die Bedeutung des Tätertyps, Bonn 1942 , Diss. iur. Bonn 1942 (n.f.d.A.) (U 42.996)

0864 MEZGER, Edmund: Wege und Irrwege in der Lehre vom Tätertyp, DJ 1944, S. 215-216

0865 MITTELBACH, Hans: Betrachtungen über die praktische Auswirkung der Lehre vom Tätertyp, ZAkDtR 1943, S. 110-113

0866 SCHMIDT-LEICHNER, Erich: Bemerkungen zur Lehre vom Tätertyp, DJ 1941, S. 653-655

0867 WOLF, Erik: Tattypus und Tätertypus, ZAkDtR 1936, S. 358-363

4.2.9.2 Volksschädling als Tätertyp

0868 ANDERSEN, Wolfgang: Der Tätertyp in der Verordnung gegen Volksschädlinge vom 5.9.1939, Hamburg 1942, Diss. iur. Hamburg 1942 (n.f.d.A.) (U 42.3029)

0869 BOCKELMANN, Paul: Volksschädlingsverordnung und Tätertyp, ZAkDtR 1942, S. 293-296

0870 BRUNS: Zur Lehre vom Tätertyp der VolksschädlingsVO, ZAkDtR 1941, S. 398-399

0871 HÖLSCHER, Uvo: Tätertyp und Tatbestandserfassung in der Volksschädlingsverordnung, Rostock 1943, Diss. iur. Rostock 1943 (n.f.d.A.) (U 43.5325)

0872 ZAWAR: Volksschädlingstat oder Volksschädlingstyp?, DStR 1943, S. 42-51

4.2.9.3 Tätertyp im Kriegsstrafrecht

0873 MEZGER, Edm.: Tattypen, Tätertypen und Charaktertypen im Kriegsstrafrecht, DStR 1942, S. 108-117

0874 MITTELBACH, Hans: Der Tätertyp im Kriegsstrafrecht, DtR 1941, S. 235-244

0875 NÜSE, Karl Heinz: Der "Tätertyp" im Kriegsstrafrecht, DJ 1941, S. 357-361

0876 SCHAFFSTEIN, Friedrich: Zur Lehre vom Tätertyp im Kriegsstrafrecht, DStR 1942, S. 33-43

4.2.9.4 Tätertyp bei Einzeltatbeständen

0877 GROSSMANN, Heinrich: Betrug durch Unterlassung und Tätertyp, o.O. 1942, Diss. iur. Heidelberg 1942 (n.f.d.A.) (U 42.3418)

0878 KÖHLER, Heinz: Der Räuber, ein Tätertyp. Ein Beitrag zur Lehre vom Täterstrafrecht, Speyer 1936, Diss. iur. Heidelberg 1937 (U 37.5111)

0879 REICHERT, Otto: Der Tätertyp bei Mord und Totschlag und das ausländische Strafrecht, o.O. 1943, Diss. iur. Freiburg 1943 (n.f.d.A.) (U 43.2075)

0880 SCHWERIN, Hans Wolfgang: Tätertypen des Massenverbrechens. Grundlagen einer Führfolgelehre in Gesellschafts- und Strafrechtswissenschaft, o.O. 1937, Diss. iur. Breslau 1937 (U 37.183o)

4.2.10 Analogie

4.2.10.1 Allgemeines

0881 ACKERMANN, Barbara: Das Analogieverbot im geltenden und zukünftigen Strafrecht, Breslau 1934, Diss. iur. Göttingen 1934, Strafrechtliche Abhandlungen, Heft 348 (U 34.6526)

0882 ALLFELD, Philipp: Zum Problem der Analogie im Strafrecht, GS 107 (1936), S. 309-315

0883 BECKER, Walter: Die entsprechende Anwendung der Strafgesetze, GS 106 (1935), S. 432-444

0884 BIRON, Rechtsanalogie beim Mangel im Tatbestand. Sprengstoffgesetz, ZWehrR 1 (1936/37), S. 183-188

0885 BUNG, Hubertus: Legalität und Analogie im Strafrecht, JuR 9 (1935), S. 228-232

0886 DIENER, Roger: Die Analogie - eine Revolution im Strafrecht, JuR 9 (1935), S. 169-171

0887 DREIER, Kurt: Die Analogie im Strafrecht und die Erneuerung des Strafrechts im Dritten Reich, Berlin 1937

0888 FISCHER, Heinz-Rudolf: Die Analogie im Strafrecht, Würzburg 1937, Diss. iur. Würzburg 1937 (U 37.9513)

0889 FÖRSTER, Edgar: Der Einfluß der universalistischen Rechts- und Staatsauffassung auf die beiden Rechtssätze nullum crimen sine lege und nulla poena sine lege, Breslau 1934, Diss. iur. Breslau 1934 (U 34.5870)

0890 FÖRSTER, Edgar: Nullum crimen sine lege, nulla poena sine lege, DjR 11 (1935), S. 18-23

0891 GOETZELER, Richard: Der Grundsatz nulla poena sine lege und die Vergeltungsidee, GS 104 (1934), S. 343-359

0892 GRITSCHNEDER, Otto: Die Bedeutung der entsprechenden Anwendung der Strafgesetze und der sogenannten Wahlfeststellung für die vermögensrechtlichen Tatbestände des Strafgesetzbuchs für das Deutsche Reich, München 1938, Diss. iur. München 1938 (U 38.7112)

0893 HOFFMANN, Emil: Die Analogie im Strafrecht. Eine politisch-weltanschauliche Betrachtung, Marburg 1937, Diss. iur. Marburg 1938 (U 38.6847)

0894 KLEE, Karl: Strafe ohne geschriebenes Gesetz, DJZ 1934, Sp. 639-643

0895 KRÄMER, Helmut: Die Analogie im Strafrecht nach bisherigem und neuem Recht, München 1936, Diss. iur. Erlangen 1936 (U 36.2387)

0896 LEPPIN, Rudolf: Die Analogie im Strafrecht, JuR 13 (1939), S. 59-60

0897 MÜLLER, Hans: Analogie im Strafrecht schon de lege lata zulässig, DJ 1934, S. 771-772

0898 NIETHAMMER, Emil: Ungeschriebenes Strafrecht, ZStW 55 (1936), S. 745-767

0899 NOLTENIUS, Johann Diedrich: Die entsprechende Anwendung eines Strafgesetzes trotz anderweitiger unmittelbarer Strafmöglichkeit, Bleicherode 1941, Diss. iur. Hamburg 1941 (U 41.2604)

0900 REJEWSKI, Erwin: Die Stellung des Strafrichters zur "Schuldfrage" unter dem Gesichtswinkel der Abgrenzung der ausdehnenden Auslegung zur Analogie, Breslau 1937, Diss. iur. Berlin 1937 (n.f.d.A.), Strafrechtliche Abhandlungen, Heft 383 (U 37.113)

0901 RIEDINGER: § 2 des Strafgesetzbuchs und die Methode des strafrechtlichen Denkens, DjR 12 (1936), S. 231-233

0902 ROEDIGER, Hans-Joachim: Analogie und Analogieverbot im Strafrecht, Greifswald 1934, Diss. iur. Greifswald 1934 (U 34.3828)

0903 RUMPF: Analogie im Strafrecht, DJZ 1934, Sp. 590-591

0904 SIEGERT, Karl: Auslegung und Analogie im heutigen Strafrecht, JW 1935, S. 889-893

0905 SIEGERT, Karl: Nulla poena sine lege. Kritische Bemerkungen zu den Vorschlägen der Amtlichen Strafrechtskommission, DStR 1934, S. 376-386

0906 STERNAGEL-HAASE, Hermann: Die Analogie im deutschen Strafrecht vor und nach der Novelle vom 28. Juni 1935, Heidelberg 1936, Diss. iur. Heidelberg 1936 (U 36.4828)

0907 WAGNER, M.: Nullum crimen sine lege!, DjR 9 (1933), S. 369-371

0908 WILKE, Helmut: Die Bedeutung des § 2 StGB. in Wissenschaft und Rechtsprechung, Breslau 1938, Diss. iur. Göttingen 1938, Strafrechtliche Abhandlungen, Heft 394 (U 38.3497)

0909 ZIMMERL, Leopold: Zur Auslegung des § 2 StGB, in: Gegenwartsfragen der Strafrechtswissenschaft, Festschrift zum 60. Geburtstag von Graf W. Gleispach, Berlin/Leipzig 1936, S. 173-187

4.2.10.2 Einzelfragen der gesetzlichen Regelung

0910 CONRADI, Rudolf: Auslegung und Analogie im Diebstahl, Bonn 1942, Diss. iur. Bonn 1942 (n.f.d.A.) (U 42.985)

0911 GROSSMANN, Helmut: Der Grundgedanke eines Strafgesetzes im Sinne des § 2 St.G.B. n.F. und seine Bedeutung für die strafbegründende Analogie, Breslau 1941, Diss. iur. Berlin 1940, Strafrechtliche Abhandlungen, Heft 424 (U 41.72)

0912 GÜTTGES, Hans: Entsprechende Anwendung im Bereich der Sittlichkeitsdelikte, Köln 1939, Diss. iur. Köln 1939 (U 39.5895)

0913 HEINRICH, Robert: Der "Grundgedanke" des Strafgesetzes nach § 2 StGB. n.F., Speyer 1939, Diss. iur. München 1939 (U 39.7178)

0914 HERSCHEL, Wilhelm: Strafrechtsanalogie von Schutzgesetzen, DtR 1941 II, S. 1442-1443

0915 HOLDEIGEL, Johannes: Ein Beitrag zur Problematik des "Grundgedankens" eines Strafgesetzes im Sinne des § 2 StGB n.F., Hamburg 1945, Diss. iur. Hamburg 1945 (n.f.d.A.) (U 44.3978)

0916 KORGEL, Johannes: Der Unterschied zwischen Gesetzesanalogie und Rechtsanalogie im Strafrecht, Heiligenstadt 1938, Diss. iur. Halle 1938 (U 38.3982)

0917 SIEGERT, Karl: Münzfernsprechurteil und Strafrechtsanalogie, DjR 10 (1934), S. 305-308

0918 STEINLE, Anton: Die Bestrafung nach Analogie unter besonderer Berücksichtigung der Abgrenzung gegen ausdehnende Auslegung und der prozessualen Maßnahmen, Bleicherode 1938, Diss. iur. Tübingen 1938 (U 38.8774)

4.2.10.3 Praxis

0919 BEPLER, Hans J.R.: Übersicht über die Rechtsprechung der deutschen Gerichte zur entsprechenden Anwendung von Strafgesetzen, JW 1938 II, S. 1553-1570

0920 HUBERNAGEL, G.: Die Strafrechtsanalogie in Beispielen, DJZ 1935, Sp. 1203-1207

0921 GOEDEL: Der § 2 StGB neuer Fassung in der Rechtsprechung, DJ 1938, S. 587-595

0922 SCHWARZ, Otto: Die Rechtsanalogie in der Praxis, ZAkDtR 1936, S. 287-292

4.2.10.4 Analogie und Rechtsschöpfung

0923 BRINKMANN, Werner: Grenzen analoger Anwendung von Strafgesetzen, DJ 1935 II, S. 158/-1589

0924 GLEISPACH, Wenzel Graf: Richterliche Rechtschöpfung oder Nullum crimen sine lege?, ZAkDtR 1936, S. 267-286

0925 SCHINNERER, Erich: Analogie und Rechtsschöpfung, ZStW 55 (1936), S. 768-783

4.2.10.5 Geschichte

0926 BOHNE, Gotthold: Die Magna Charta von 1215 und das strafgesetzliche Analogieverbot, in: Festschrift für Heinrich Lehmann zum 60. Geburtstag, hrsg. von der Kölner Rechtswissenschaftlichen Fakultät, Berlin 1937, S. 71-99

0927 HENNINGS, Herbert: Die Entstehungsgeschichte des Satzes nulla poena sine lege, Göttingen 1933, Diss. iur. Göttingen 1933 (U 33.5966)

0928 SCHEM, Joachim: Die Analogie im Strafrecht in ihrer geschichtlichen Entwicklung und heutigen Bedeutung, Breslau 1936, Diss. iur. Freiburg 1936 (n.f.d.A.), Strafrechtliche Abhandlungen, Heft 369 (U 36.3136)

4.2.11 Rückwirkung

0929 DAM, Hendrik George van: Rückwirkende Kraft von Strafgesetzen, JW 1934, S. 206-207

0930 MANNHARDT, W.: Rückwirkende Kraft von Strafgesetzen, JW 1933 III, S. 2636

0931 NAZARENUS, Erich: Das Verbot rückwirkender Strafgesetze in seiner geschichtlichen Entwicklung, Frankfurt 1938, Diss. iur. Frankfurt 1938 (U 39.2501)

0932 NICOLAI: Rückwirkende Kraft von Strafgesetzen, JW 1933 III, S. 2315-2316

0933 NICOLAI: Rückwirkende Kraft von Strafgestzen, JW 1934, S. 207

0934 STADE, Friedrich: Die rückwirkenden Strafgesetze des Dritten Reiches, Bonn 1943, Diss. iur. Bonn 1943 (n.f.d.A.) (U 43.970)

0935 WEINBERGER, Paul: Das "mildeste Gesetz" im Sinne des § 2 Abs. 2 RStGB., Forchheim 1934, Diss. iur. Erlangen 1934 (U 34.3503)

4.3 Einzelne Gesetze

4.3.1 Strafgesetzgebung

0936 DANIEL: Die Gesetzgebung des Dritten Reiches im Spiegel des Parteiprogramms, Die Polizei 1937, S. 353-356, 389-391, 410-413

0937 GOLTZ, Graf von der: Zum Entwurf des Deutschen Strafgesetzbuchs, ZAkDtR 1937, S. 163-167

0938 PROITZSCH: Geltungsbereich des Strafrechts, Archiv für Rechtspflege in Sachsen, Thüringen und Anhalt 1940, S. 241-245

0939 SCHÄFER, Ernst: Die Arbeiten an der Strafrechtserneuerung im Jahre 1935, DJ 1936, S. 5-6

0940 SCHÄFER, Leopold: Zehn Jahre national-sozialistische Strafgesetzgebung, DJ 1943, S. 73-78

0941 SCHNEIDER-NEUENBURG: Die Gesetzgebung des Jahres 1933 auf dem Gebiete des Strafrechts, JW 1934, S. 725-729

0942 SCHNEIDER-NEUENBURG: Die Gesetzgebung auf dem Gebiete des Strafrechts in der ersten (zweiten) Hälfte 1934, JW 1934 II, S. 2002-2006, JW 1935, S. 473-476

0943 WALDE: 30 Jahre Vorarbeiten für das Allgemeine Deutsche Strafgesetzbuch, LZ 1933, Sp. 553-559

0944 WEBER, von: Die Strafgesetzgebung des Kabinetts Hitler, PragJZ 1934, Sp. 245-256

4.3.2 Gewaltverbrecherverordnung

0945 BOCKELMANN, Paul/KLEE, Karl: Zum Begriff "Gewaltverbrecher", ZAkDtR 1942, S. 19-21

0946 KLEE, Karl: Zur Bedeutung der Gewaltverbrecherverordnung für das Strafsystem und die gesetzgeberische Methodik, DtR 1940, S. 350-353

0947 MITTELBACH, Hans: Zur Anwendung des § 1 der Gewaltverbrecherverordnung, DtR 1942, S. 113-118

4.3.3 Gewohnheitsverbrechergesetz

0948 BEWERUNGE, Helma: Das Gewohnheitsverbrechen. Untersuchung über die Rechtsnatur gewohnheitsverbrecherischer Gefährlichkeit, Düsseldorf 1937, Diss. iur. Bonn 1937 (U 37.1306)

0949 DORN, Heinz: Die Bestrafung des berufsmäßigen Verbrechers wegen vorbereitender Handlungen und auf Grund von unbestimmten Tatfeststellungen, Breslau 1938, Diss. iur. Berlin 1938 (n.f.d.A.), Strafrechtliche Abhandlungen, Heft 391 (U 38.83)

0950 FRIEMBERGER, Waldemar: Die Übergangsvorschriften des Gesetzes gegen gefährliche Gewohnheitsverbrecher und über Maßregeln der Sicherung und Besserung vom 24. November 1933. (Art. 5 des Gesetzes), Würzburg 1935, Diss. iur. Erlangen 1935 (U 35.6854)

0951 GÜRTNER, Franz: Das neue Reichsgesetz gegen gefährliche Gewohnheitsverbrecher, ArchKrim 93 (1933), S. 197-200

0952 HARLANDER, Franz: Die Bedeutung der Inaussichtnahme von sichernden und bessernden Maßregeln und der Strafschärfung für gefährliche Gewohnheitsverbrecher vor dem Sachurteil, Erlangen 1935, Diss. iur. Erlangen 1935 (U 35.739)

0953 HEINKE, Paul: Der unverbesserliche Verbrecher und seine Sonderbehandlung im Deutschen Strafrecht, BlGk 70 (1939), S. 257-278

0954 HIPPEL, R. von: Zum Reichsgesetz vom 24. November 1933, BlGk 65 (1934), S. 1-16

0955 KESTEL, Kurt: Der Gewohnheitsverbrecher nach § 20 a StGB., Emsdetten 1935, Diss. iur. Erlangen 1935 (U 35.6869)

0956 KOESTLER, Heinz-Joachim: Der Begriff des "gefährlichen Gewohnheitsverbrechers" als Ergebnis einer Entwicklung. Ein Beitrag zu seiner Auslegung, Dresden 1938, Diss. iur. Leipzig 1938 (U 38.6323)

0957 LOTZ, Ludwig: Der gefährliche Gewohnheitsverbrecher, Bottrop 1939, Diss. iur. München 1939, Kriminalistische Abhandlungen, Heft 41 (U 39.7182)

0958 MEINECKE, Walter: Das Nachverfahren nach dem Gewohnheitsverbrechergesetz vom 24. November 1933, Breslau 1936, Diss. iur. Jena 1936 (n.f.d.A.), Strafrechtliche Abhandlungen, Heft 364 (U 36.5339)

0959 OTTO, Werner: Der Hang zum Ungesetzlichen im Lichte des Gewohnheitsverbrechergesetzes unter besonderer Berücksichtigung des Schuldmoments, zugleich der Versuch einer Systematik der Gewohnheitsverbrechen, Breslau 1935, Diss. iur. Jena 1935 (n.f.d.A.), Strafrechtliche Abhandlungen, Heft 362 (U 35.7962)

0960 PLISCHKE: Das Gesetz gegen gefährliche Gewohnheitsverbrecher und über Maßregeln der Sicherung und Besserung, BlGk 65 (1934), S. 118-140

0961 REISING, Hans: Das deutsche Gewohnheitsverbrechergesetz von 1933 und die kriminalpolitischen Forderungen von Lombroso, Ferri und v. Liszt, Darmstadt 1939, Diss. iur. München 1939 (U 39.7189)

0962 RIETZSCH: Die Abwehr des Gewohnheitsverbrechertums, DJ 1938, S. 134-142, 178-192

0963 RIETZSCH: Das Gesetz gegen gefährliche Gewohnheitsverbrecher und über Maßregeln der Sicherung und Besserung vom 24.11.1933, DJ 1933, S. 741-749

0964 SCHÄFER, Ernst: Das Gesetz gegen gefährliche Gewohnheitsverbrecher und über Maßregeln zur Sicherung und Besserung vom 24. November 1933 (RGBl I S. 995), in: Frank, Hans (Hrsg.): Nationalsozialistisches Handbuch für Recht und Gesetzgebung, München 1935, S. 1362-1376

0965 SCHOLZ, Wolfgang: Der Begriff des gefährlichen Gewohnheitsverbrechers nach dem Gesetz vom 24.11.1933 (RGBl.I, S. 995), Dresden 1935, Diss. iur. Leipzig 1935 (U 35.5077)

0966 TOPP, Erhard: Zusammenstellung und Analyse der Rechtsprechung über das Gewohnheitsverbrechergesetz (§§ 20a, 42a ff. StGB.), Hamburg 1940, Diss. iur. Hamburg 1940 (U 40.3322)

0967 TWICKEL, Augustinus Freiherr von: Begriff und Behandlung der gefährlichen Gewohnheitsverbrecher im geltenden deutschen Strafrecht und Begriff und Behandlung der Gewohnheitsverbrecher im italienischen Strafgesetzbuch von 1934, Münster 1934, Diss. iur. Erlangen 1935 (U 35.799)

0968 WEISSENRIEDER, Otto: Gesetz zur Bekämpfung der gefährlichen Gewohnheitsverbrecher und über Maßnahmen der Sicherung und Besserung, BlGk 64 (1933), S. 361-365

4.3.4 Heimtückegesetz

0969 BECKER, W./KRAMER: Einige Zweifelsfragen aus dem Heimtückegesetz, DJ 1936, S. 643-645

0970 CROHNE: Streitfragen aus dem Heimtückegesetz, DJ 1935 II, S. 1406-1407

0971 HAIDN, C.: Das Gesetz gegen heimtückische Angriffe auf Staat und Partei und zum Schutze der Parteiuniformen vom 20. Dezember 1934, JW 1935, S. 897-899

0972 HOCHE: Das Gesetz gegen heimtückische Angriffe auf Staat und Partei und zum Schutz der Parteiuniformen, RVwBl 1935, S. 87-90

0973 MITTELBACH: Heimtückegesetz und Kriegssonderstrafrechtsverordnung, DtR 1942 II, S. 1773-1774

4.3.5 Kriegssonderstrafrechtsverordnung

0974 FREISLER, Roland: Eine entscheidende Rechtsfrage des Kriegsstrafrechts, DJ 1940 II, S. 885-891, 917-923

0975 FREISLER, Roland: Gedanken zum Kriegsstrafrecht und zur Gewaltverbrecherverordnung, DJ 1939 II, S. 1849-1856

0976 GLEISPACH, Wenzeslaus Graf von: Das allgemeine Kriegsstrafrecht, Berlin 1941

0977 GWINNER: Der Begriff der Öffentlichkeit in § 5 Abs. 1 Ziff. 1 KSSVO., ZWehrR 8 (1943), S. 411-413

0978 HEYNE: Ist § 5 KSSVO. ein militärisches oder ein allgemeines Strafgesetz?, ZWehrR 6 (1941/42), S. 258-260

0979 LEVERENZ, Bernhard: Der Begriff der Öffentlichkeit in § 5 Abs. 1 Ziff. 1 KSSVO, ZWehrR 8 (1943), S. 399-411

0980 MEZGER, Edmund: Kriegsstrafrecht und Kriegsstrafverfahrensrecht, ZAkDtR 1940, S. 59-62

0981 MUMME, Helmut: Das neue, aus Anlaß des Krieges erlassene zivile Straf- und Strafverfahrensrecht Deutschlands, MonKrim 31 (1940), S. 9-21

0982 NAGLER: Kriegsstrafrecht, GS 114 (1940), S. 133-233

0983 SCHERER, Werner: Zur Kriegssonderstrafrechtsverordnung, ZWehrR 4 (1939/40), S. 226-230

0984 SCHERER, Werner: Zur 1. Verordnung zur Ergänzung der Kriegssonderstrafrechtsverordnung, ZWehrR 4 (1939/40), S. 392-394

0985 WEBER: Der Geltungsbereich des deutschen Strafrechts im Kriege, ZWehrR 5 (1940+41), S. 315-325

4.3.6 Novelle vom 26.5.1933

0986 SCHÄFER, Ernst: Das Gesetz zur Abänderung strafrechtlicher Vorschriften vom 26. Mai 1933, DJZ 1933, Sp. 789-799

4.3.7 Novelle vom 24.4.1934

0987 RICHTER, Hans: Das Gesetz zur Änderung von Vorschriften des Strafrechts und des Strafverfahrens vom 24. April 1934, DJ 1934, S. 604-606

0988 RICHTER, Hans: Die neuen Strafbestimmungen und Verfahrensvorschriften gegen Hoch- und Landesverrat, RVwBl 1934, S. 493-498

0989 SCHÄFER, Leopold: Die Strafgesetz- und Strafprozeßnovelle vom 24. April 1934, DJZ 1934, Sp. 632-639

4.3.8 Novelle vom 28.6.1935

0990 FREISLER, Roland: Die Strafrechtsnovellen vom Juni 1935 - ein Markstein nationalsozialistischer Strafrechtserneuerung, JbAkDtR 2 (1935), S. 520-541

0991 LEHMANN, Rudolf: Die Strafprozeßnovelle vom 28. Juni 1935, Erster Teil, JW 1935 II, S. 2327-2329

0992 LEHMANN, Rudolf: Die Strafprozeßnovelle vom 28. Juni 1935, DJ 1935 II, S. 999-1005

0993 REMPE, Heinrich: Die Strafprozeßnovelle vom 28. Juni 1935, Dritter Teil, JW 1935 II, S. 2334-2339

0994 SCHÄFER, Ernst: Die leitenden Gedanken der beiden Gesetze zur Änderung des StGB sowie zur Änderung des Strafverfahrens und des GVG vom 28. Juni 1935, DJ 1935 II, S. 991-994

0995 SCHÄFER, Karl: Das Gesetz zur Änderung des StGB vom 28. Juni 1935, JW 1935 II, S. 2323-2326, 2478-2485

0996 SCHÄFER, Leopold: Die Einzelheiten der Strafgesetznovelle vom 28.6.1935, DJ 1935 II, S. 994-999

0997 SCHLÜTER, Franz: Die Strafprozeßnovelle vom 28. Juni 1935, Zweiter Teil, JW 1935 II, S. 2329-2334

0998 SCHWARZ: Die jüngsten Strafrechtsnovellen als Pioniere der großen Strafrechtsreform, ZAkDtR 1936, S. 116-121

0999 SCHWARZ: Die Strafrechtsnovellen vom 28. Juli 1935, GS 106 (1935), S. 243-278

4.3.9 Novelle vom 26.6.1936

1000 GRAU: Das Gesetz zur Änderung des Strafgesetzbuchs vom 26. Juni 1936, RVwBl 1936, S. 628-631

4.3.10 Novelle vom 4.9.1941

1001 FIEDELER, Fritz: Die Strafrechtsnovelle vom 4. September 1941, RVwBl 1941, S. 659-660

1002 FREISLER, Roland: Gedanken über das Gesetz zur Änderung des Reichsstrafgesetzbuchs, DJ 1941, S. 929-938

1003 SCHMIDT-LEICHNER: Das Gesetz zur Änderung des Reichsstrafgesetzbuchs vom 4. Sept. 1941 und die Durchführungsverordnung vom 24. Sept. 1941, DtR 1941 II, S. 2145-2151

1004 SCHMIDT-LEICHNER: Die Strafgesetznovelle vom 4. September 1941, DjR 18 (1942), S. 61-66

1005 SCHWARZ: Die Strafrechtsnovelle vom 4.9.1941, ZAkDtR 1941, S. 308-310

4.3.11 Novelle vom 29.5.1943

1006 SCHÖNKE: Die Änderungen des Strafrechts und des Strafverfahrensrechts durch die Novellen vom 29. Mai 1943, DtR 1943, S. 721-732

4.3.12 Polenstrafrechtspflegeverordnung

1007 FREISLER, Roland: Das deutsche Polenstrafrecht, DJ 1941, S. 1129 und DJ 1942, S. 25-32, 41-46

1008 FREISLER, Roland: Grundsätzliches zur Ministerratsverordnung über das Strafrecht gegen Polen und Juden, DtR 1941 II, S. 2629-2634

1009 GRAU: Zweifelsfragen im Polenstrafrecht?, DJ 1942, S. 226-229

1010 KLINGE: Bemerkungen zur Begriffsbildung im Polenstrafrecht, DJ 1942, S. 324-326

4.3.13 Volksschädlingsverordnung

1011 BEST, Werner: Die Verordnung gegen Volksschädlinge vom 5. September 1939, DtR 1939 II, S. 1698-1699

1012 BISCHOFF, Hermann: § 4 der Verordnung gegen Volksschädlinge, o.O. 1942, Diss. iur. Heidelberg 1942 (n.f.d.A.) (U 42.3411)

1013 BLUMENHAGEN: Anwendung der Volksschädlings-Verordnung auf Auslandstaten von Ausländern, ZWehrR 8 (1943), S. 397-398

1014 BULL: Die Strafe des Volksschädlings, DStR 1942, S. 23-26

1015 FREISLER, Roland: Gedanken zur Verordnung gegen Volksschädlinge, DJ 1939 II, S. 1450-1452

1016 FREISLER, Roland: Vom Schutzzweck der Strafrechtspflege gegenüber Volksschädlingen, DJ 1938, S. 365-367

1017 KLÜTZ, Alfred: Volksschädlinge am Pranger, Bd. 1, Berlin 1940

1018 SUHR, Edmund: Strafzumessungsprobleme bei der Volksschädlingsbekämpfung, DtR 1940, S. 482-484

1019 WENZ: Wann gilt die VO. gegen Volksschädlinge auch für Wehrmachtsangehörige?, ZWehrR 4 (1939/40), S. 413-415

4.3.14 Verordnung vom 2.4.1940

1020 BARNSTEDT: Die Verordnung zur Änderung der Strafvorschriften über fahrlässige Tötung, Körperverletzung und Flucht bei Verkehrsunfällen vom 2. April 1940, DtR 1940 B, S. 150-152

4.3.15 Verordnung vom 15.6.1943

1021 SCHERER, Werner: Zur Strafrechtsangleichungsverordnung, ZWehrR 8 (1943), S. 207-213

4.3.16 Ostrecht

1022 DOERNER, Karl: Der Rechtszustand auf dem Gebiet des Strafrechts in der Ostmark, DjR 15 (1939), S. 149-153

1023 EDEN: Strafjustiz und Gefängniswesen im Generalgouvernement, BlGk 71 (1940/41), S. 217-223

1024 FREISLER, Roland: Ein Reich - ein Recht! Gedanken zur Verschmelzung des ostmärkischdeutschen und altreichsdeutschen Strafrechts, DJ 1941, S. 478-496

1025 HOYER: Reichsstrafrecht und das deutsche Strafrecht der Ostmark, DjR 17 (1941), S. 90-94

1026 PICHLER-DREXLER, Erwin (Hrsg.): Das Strafrecht in der Ostmark, Bd. 1-3, Berlin 1941

1027 PICHLER-DREXLER, Erwin: Die Verordnung über den Geltungsbereich des Strafrechts in ihrer Bedeutung für die Ostmark, DtR 1940 B, S. 169-173

1028 THIEMANN: Anwendung und Fortbildung des deutschen Strafrechts in den eingegliederten Ostgebieten, DtR 1941 II, S. 2473-2476

4.3.17 Danzig

1029 HÄRLE, Elfriede: Die Danziger Strafrechtsnovelle vor dem Haager Gerichtshof, DtRpfl 1936, S. 141-145

1030 GLEISPACH, Wenzeslaus Graf: Die jüngsten Strafrechtsnovellen Danzigs vor dem Permanenten Gerichtshof für internationales Recht im Haag, DtR 1936, S. 23-27

1031 GRIMM: Die Danziger Strafrechtsnovellen vor dem Völkerbund, DJ 1936, S. 213-216

1032 TABOUILLOT, W. von: Danzig vor dem Forum des Haager Gerichtshofes, DtR 1939 II, S. 1269-1273

4.3.18 Protektorat

1033 BÄLZ: Die deutsche Gerichtsbarkeit im Protektorat Böhmen und Mähren, DtR 1940 B, S. 227-228

1034 BÜRKLE: Der Aufbau der Deutschen Rechtspflege in Böhmen und Mähren, DtR 1942 B, S. 57-59

1035 GABRIEL: Der Strafvollzug im Protektorat Böhmen und Mähren, DtR 1942 B, S. 59-60

1036 GOERKE, Paula: Die Ergänzung des Strafrechts durch außerstrafrechtliche Bestimmungen im Reichsgau Sudetenland und im Protektorat Böhmen und Mähren, o.O. 1944, Diss. iur. Prag 1944 (n.f.d.A.) (U 44.8595)

1037 HACKER: Gerichtstage im Protektorat und Mähren, DtR 1942 B, S. 60-62

1038 SCHWELB, Egon: Das Gesetz zum Schutz der Ehre, PragJZ 1933, Sp. 496-506, 520-533

1039 STEINER, Robert: Die Schuldfrage nach dem Strafgesetzentwurfe, PragJZ 1937, Sp. 417-428

1040 WEINMANN, Rudolf: Die Rechtsarbeit der Partei und des NSRB in Prag, DtR 1942 B, S. 74

4.3.19 Elsaß

1041 FISCHER: Das Deutsche Strafrecht im Elsaß, DtR 1942 B, S. 262-263

4.4 Reform

4.4.1 Allgemeines

1042 ALLFELD, Philipp: Die Strafe im kommenden Recht, ZAkDtR 1935, S. 516

1043 BARTH, Heinrich: Die andere Seite des neuen Strafrechts, DtR 1937, S. 273-277

1044 BARTH, Heinrich: Das unverrückbare Fundament und die entwicklungsbedingte praktische Ausgestaltung des neuen Strafrechts, ZAkDtR 1937, S. 356-359

1045 FREISLER, Roland: Mut zu lebenswahrem Strafrecht, DStR 1941, S. 65-71

1046 FREISLER, Roland: Schutz des Volkes oder des Rechtsbrechers?, DStR 1935, S. 1-32, Schriften der Akademie für Deutsches Recht, Sonderdruck Nr. 2, Berlin 1935

1047 Freisler, Roland: Wiedergeburt strafrechtlichen Denkens, Berlin 1940

1048 GALLAS, Wilhelm: Die Krise des Strafrechts und ihre Überwindung im Staatsgedanken, ZStW 53 (1934), S. 11-28

1049 GEMMINGEN, H.D. von: Wandlungen im Lehrgebäude des neueren Strafrechts, DtRwiss 7 (1942), S. 97-113

1050 GÜRTNER, Franz: Der Gedanke der Gerechtigkeit in der deutschen Strafrechtserneuerung, DJ 1935 II, S. 1241-1247

1051 KRUG, Karl: Drei Grundprobleme des kommenden Strafrechts, ZAkDtR 1935, S. 98-102

1052 NOACK, Erwin: Gedanken zur Reform des Strafrechts, DRiZ 1933, S. 232-233

1053 OETKER, Friedrich: Grundprobleme der nationalsozialistischen Strafrechtsreform, in: Frank, Hans (Hrsg.): Nationalsozialistisches Handbuch für Recht und Gesetzgebung, München 1935, S. 1317-1361

1054 SAUER, Wilhelm: Wendung zum nationalen Strafrecht, GS 103 (1933), S. 1-36

1055 SCHMIDT-LEICHNER: Der Durchbruch der materiellen Gerechtigkeit im Strafrecht, DStR 1942, S. 2-18

4.4.2 Strafrechtserneuerung

1056 FRANK, Hans: Die Aufgabe der Strafrechtserneuerung, DtR 1941, S. 113-114

1057 FRANK, Hans: Die Aufgabe der Strafrechtserneuerung, ZAkDtR 1941, S. 25-26

1058 FRANK, Hans: Zur Strafrechtsreform, DtR 1934, S. 49-50

1059 FREISLER, Roland: Das neue Strafrecht (Bericht auf der Arbeitstagung der Akademie für Deutsches Recht am 29.1.1934), JbAkDtR 1 (1933/34), S. 111-119

1060 FREISLER, Roland: Der Wandel der politischen Grundanschauungen in Deutschland und sein Einfluß auf die Erneuerung von Strafrecht, Strafprozeß und Strafvollzug, DJ 1935 II, S. 1247-1254

1061 GERLAND: Rechtserneuerung und Revolution, DJZ 1933, Sp. 1065-1069

1062 GERLAND/WEBER, von: Neues Strafrecht, DJZ 1933, Sp. 857-867

1063 GLEISPACH, Graf: Grundsätzliches zum kommenden deutschen Strafrecht, DJZ 1935, Sp. 5-11

1064 GÜRTNER, Franz: Zur Erneuerung des deutschen Rechts, DJ 1933, S. 622

1065 GÜRTNER, Franz: Grundgedanken des kommenden deutschen Strafrechts und Strafvollzugs, DJ 1939, S. 977-980

1066 GÜRTNER, Franz: Das kommende deutsche Strafrecht, Allgemeiner Teil, 2. Aufl., Berlin 1935

1067 GÜRTNER, Franz/FREISLER, Roland: Das neue Strafrecht. Grundsätzliche Fragen zum Geleit, Berlin 1936

1068 HIEGERT, Erwin: Die Strafrechtsreform in ihrer Beziehung zu dem Landesstrafrecht, Freiburg 1933, Diss. iur. Freiburg 1933 (U 33.2900)

1069 KLEE, Karl: Zum kommenden deutschen Strafrecht, DJZ 1934, Sp. 1303-1310

1070 KOHLRAUSCH, Eduard: Das kommende Deutsche Strafrecht, ZStW 55 (1936), S. 384-398

1071 MÜNSTER: Deutsche Strafrechtsreform, JW 1934, S. 461-463

1072 NAGLER: Die Grundlagen der Strafrechtserneuerung, DtR 1934, S. 52-56

1073 OETKER, Friedrich: Grundprobleme der nationalsozialistischen Strafrechtsreform, in: Frank, Hans (Hrsg.): Nationalsozialistisches Handbuch für Recht und Gesetzgebung, München 1935, S. 1317-1361

1074 SAUER, Wilhelm: Aufgaben und Gefahren der Strafrechtsreform, DtR 1933, S. 176-178

1075 SIEGERT, Karl: Grundzüge des Strafrechts im neuen Staat, Tübingen 1934

1076 THIERACK, Otto: Neues deutsches Strafrecht, DJZ 1935, Sp. 913-919

1077 WAGNER, M.: Neuerungen im Strafrecht, DjR 11 (1935), S. 81-85

1078 WAGNER, M.: Ein Wendepunkt in der Strafrechtspflege, DjR 10 (1934), S. 81-84

4.4.3 Einzelprobleme

1079 FRANK, Jürgen: Tatbestandsbildung in der Strafrechtsreform unter Zugrundelegung der Tatbestandsbildung im geltenden deutschen Strafgesetzbuch. Ein Beitrag zur Strafrechtsreform, Lübeck 1934, Diss. iur. Leipzig 1934 (U 34.4573)

1080 GEISSELER, Günter: Die deutsche Arbeit im kommenden Strafrecht, DJ 1936, S. 218-221

1081 GUMMERSBACH, Heinz: Geständnisse, Selbstanzeigen, falsche Selbstbeschuldigungen als Probleme der Strafrechtsreform, DjR 13 (1937), S. 17-24

1082 JUNKER, Otto: Die systematische Behandlung der Uebertretungen des Reichsstrafgesetzbuchs in der Strafrechtserneuerung, Offenbach 1938, Diss. iur. Frankfurt 1938 (U 38.2634)

1083 MEYER, Gerhard: Die Behandlung des Kampfes gegen die Gewohnheitsverbrecher im Laufe der deutschen Strafrechtsreform, Würzburg 1935, Diss. iur. Hamburg 1936 (U 36.4368)

1084 TIETZ, Annemarie: Der Schutz der Familie in der Strafrechtserneuerung, Freiburg 1939, Diss. iur. Frankfurt 1939 (U 39.2518)

1085 ZELBER, Friedrich: Über die Systematik der deutschen Strafrechtsreform, PragJZ 1935, Sp. 719-730

4.4.4 Nationalsozialismus und Strafrecht

1086 ADAMI, Friedrich Wilhelm: Der Besondere Teil der Nationalsozialistischen Leitsätze für ein neues deutsches Strafrecht, JW 1937, S. 129-131

1087 BÜHLER: Nationalsozialistische Strafrechtspolitik, ZAkDtR 1939, S. 232-233

1088 DAHM, Georg: Nationalsozialistisches und faschistisches Strafrecht, Schriften der Deutschen Hochschule für Politik, Heft 12, Berlin 1935

1089 FRANK, Hans: Nationalsozialistische Leitsätze für ein neues deutsches Strafrecht, 3. Aufl., Berlin 1935

1090 FRANK, Hans: Nationalsozialistische Strafrechtspolitik, München 1938

1091 FREISLER, Roland: Nationalsozialistisches Strafrecht und aufbauende Kritik, DJ 1934, S. 223-224

1092 FREISLER, Roland: Nationalsozialistisches Strafrecht. Erwiderung auf die Ausführungen von Prof. Gerland-Halle, DJ 1934, S. 471-474

1093 KLEE, Karl: Nationalsozialistisches Strafrecht, GA 77 (1933), S. 321-324

1094 LEPPIN, Rudolf: Nationalsozialistische Strafrechtspolitik, DtR 1939, S. 1225-1226

1095 NICOLAI: Nationalsozialismus und Erneuerung des Strafrechts, DtR 1933, S. 3-6

1096 PETERS, Karl: Nationalsozialismus und Strafrecht, JW 1933 II, S. 1561-1564

1097 SIEGERT, Karl: Nationalsozialismus und Strafrecht, Kriminalistische Monatshefte 1933, S. 145-148

1098 WÜRTENBERGER, Th.: Rezension von: Frank, Nationalsozialistische Strafrechtspolitik, 1938, KrVjschr 68 (1944), S. 145-149

4.4.5 Denkschrift des Preußischen Justizministers

1099 FINGER, August: Einige Gedanken zur Denkschrift des Preußischen Justizministers "Nationalsozialistisches Strafrecht", GS 104 (1934), S. 265-291

1100 FINGER, August: Gedanken zur Denkschrift des Preußischen Justizministers "Nationalsozialistisches Strafrecht", GS 105 (1935), S. 26-58, 97-125, 198-240

1101 GERLAND: Einige Anmerkungen zu der Denkschrift des Preußischen Justizministers, DJ 1934, S. 224-228

1102 KERRL, Hanns: Nationalsozialistisches Strafrecht. Denkschrift des Preußischen Justizministers, Berlin 1933

1103 SAUER, W.: Nationalsozialistisches Strafrecht nach der Denkschrift des preußischen Justizministers, DJZ 1933, Sp. 1462-1467

1104 SCHAFFSTEIN, Friedrich: Nationalsozialistisches Strafrecht. Gedanken zur Denkschrift des Preußischen Justizministers, ZStW 53 (1934), S. 603-628

1105 SCHULTZE, Erich: Die Denkschrift des Preußischen Justizministers über "Nationalsozialistisches Strafrecht", DRiZ 1933, S. 329-331

4.4.6 Strafrecht im Krieg

1106 ALTSTÖTTER: Die volksgenössische Rechtspflege im totalen Kriege, DJ 1944, S. 253-262

1107 FIEDELER, Fritz: Die Entwicklung des Strafrechts im Jahre des Krieges, RVwBl 1940, S. 476-478

1108 FRANK, Hans: Das Recht im Kriege, DtR 1941, S. 1025-1028

1109 LÖSCHER: Die zivile Strafrechtspflege im Kriege, DtR 1939 II, S. 1772-1776

1110 MITTELBACH, Hans: Die Entwicklung der Strafrechtspflege im Kriege, DtR 1942, S. 424-427, 612-614

1111 SCHAFHEUTLE: Die Strafrechtspflege im Kriege, ZAkDtR 1939, S. 600-602

1112 SCHWARZ, Otto: Wandlung des Strafrechts im Kriege, ZAkDtR 1942, S. 209-211

4.5 Allgemeiner Teil

4.5.1 Objektive Tatseite

4.5.1.1 Handlungsbegriff

1113 ENGISCH, Karl: Der finale Handlungsbegriff, in: Probleme der Strafrechtserneuerung, Eduard Kohlrausch zum 70. Geburtstage dargebracht, Berlin 1944, S. 141-179

4.5.1.2 Kausalität

1114 HALUPCZOK, Werner: Die Beziehungen zwischen der strafrechtlichen Kausallehre und dem extensiven Täterbegriff. Ein Beitrag zur Lehre von der Täterschaft, Breslau 1938, Diss. iur. Breslau 1938 (U 38.1687)

1115 LINGENBERG, Joachim: Verursachungsbegriff, Tatbestandsgedanke und Adaequanz im Aufbau der Strafrechtsordnung, Düsseldorf 1937, Diss. iur. Halle 1937 (U 37.4249)

1116 MANDELARTZ, Hubert: Zur Lehre vom Kausalzusammenhang im geltenden und kommenden Strafrecht unter besonderer Berücksichtigung des Kausalitätsirrtums, Düsseldorf 1938, Diss. iur. Köln 1938 (U 38.5762)

1117 WALTER, Werner: Kausalität und Haftung im neueren Strafrecht, Erlangen 1934, Diss. iur. Erlangen 1935 (U 35.803)

4.5.2 Subjektive Unrechtselemente

1118 BALZER, Alfred: Die ehrlose Gesinnung im geltenden und zukünftigen Strafrecht, Coburg 1934, Diss. iur. Erlangen 1934 (U 34.3438)

1119 BRAUN, Werner: Die Bedeutung der subjektiven Unrechtselemente für das System eines Willensstrafrechts, Leipzig 1936, Diss. iur. Leipzig 1935 (n.f.d.A.), Leipziger rechtswissenschaftliche Studien, Heft 97 (U 36.6552)

1120 HUBER, Willi: Gibt es auch in den Verbrechensbeschreibungen des kommenden deutschen Strafrechtes subjektive Unrechtselemente?,Waldsee 1938, Diss. iur. Tübingen 1938 (U 38.8751)

1121 MOLITORIS, Albrecht Günther: Die subjektiven Unrechtselemente im geltenden Strafgesetzbuch, Erlangen 1939, Diss. iur. Erlangen 1939 (U 39.2294)

1122 SIEVERTS, Rudolf: Beiträge zur Lehre von den subjektiven Unrechtselementen im Strafrecht, Hamburg 1934, Habil. iur. Hamburg 1932 (n.f.d.A.), Hamburger Rechtsstudien 19 (U 35.1505)

4.5.3 Rechtswidrigkeit

4.5.3.1 Allgemeines

1123 BERGES, August: Zum Rechtswidrigkeitsbegriff eines völkischen Strafrechts, DStR 1935, S. 440-452

1124 SCHMIDT, Wilhelm: Unrecht, Tatbestand und Rechtfertigungsgrund im nationalsozialistischen Strafrecht. Zugleich ein Beitrag zum Problem der Systematik der Rechtfertigungsgründe, Düsseldorf 1936, Diss. iur. Frankfurt 1936 (U 37.2857)

1125 WAGENER, Erich: Blutentnahme zur Blutübertragung und der Grundsatz Gemeinnutz geht vor Eigennutz, ein Beitrag zur Lehre von der Rechtswidrigkeit, DjR 11 (1935), S. 265-268

4.5.3.2 Notwehr

1126 FRIEDEMANN, Erich: Die Notwehr gegenüber Geistesgestörten, Baruth 1936, Diss. iur. Rostock 1937 (U 37.8993)

1127 HOPFFGARTEN, Karl von: Notwehr gegen Geisteskranke, Kinder und Tiere nach geltendem Strafrecht, Berlin 1935, Diss. iur. Erlangen 1935 (U 35.6863)

1128 KLABE, Günter: Geschichtliche Entwicklung der Ehrennotwehr, Göttingen 1936, Diss. iur. Göttingen 1936 (U 36.3590)

1129 LEHNEMANN, Wilhelm: Die Notwehrüberschreitung nach geltendem und zukünftigem deutschen Recht, sowie nach holländischem, dänischem, österreichischem, italienischem und nach schweizerischem Recht, Düsseldorf 1935, Diss. iur. Erlangen 1936 (U 36.2395)

1130 ROCHLUS, Wilhelm: Das Verschulden bei der Notwehr im System des Willensstrafrechts, Köln 1937, Diss. iur. Köln 1937 (U 37.6173)

1131 RUSS, Walter: Notwehr zum Schutze der Ehre, Breslau 1936, Diss. iur. Breslau 1935 (U 36.1664)

1132 SOMMERFELD, Bruno: Ist Notwehr zur Verteidigung sämtlicher Rechtsgüter zulässig?, Kiel 1934, Diss. iur. Kiel 1934 (U 34.1375)

4.5.3.3 Notstand

1133 BORGDORF, Georg: Die Lücken im geltenden Notstandsrecht, Coburg 1935, Diss. iur. Erlangen 1935 (U 35.3948)

1134 KELLER, Rudolf Ottmar: Der Dauernotstand im Strafrecht, Breslau 1934, Diss. iur. Freiburg 1934 (n.f.d.A.), Strafrechtliche Abhandlungen, Heft 340 (U 34.3593)

1135 KLAUS, Julius Bruno: Grundlagen des Notstands-(und Notwehr-)Problems und seine Lösung de lege ferenda, Urach 1935, Diss. iur. Tübingen 1936 (U 36.9373)

1136 KRAMER, Wilhelm: Die Rechtsnatur des strafrechtlichen Notstandes, eine Lösung im System des Willensstrafrechts, Düsseldorf 1937, Diss. iur. Köln 1937 (U 37.6126)

1137 SEIDLITZ, Otto: Über die Pflicht einen Notstand zu bestehen, Breslau 1934, Diss. iur. Breslau 1934 (U 34.5883)

1138 WIESE, Karlfriedrich: Die Rechtsnatur des strafrechtlichen Notstandes, Düsseldorf 1935, Diss. iur. Köln 1935 (U 35. 8271)

4.5.3.4 Übergesetzlicher Notstand

1139 BOCKSHAMMER, Heinz: Der übergesetzliche Notstand, Tübingen 1936, Diss. iur. Tübingen 1936 (U 36.9354)

1140 KENTZLER, Otto: Pflichtenkollision im Strafrecht, o.O. 1941, Diss. iur. Köln 1941 (n.f.d.A.) (U 43.3661)

1141 RHEINBOLDT, Hermann: Übergesetzlicher Notstand im künftigen Strafrecht?, Gießen 1934, Diss. iur. Frankfurt 1934 (U 34.6264)

1142 SCHUCHARDT, Ludwig: Der übergesetzliche Notstand nach dem neusten Stand der Lehre und Rechtsprechung, Schramberg 1933, Diss. iur. Frankfurt 1933 (U 33.5623)

1143 WELGER, Friedrich: Pflichtenkollisionen im Strafrecht, Coburg 1934, Diss. iur. Erlangen 1934 (U 34.6180)

1144 WOLFF, Erich: Ein Beitrag zur Lehre vom übergesetzlichen Notstand, Würzburg 1936, Diss. iur. Halle 1936 (U 36.4185)

4.5.3.5 Staatsnotwehr, Staatsnotstand

1145 BARON, Paul: Notwehr, Staatsnotwehr und Staatsnotstand, Emsdetten 1936, Diss. iur. Köln 1936 (U 36.5958)

1146 HAMERS, Hubert: Der strafrechtliche Staatsnotstand, Würzburg 1934, Diss. iur. Köln 1934 (U 34.4387)

1147 HEILIGER, Fritz: Der Staatsnotstand als Beispiel politischer Strafrechtswissenschaft, Leipzig 1935, Diss. iur. Leipzig 1935 (n.f.d.A.), Leipziger rechtswissenschaftliche Studien, Heft 96 (U 35.8423)

1148 MODEROW, Johannes: Notwehr und Notstand zugunsten des Staates, Düsseldorf 1934, Diss. iur. Bonn 1934 (U 34.5748)

1149 SCHROEDER, Hans: Notwehr zugunsten des Staates, Bleicherode 1937, Diss. iur. Leipzig 1937 (U 37.6846)

4.5.3.6 Einwilligung

1150 BACHMANN, Hanns Gustav: Die Einwilligung in eine Körperverletzung nach neuestem Recht, Würzburg 1936, Diss. iur. Erlangen 1936 (U 36.2285)

1151 BECKER, Helmut: Die Grundlagen der rechtfertigenden Kraft der Einwilligung des Verletzten nach nationalsozialistischer Rechtsauffassung, o.O. 1944, Diss. iur. Heidelberg 1944 (n.f.d.A.) (U 44.4593)

1152 BEISSEL, Gerard: Die Einwilligung des Verletzten im kommenden deutschen Strafrecht. Eine rechtsvergleichende Studie, Eisfeld 1936, Diss. iur. Erlangen 1935 (U 36.2292)

1153 BERNDT, Joachim: Die Einwilligung in Tötung und Körperverletzung in ihrer rechtsgeschichtlichen Entwicklung, Berlin 1938, Diss. iur. Berlin 1938 (U 38.77)

1154 CRON, Heinzrichard: Die Einwilligung im kommenden Strafrecht, Würzburg 1939, Diss. iur. Bonn 1939 (U 39.1101)

4.5.3.7 Weitere Rechtfertigungsgründe

1155 HERBORN, Heinrich: Der rechtswidrige Befehl im Strafrecht, Würzburg 1936, Diss. iur. Erlangen 1936 (U 36.2355)

1156 KLEE, Karl: Das Volksempfinden als Rechtfertigungsgrund an sich strafbaren Verhaltens, DStR 1941, S. 71-76

1157 SCHEPPER, J.M.J.: Übergesetzliche Rechtfertigungsgründe im Strafrecht?, in: Rudolf Stammler, Festschrift zu seinem 80. Geburtstag, hrsg. von C.A. Emge, Berlin 1936, ARSP 29 (1935/36), S. 121-134

4.5.4 Schuld

4.5.4.1 Allgemeines

1158 FREY, Friedrich Wilhelm: Die Grundlage der Schuldlehre im nationalsozialistischen Strafrecht, Schramberg 1936, Diss. iur. Freiburg 1936 (U 36.3112)

1159 ROSTOSKY, Friedrich: Ansätze zu einer Sippenhaftung im Strafrecht, DRW 1938, S. 175-178

1160 SCHINNERER, Erich: Erfolgshaftung, in: Gegenwartsfragen der Strafrechtswissenschaft, Festschrift zum 60. Geburtstag von Graf W. Gleispach, Berlin/Leipzig 1936, S. 115-137

1161 SCHMIED, Erich: Die strafrechtliche Behandlung des Täters aus Überzeugung, PragJZ 1935, Sp. 385-400

1162 SCHNEIDER, Siegbert: Der politische und religiöse Überzeugungsverbrecher, Leipzig 1939, Diss. iur. Marburg 1939 (U 39.6935)

4.5.4.2 Zurechnungsfähigkeit

1163 LANGELÜDDEKE, A.: Zur Verurteilung Schizophrener im Strafverfahren, ZWehrR 8 (1943), S. 413-416

1164 SCHNEIDER, Alfons: Die strafrechtliche Zurechnungsfähigkeit. Entwicklung der Lehre, des Begriffs und der Gesetzgebung, o.O. 1941, Diss. iur. Köln 1941 (n.f.d.A.) (U 41.3625)

4.5.4.3 Willensfreiheit

1165 ARMBRUSTER: Strafrechtliche Verantwortlichkeit und Willensfreiheit, DjR 9 (1933), S. 161-163

1166 BAUMGARTEN, Arthur: Strafrecht und Willensfreiheit, in: Festschrift für Karl Joël zum 70. Geburtstage, Basel 1934, S. 28-43

1167 SCHMALENBACH, Hermann: Das Gewissen, in: Festschrift für Karl Joël zum 70. Geburtstage, Basel 1934, S. 202-239

4.5.4.4 Irrtum

1168 BASSLER, Walter: Unrechtsbewußtsein, Schuld und Irrtum im Entwurf eines kommenden deutschen Strafrechts, München 1939, Diss. iur. München 1939 (U 39.7169)

1169 BECKER, Theodor: Das Bewußtsein der Rechtswidrigkeit im Strafrecht unter Berücksichtigung der "Leitsätze für ein neues deutsches Strafrecht", Bottrop 1935, Diss. iur. Erlangen 1935 (U 35.6832)

1170 FRENZEL, Günter: Sind die Grundsätze der Irrtumsrechtsprechung des Reichsgerichts in Strafsachen mit der neueren Dogmatik und dem nationalsozialistischen Strafrecht zu vereinbaren?, Berlin 1935, Diss. iur. Halle 1935 (U 35.1363)

1171 GREULICH, Heinrich: Der Rechtsirrtum im Strafrecht, Forchheim 1937, Diss. iur. Erlangen 1937 (U 37.2493)

1172 HEINKE, E.: Verbotsirrtum und Unrechtsbewusstsein, ZAkDtR 1944, S. 26-28

1173 HENKEL, Paul: Der Rechtsirrtum im geltenden und im kommenden Strafrecht, Düren 1937, Diss. iur. Erlangen 1937 (U 37.2498)

1174 KOOPMANN, Fritz: Die künftige Regelung der Beachtlichkeit des Rechtsirrtums unter besonderer Berücksichtigung der Rechtsprechung des Reichsgerichts, Diss. iur. Köln 1936 (U 36.6049)

1175 LOTZ, Erwin: Die Irrtumslehre nach dem Entwurf 1935 eines deutschen Strafgesetzbuchs, Hamburg 1938, Diss. iur. Hamburg 1938 (U 39.4028)

1176 PHLEPS, Erwin: Irrtum über Strafmilderungsgründe, Köln 1937, Diss. iur. Köln 1937 (U 37.6162)

1177 SCHMIDT-LEICHNER, Erich: Unrechtsbewußtsein und Irrtum in ihrer Bedeutung für den Vorsatz im Strafrecht, Breslau 1935, Diss. iur. Berlin 1934 (n.f.d.A.), Strafrechtliche Abhandlungen, Heft 351 (U 35.30)

1178 SCHMITT, Wilhelm: Der Irrtum über Rechtsfolgen. Eine Untersuchung über die Grundsätze der Rechtsfindung, Offenbach 1938, Diss. iur. Frankfurt 1938 (U 39.2514)

1179 SCHÜCKING, Ursula: Zur Behandlung des Verbotsirrtums im kommenden Strafrecht. Nach dem Bericht der Amtlichen Strafrechtskommission, Zwönitz 1937, Diss. iur. Leipzig 1937 (U 37.6849)

4.5.4.5 Zumutbarkeit

1180 HOFMILLER, Harald: Der Gesichtspunkt der Unzumutbarkeit in der neueren Rechtsprechung des Reichsgerichts und seine Weiterbildung durch Vorschläge der Akademie für Deutsches Recht, Köln 1940, Diss. iur. Köln 1940 (U 40.4558)

1181 JOBST, Heinz: Der Streit um die Zumutbarkeit im Strafrecht, Würzburg 1934, Diss. iur. Erlangen 1934 (U 34.6085)

1182 KUTTER, Ernst: Die Entwicklung der Zumutbarkeitslehre, Forchheim 1936, Diss. iur. Erlangen 1936 (U 36. 2394)

1183 SAUERLANDT, Max: Zur Wandlung des Zumutbarkeitsbegriffs im Strafrecht, Leipzig 1936, Diss. iur. Leipzig 1936 (n.f.d.A.) Leipziger rechtswissenschaftliche Studien, Heft 102 (U 36.6629)

1184 WOLF, Erich: Die Nichtzumutbarkeit unter dem Gesichtspunkt ihres Einbaues in das Gefüge der strafrechtlichen Schuldlehre, Bleicherode 1936, Diss. iur. Leipzig 1936 (U 36.6661)

4.5.5 Weitere Voraussetzungen der Strafbarkeit

1185 BRUNNER, Fritz: Tatbestandsmerkmal und Bedingung der Strafbarkeit, o.O. 1941, Diss. iur. München 1942 (n.f.d.A.) (U 42.5099)

1186 HERZBRUCH, Arnd: Die Zumutbarkeit der Verbotsbefolgung als Bedingung der Strafbarkeit, Breslau 1934, Diss. iur. Marburg 1934 (n.f.d.A.), Strafrechtliche Abhandlungen, Heft 338 (U 34.4748)

1187 RUMMEL, Rudolf: Die persönlichen Strafausschließungsgründe nach geltendem Recht und nach dem neuesten Entwurfe, Coburg 1938, Diss. iur. Erlangen 1938 (U 38.2426)

4.5.6 Versuch

4.5.6.1 Allgemeines

1188 BRUNS, Hansjürgen: Zur Begriffsbestimmung des Versuchs (Unternehmens, Beginns) im kommenden Strafrecht, DJ 1935, S. 678-683

1189 FREISLER, Roland: Der Versuch, ZAkDtR 1934, S. 82-84

1190 JEHLE, Walter: Probleme der Versuchsbestrafung im kommenden Recht, München 1935, Diss. iur. Erlangen 1935 (U 35.6865)

1191 NAGLER: Die Neuordnung der Strafbarkeit von Versuch und Beihilfe, GS 115 (1941), S. 24-42

1192 OLESCH, Bernhard: Der Versuch im geltenden Recht, im Entwurf 1927 und im nationalsozialistischen Strafrecht nach der Denkschrift des preußischen Justizministers. Ein Vergleich, Forchheim 1934, Diss. iur. Erlangen 1934 (U 34.6129)

1193 PONSCH, Franz: Die Abgrenzung von Vorbereitung und Versuch eines Verbrechens, Bonn 1941, Diss. iur. Bonn 1941 (U 41.988)

1194 SALM, Karl R.H.: Ueber die Abgrenzung des strafbaren Versuchs. Studien zum Rechtsguts- und Verbrechensbegriff, o.O. 1942, Diss. iur. Freiburg 1942 (n.f.d.A.) (U 42.2366)

1195 SCHEURL, A. von: Vorbereitung, Versuch und Vollendung im künftigen Strafrecht, DtR 1935, S. 529-532

1196 SEIDL, Alfred: Der Beginn der Straftat, Würzburg 1938, Diss. iur. München 1938 (U 38.7125)

1197 SUCK, Hans Werner: Der Beginn der Tat im neuen deutschen Strafrecht, Breslau 1937, Diss. iur. Kiel 1937, Strafrechtliche Abhandlungen, Heft 373 (U 37.5794)

1198 TER BECK, Johannes: Die Lehre vom Versuch im Strafrecht des nationalen Gemeinschafts-Staats, Würzburg 1935, Diss. iur. Köln 1935 (U 35.4916)

4.5.6.2 Untauglicher Versuch

1199 HARENBURG, Hans-Jürgen: Die Strafbarkeit des Versuches eines untauglichen Subjekts, Greifswald 1939, Diss. iur. Greifswald 1940 (U 40.3049)

1200 LINSE, Walter: Der untaugliche Versuch und das Rechtsgefühl des Volkes. Eine dogmatische und empirische Studie, o.O. 1938, Diss. iur. Leipzig 1938 (U 38.6332)

1201 PÖTZ, Johannes: Rechtfertigt die subjektive Versuchslehre mit unerbittlicher Folgerichtigkeit die Bestrafung des untauglichen Täters?, o.O. 1944, Diss. iur. Bonn 1944 (n.f.d.A.) (U 44.1467)

4.5.6.3 Rücktritt

1202 ENGEL, Fritz: Der Rücktritt von Vorbereitungshandlung und Versuch im künftigen Strafrecht, Coburg 1936, Diss. iur. Erlangen 1936 (U 36.2315)

1203 HEMPELMANN, Heinz: Die neuere Entwicklung der Rechtsprechung des Reichsgerichts zum Rücktritt vom Versuch (§ 46 StGB), o.O. 1944, Diss. iur. Bonn 1944 (n.f.d.A.) (U 44.1460)

1204 HOFMILLER, Erich: Die strafrechtliche Bedeutung des Rücktritts vom Verbrechensversuch für Anzeigepflichtige nach § 139 RStGB, Coburg 1933, Diss. iur. Erlangen 1933 (U 33.2662)

1205 KOEBKE, Günter: Der Begriff der Freiwilligkeit beim Rücktritt vom Versuch, o.O. 1941, Diss. iur. Berlin 1941 (n.f.d.A.) (U 42.106)

1206 MARX, Karl: Der freiwillige Rücktritt vom Versuch nach geltendem Recht und nach den Entwürfen, Düsseldorf 1936, Diss. iur. Marburg 1935 (U 36.7335)

1207 SCHLÖGEL, Anton: Der freie Wille beim Rücktritt vom Versuch, o.O. 1943, Diss. iur. Erlangen 1943 (n.f.d.A.) (U 43.1718)

1208 TREUHERZ, Hansachim: Das Problem der Straflosigkeit beim Rücktritt vom Versuch, insbesondere beim untauglichen Versuch, Quakenbrück 1934, Diss. iur. Greifswald 1934 (U 34.3832)

1209 WAGNER, Willi Erich: Der Umfang der Strafvergünstigung beim freiwilligen Rücktritt vom Versuch, Würzburg 1939, Diss. iur. Frankfurt 1939 (U 39.2521)

4.5.7 Beteiligung

4.5.7.1 Allgemeines

1210 ANGERMEIER, Otto: Täterschaft und Teilnahme im nationalsozialistischen Strafrecht, DtR 1935, S. 527-529

1211 CRAMER, Ulrich Freiherr von: Gleichschaltung von Täterschaft und Teilnahme. Bemerkungen zur Begrenzung strafbaren Verhaltens im künftigen Strafrecht, Breslau 1935, Diss. iur. Bonn 1935, Strafrechtliche Abhandlungen, Heft 354 (U 35.3616)

1212 KEMPERMANN: Die Behandlung von Täterschaft und Teilnahme in den Vorschlägen der Denkschrift des preußischen Justizministers, DJZ 1934, Sp. 787-789

1213 KLEE, Karl: Zur Abgrenzung von Teilnahme und Täterschaft, ZAkDtR 1940, S. 188-191

1214 KOHLRAUSCH, Eduard: Täterschuld und Teilnehmerschuld, in: Erwin Bumke zum 65. Geburtstage, hrsg. von Wolfgang Mettgenberg, Berlin 1939, S. 39-51

1215 LAUE, Werner: Täterschaft und Teilnahme bei den Absichtsdelikten, Brilon 1934, Diss. iur. Marburg 1934 (U 34.7748)

1216 MEID, Ewald: Der Unterschied zwischen Täterschaft und Anstiftung insbesondere nach den Forderungen eines Willensstrafrechts, Köln 1937, Diss. iur. Köln 1937 (U 37.6145)

1217 SCHLOSKY: Täterschaft und Teilnahme im kommenden Strafrecht, DJ 1937, S. 961-967

4.5.7.2 Täterbegriff, Täterstrafrecht

1218 BÄHR, Heinz: Restriktiver und extensiver Täterschaftsbegriff, Breslau 1933, Diss. iur. Freiburg 1933 (n.f.d.A.), Strafrechtliche Abhandlungen, Heft 331 (U 33.5793)

1219 BOLWIEN, Theo: Ausdehnung des Täterbegriffs, Auswirkungen und Grenzen, Emsdetten 1938, Diss. iur. Münster 1938 (U 38.8047)

1220 ELLGER: Der weite Täterbegriff im kommenden deutschen Strafrecht, DJ 1935, S. 216-221

1221 KLEE, K.: Täterschaft, DJ 1935, S. 178-180

1222 KLOKE, Werner: Der strafrechtliche Täterbegriff, Bochum-Langendreer 1933, Diss. iur. Marburg 1933 (U 34.1949)

1223 LANGE, Richard: Der moderne Täterbegriff und der deutsche Strafgesetzentwurf, Berlin 1935, Diss. iur. Berlin 1935 (n.f.d.A.), Abhandlungen des kriminalistischen Instituts an der Universität Berlin, Folge 4, Band 3, Heft 1 (U 36.64)

1224 LONY, Fritz: Extensiver oder restriktiver Täterbegriff?, Breslau 1934, Diss. iur. Hamburg 1934 (n.f.d.A.), Strafrechtliche Abhandlungen, Heft 344 (U 35.1486)

4.5.7.3 Mittelbare Täterschaft

1225 BUBOLZ, Johannes: Die mittelbare Täterschaft. Ein Beitrag zur Lehre von der Täterschaft, Würzburg 1934, Diss. iur. Breslau 1934 (U 35.486)

1226 HEINZE, Otto: Die mittelbare Täterschaft in den neueren Strafgesetzentwürfen, Forchheim 1933, Diss. iur. Erlangen 1933 (U 33.2656)

1227 KOCH, Arnold: Die mittelbare Täterschaft. Bemerkungen zur Täterschafts-Teilnahme-Regelung in dem Entwurf der Amtlichen Strafrechtskommission, Düsseldorf 1938, Diss. iur. Göttingen 1938 (U 38.3464)

1228 KRAUSS, Wolfgang: Die mittelbare Täterschaft im geltenden und künftigen Strafrecht, Breslau 1935, Diss. iur. Tübingen 1935 (n.f.d.A.), Strafrechtliche Abhandlungen, Heft 353 (U 35.3207)

1229 SCHNEIDER, Karl: Die mittelbare Täterschaft und die Beteiligung an der Selbstbeschädigung, Homburg 1939, Diss. iur. München 1939 (U 39.7191)

4.5.7.4 Teilnahme

1230 BÖCKER, Werner: Die Neugestaltung der Teilnahmelehre nach der Strafrechtangleichungs-Verordnung vom 29. Mai 1943, o.O. 1944, Diss. iur. Hamburg 1944 (n.f.d.A.) (U 44.3966)

1231 CONRAD, Gerhard: Die "akzessorische" Teilnahme und sogenannte mittelbare Täterschaft unter Berücksichtigung des Jugendgerichtsgesetzes. Ein Beitrag zur Entwicklung der Lehre vom materiellen Täterbegriff, Breslau 1937, Diss. iur. Köln 1937, Strafrechtliche Abhandlungen, Heft 374 (U 37.6065)

1232 DEYHLE, Ernst Heinz: Die Teilnahme an Sonderverbrechen nach geltendem Recht und nach den Strafgesetzentwürfen, Tübingen 1933, Diss. iur. Tübingen 1933 (U 33.7668)

1233 GEIER, Erwin: Zur Problematik des § 48 StGB, Berlin 1935, Diss. iur. Bonn 1935 (U 35.3619)

1234 GERLING, Theodor: Die Anstiftung im kommenden deutschen Strafrecht auf rechtsvergleichender Grundlage, Erlangen 1936, Diss. iur. Erlangen 1936 (U 36.2336)

1235 KAYSER-EICHBERG, Immo: Die Rechtsnatur der Teilnahme. Zugleich ein Beitrag zu Täterschaft und Teilnahme als Gesetzgebungsproblem, Greifswald 1934, Diss. iur. Greifswald 1934 (U 34.6641)

1236 LÜHE, Achim von der: Probleme um § 50 StGB, Hamburg 1940, Diss. iur. Hamburg 1940 (U 40.3302)

1237 MANSTEIN, Karl: Beihilfe zu Taten Geisteskranker, Horrem 1935, Diss. iur. Köln 1935 (U 35.2102)

1238 OSWALD, Rudolf: Ist die Anstiftung als Form der Teilnahme im künftigen Strafrecht aufrechtzuerhalten?, Berlin 1935, Diss. iur. Leipzig 1935 (U 35. 5066)

1239 WAGNER, Rolfhelmuth: Die Strafbarkeit des notwendig Beteiligten als Anstifters, Köln 1933, Diss. iur. Erlangen 1933 (U 33.5562)

1240 WINKLER, Josef: Die Theorie der Teilnahme, o.O. 1944, Diss. iur. Heidelberg 1944 (n.f.d.A.) (U 44.4626)

1241 ZENS, Alfons: Der Lockspitzel, seine Beurteilung nach dem geltenden Strafrecht, dem Entwurf 1927 und dem kommenden Strafrecht, Bonn 1936, Diss. iur. Erlangen 1936 (U 36.2542)

4.5.8 Unterlassen

1242 BAUTZ, Hans: Die neuere Entwicklung der unechten Unterlassungsdelikte, Würzburg 1938, Diss. iur. Breslau 1938 (U 38.1674)

1243 DROST: Der Aufbau der Unterlassungsdelikte, GS 109 (1937), S. 1-63

1244 FRANTA, Rudolf: Die Unterlassungsdelikte nach alter und neuer Rechtsauffassung, Würzburg 1938, Diss. iur. München 1938 (U 38.7107)

1245 FREIENSTEIN, Wendelin: Läßt sich die Strafbarkeit von Unterlassungsdelikten auch auf die Verletzung sittlicher Pflichten zurückführen?, Leipzig 1936, Diss. iur. Köln 1937 (U 37.6080)

1246 HARTUNG, Günther: Die Behandlung der unechten Unterlassungsdelikte im nationalsozialistischen Strafrecht, Breslau 1939, Diss. iur. Göttingen 1940, Strafrechtliche Abhandlungen, Heft 404 (U 40.2811)

1247 HONIG, Richard: Die Entwicklungslinie des Unterlassungsdelikts vom römischen bis zum gemeinen Recht, in: Festgabe für Richard Schmidt. Zu seinem 70. Geburtstag, Leipzig 1932, S. 3-31

1248 JAEGER, Hans: Die Bedeutung der sittlichen Pflicht für die Rechtswidrigkeit der Unterlassungsdelikte, Freiburg 1936, Diss. iur. Freiburg 1936 (U 37.3187)

1249 NAGLER, J.: Die Problematik der Begehung durch Unterlassung, GS 111 (1938), S. 1-121

1250 RUTKOWSKY: Die Rechtsprechung des Reichsgerichts zu dem normativen Schuldelement und das unechte Unterlassungsdelikt, DtR 1939 II, S. 1041

1251 SAUER, Wilhelm: Das Unterlassungsdelikt. Seine Stellung im Gefährdungs- und im Willensstrafrecht, GS 114 (1940), S. 279-321

1252 SCHAFFSTEIN, Friedrich: Strafrechtsreform und unechte Unterlassungsdelikte, DJ 1936, S. 767-770

1253 SCHAFFSTEIN, Friedrich: Die unechten Unterlassungsdelikte im System des neuen Strafrechts, in: Gegenwartsfragen der Strafrechtswissenschaft, Festschrift zum 60. Geburtstag von Graf W. Gleispach, Berlin/Leipzig 1936, S. 70-114

1254 STUCKE, Friedrich: Die Rechtswidrigkeit der Unterlassungsdelikte im nationalsozialistischen Strafrecht, Quakenbrück 1937, Diss. iur. Kiel 1937 (U 37.5793)

4.5.9 Fahrlässigkeit

1255 RANKENBURG, Walter: Die fahrlässige Straftat im subjektiven Strafrechtssystem, Düsseldorf 1937, Diss. iur. Marburg 1937 (U 37.7466)

4.5.10 Konkurrenzen

1256 BECKER, W.: Die sogenannte Idealkonkurrenz im System eines neuen Strafrechts, GS 107 (1936), S. 240-248

1257 BOCK, Josef: Die prozessuale Behandlung der Realkonkurrenz de lege lata et de lege ferenda, Tübingen 1933, Diss. iur. Tübingen 1933 (U 33.7667)

1258 HARTUNG, Fritz: Die Strafe der Tateinheit, DtR 1939 B, S. 410-413

1259 HARTUNG: Die Strafe bei Tateinheit, DtR 1939 II, S. 1484-1487

1260 HARTUNG, Fritz: Nochmals: Die Strafe der Tateinheit, DtR 1940 B, S. 49-51

1261 KNIESCH, Joachim: Zu den Konkurrenzfragen im Strafprozess. Zugleich ein Beitrag zu einigen Grundlehren des Strafverfahrensrechts, o.O. 1943, Diss. iur. Berlin 1943 (n.f.d.A.) (U 43.85)

1262 MEYER, Wilhelm: Gleichstellung von Ideal- und Realkonkurrenz? Ein Beitrag zur deutschen Strafrechtsreform, Coburg 1935, Diss. iur. Erlangen 1935 (U 35.3997)

1263 NIEDERREUTHER: Das fortgesetzte Delikt im Lichte nationalsozialistischer Rechtsauffassung, GS 109 (1937), S. 289-357

1264 PETERS, Karl: Einheitsstrafe bei Verbrechensmehrheit, in: Probleme der Strafrechtserneuerung, Eduard Kohlrausch zum 70. Geburtstag dargebracht, Berlin 1944, S. 199-224

1265 PRAETORIUS, Wolfgang: Zum Problem der straflosen Vor- und Nachtat, Düsseldorf 1938, Diss. iur. Bonn 1938 (U 38.1297)

1266 SCHWARZ, Otto: Tateinheit und Tatmehrheit im künftigen Strafrecht und Strafprozeß, DStR 1936, S. 342-355

1267 THIEMANN: Die Einheitsstrafe gemäß § 1 des Gesetzes zur Änderung des Reichsstrafgesetzbuchs vom 4. September 1941, DtR 1941 II, S. 2651-2652

4.5.11 Internationales und interlokales Strafrecht

1268 FREISLER, Roland: Zwischenstaatliche Zusammenarbeit der Rechtswahrer. Rede auf der Internationalen Juristenbesprechung, DtR 1941 B, S. 113-116

1269 GERLAND, Heinrich: Das deutsche Strafrecht der Zukunft und das sogenannte internationale Strafrecht, in: Festschrift anläßlich des 25-jährigen Bestehens der Deutschen Landesgruppe der International Law Association, Berlin 1938, S. 89-104

1270 KLING, Rudolf: Das räumliche Geltungsgebiet der Strafgesetze nach geltendem Recht und nach den Strafgesetzentwürfen, Stuttgart 1934, Diss. iur. Tübingen 1934 (U 34.8323)

1271 MIDDEL: Interlokaler Geltungsbereich des deutschen Strafrechts, DtR 1940 B, S. 225

1272 REITERSPITZ, Gabriele: Treupflicht und Schutzgedanke im internationalen Strafrecht, o.O. 1942, Diss. iur. Erlangen 1942 (n.f.d.A.) (U 43.1716)

1273 WEBER, Hellmuth von: Interlokales Strafrecht, in: Probleme der Strafrechtserneuerung, Eduard Kohlrausch zum 70. Geburtstage dargebracht, Berlin 1944, S. 120-140

4.6 Sanktionen

4.6.1 Straftheorie, Strafzwecke

1274 DAHM: Sühne, Schutz und Reinigung im neuen deutschen Strafrecht, DtR 1944, S. 2-4

1275 EXNER, Franz: Sinnwandel in der neuesten Entwicklung der Strafe, in: Probleme der Strafrechtserneuerung, Eduard Kohlrausch zum 70. Geburtstage dargebracht, Berlin 1944, S. 24-43

1276 FRANK, Hans: Der Sinn der Strafe, BlGk 66 (1935), S. 191-192

1277 FREISLER, Roland: Blitzartig muß die Strafe den Verbrecher treffen!, DJ 1938 II, S. 1859-1860

1279 GERICKE, Karlheinz: Untersuchungen über den Vergeltungsgedanken im neuzeitlichen Strafbegriff, Greifswald 1934, Diss. iur. Greifswald 1934 (34.6639)

1280 GURGEL, Hans-Joachim: Die Bedeutung der Generalprävention, o.O. 1944, Diss.iur. Greifswald 1945 (n.f.d.A.) (U 44.3595)

1281 KERN, Eduard: Rezension von: Klug, Die zentrale Bedeutung des Schutzgedankens für den Zweck der Strafe, 1938, KrVjschr 66 (1939), S. 440-448

1282 KEUTGEN, Hans: Private und öffentliche Sühne im Strafrecht, Köln 1936, Diss. iur. Köln 1936 (U 36.6041)

1283 KLUG, Ulrich: Die zentrale Bedeutung des Schutzgedankens für den Zweck der Strafe, Kirchhain 1938, Diss. iur. Berlin 1938 (n.f.d.A.), ARSP, Beiheft 35 (U 38.109)

1284 MEZGER, Edmund: Vergeltung und Schutz im neuen Deutschen Strafrecht, MonKrim 31 (1940), S. 105-110

1285 PICKER, Henry: Darstellung und geistesgeschichtliche Deutung der neuen Strömungen in der Kriminalpolitik und die Überwindung des Schulenstreits, Berlin 1935, Diss. iur. Kiel 1936 (U 36.5642)

1286 RAUCH, Herbert: Die klassische Strafrechtslehre in ihrer politischen Bedeutung, Leipzig 1936, Diss. iur. Leipzig 1936 (n.f.d.A.), Leipziger rechtswissenschaftliche Studien, Heft 103 (U 36.6620)

1287 SCHWARZENBERGER, Suse: Die Bedeutung der modernen Erziehungswissenschaft für das juristische Strafproblem, Heidelberg 1933, Diss. iur. Heidelberg 1933, Heidelberger rechtswissenschaftliche Abhandlungen, Heft 19 (U 33.6396)

1288 SEIDENSTÜCKER, Herbert: Strafzweck und Norm bei Binding und im nationalsozialistischen Recht, Quakenbrück 1938, Diss. iur. Göttingen 1938, Abhandlungen der Rechts- und staatswissenschaftlichen Fakultät der Universität Göttingen, Heft 24 (U 38.3490)

1289 SPECHT, Heinz: Der Strafzweck bei Feuerbach und Liszt und die strafrechtliche Lage der Gegenwart, Hamburg 1933, Diss. iur. Hamburg 1934 (U 34.6838)

4.6.2 Strafarten

4.6.2.1 Todesstrafe

1290 DAHM, Georg: Todesstrafe und Tätertyp nach der Strafgesetznovelle vom 4. September 1941, DtR 1942, S. 401-406

1291 DOHNA, Graf zu: Die Verwendung der Todesstrafe in Deutschland seit 1933, MonKrim 30 (1939), S. 479-487

1292 GARNATZ, Kurt: Die Todesstrafe im Recht des neuen Deutschland, Würzburg 1935, Diss. iur. Erlangen 1935 (U 35.6855)

1293 HOLLWECK, Joseph: Die Todesstrafe im neuen Reich, Würzburg 1935, Diss. iur. Erlangen 1935 (U 35.3980)

1294 MOSTERT, E.: Todesstrafe, DJZ 1933, Sp. 615-616

1295 REHFELDT, Bernhard: Todesstrafen und Bekehrungsgeschichte. Zur Rechts- und Religionsgeschichte der germanischen Hinrichtungsbräuche, Berlin 1942

1296 SCHROER, Hermann: Mord, Judentum, Todesstrafe, München 1939

1297 WEBER, von: Vom Sinn der Todesstrafe, ZAkDtR 1940, S. 156-158

1298 WELKER, Josef: Die Todesstrafe im deutschen und außerdeutschen Strafrecht, Erlangen 1933, Diss. iur. Erlangen 1933 (U 33.5564)

4.6.2.2 Freiheitsstrafe

1299 FREYTAG, Joachim: Die kurzzeitige Freiheitsstrafe und die Erreichung des Strafzwecks, Leipzig 1935, Diss. iur. Marburg 1935 (U 36.7314)

1300 GREINERT: Zur Reform der Freiheitsstrafe, DJ 1934, S. 418-423

1301 STRUBE: Wie müssen Haft-, Gefängnis- und Zuchthausstrafen umgewandelt werden, damit sie dem Rechtsempfinden des Deutschen Volkes entsprechen?, BlGk 67 (1936), S. 365-377

4.6.2.3 Festungshaft

1302 OTTO, Wilfried: Die Festungshaft. Ihre Vorläufer, Geschichte und Zukunft. Mit einer rechtsvergleichenden Darstellung des österreichischen und tschechoslowakischen Rechts, Magdeburg 1938, Diss. iur. Jena 1938 (U 38.5071)

1303 UHL, Karl: Grundlagen der Festungshaft, o.O. 1942, Diss. iur. Tübingen 1942 (n.f.d.A.) (U 42.6321)

4.6.2.4 Ehrenstrafe

1304 BETZ, Otto: Die Ehrenstrafen nach geltendem und kommendem Strafrecht mit Ausschluß des Militärstrafrechts, Lichtenfels 1936, Diss. iur. Erlangen 1936 (U 36.2296)

1305 GOETZE: Die Ächtung als Ehrenstrafe im künftigen Strafrecht, DJ 1935, S. 669-673

1306 GÜNTHERSCHULZE, Ruprecht: Die Entwicklung der Ehrenminderungen im deutschen Strafrecht, Erlangen 1935, Diss. iur. Erlangen 1935 (U 35.6858)

1307 KETTELER, Alfred: Die Erneuerung der Ehrenstrafe, Berlin 1937, Diss. iur. Köln 1937 (U 37.6116)

1308 KUNERT, Alfred: Die Aechtung im kommenden Strafrecht, Barth 1937, Diss. iur. Erlangen 1937 (U 37.2522)

1309 MANTLER, Herbert: Entwicklung und Bedeutungswandel der Ehrenstrafen seit Beginn des 19. Jahrhunderts unter besonderer Berücksichtigung der nationalsozialistischen Strafrechtsreform, Zeulenroda 1936, Diss. iur. Erlangen 1936 (U 36.2411)

1310 NIEDERS, Hanns-Hermann: Die Ehrenstrafen im in- und ausländischen Strafrecht und in den Entwürfen zu einem neuen Deutschen Strafgesetzbuch, Diss. iur. Leipzig 1935 (U 35.8443)

1311 SCHAFFSTEIN, Friedrich: Ehrenstrafe und Freiheitsstrafe in ihrer Bedeutung für das neue Strafrecht, DStR 1934, S. 273-282

1312 SCHARF, Herbert: Wesen und Bedeutung der Ehrenstrafen, Breslau 1934, Diss. iur. Breslau 1934 (U 35.513)

4.6.2.5 Geldstrafe

1313 GREBE: Die Geldstrafe im kommenden deutschen Strafrecht, DjR 13 (1937), S. 53-57

1314 MENGELE, Karl: Die Ersatzgeldstrafe (§ 27 b) und ihre Stellung im Strafrecht und Strafprozeß, Günzburg 1936, Diss. iur. Erlangen 1936 (U 36.2415)

4.6.3 Strafzumessung

4.6.3.1 Allgemeines

1315 ARNOLD, Ernst: Die Strafdrohungen im geltenden Strafgesetzbuch und in den einzelnen Entwürfen, Gießen 1933, Diss. iur. Gießen 1933 (U 33.5867)

1316 BRÜCKNER, Wolfgang: Persönliche Strafzumessungsregel und Sonderdelikt, unter besonderer Berücksichtigung der Tötung auf Verlangen, o.O. 1943, Diss. iur. Jena 1943 (n.f.d.A.) (U 43.3430)

1317 CHEN, Shu-Chiung: Die Strafzumessung im chinesischen und deutschen Recht. Eine rechtsvergleichende Studie, Zeulenroda 1937, Diss. iur. Jena 1937 (U 37.5466)

1318 DOERNER, Karl: Die Strafzumessungsgründe im Strafurteil, DjR 15 (1939), S. 161-165

1319 ENTHOLT, Kurt: Der Begriff der Gewohnheitsmäßigkeit im alten und neuen Recht, Kiel 1936, Diss. iur. Erlangen 1936 (U 36.2316)

1320 FREISLER, Roland: Gedanken zum rechten Strafmaß, DStR 1939, S. 329-342

1321 HAIDN, C.: Müssen Nationalsozialisten strenger bestraft werden?, DtRpfl 1936, S. 197-199

1322 RABL, Rupert: Strafzumessungspraxis und Kriminalitätsbewegung, Bottrop 1936, Diss. iur. München 1936 (n.f.d.A.), Kriminalistische Abhandlungen, Heft 25 (U 36.7627)

1323 SCHAFFSTEIN, Friedrich: Bemerkungen zur gesetzlichen Regelung der Strafbemessung im kommenden deutschen Strafrecht, DStR 1934, S. 369-376

1324 SCHNEIDER: Nochmals zur Praxis der Strafzumessung, DJ 1933, S. 783-784

1325 STEIN, Hans-Joachim: Gesetzesvorschriften über die Strafzumessung, insbesondere die Strafrahmen, im zukünftigen deutschen Strafrecht, Köln 1935, Diss. iur. Greifswald 1935 (U 35.4391)

1326 STURM, Friedrich: Die Strafbemessung im neuen Strafrecht, MonKrim 27 (1936), S. 170-176

1327 SUHR, Edmund: Strafzumessungsprobleme bei der Volksschädlingsbekämpfung, DtR 1940, S. 482-484 und DtR 1940 B, S. 72-74

1328 VOGEL, von: Schulung im Strafmaß, DtR 1942 B, S. 90-91

1329 WOLF, Erik: Das künftige Strafensystem und die Zumessungsgrundsätze, ZStW 54 (1935), S. 544-574

4.6.3.2 Strafänderungsgründe

1330 BAYERWALTES, Rolf: Die unbenannten Strafschärfungs- und Strafmilderungsgründe, unter Ausschluß der mildernden Umstände, insbesondere die minder schweren Fälle im Militärstrafgesetz sowie die besonders schweren Fälle des Strafgesetzbuchs, Coburg 1940, Diss. iur. Heidelberg 1941 (U 41.2983)

1331 BINTER, Richard: Der "besonders schwere Fall" im Strafrecht, DJ 1941, S. 1115-1118

1332 HARTMANN, Erwin: Strafschärfung nach § 20 a StGB, Monschau 1941, Diss. iur. Gießen 1940 (U 42.2554)

1333 NESEMANN, Albert: Die Problematik des "besonders schweren Falles" im Strafrecht. Dargestellt unter besonderer Berücksichtigung der reichsgerichtlichen Rechtsprechung zu den §§ 263 Abs. IV und 266 Abs. II StGB, Köln 1936, Diss. iur. Köln 1937 (U 37.6155)

1334 OTREMBSKI, Heinz: Die Problematik des "besonders schweren Falls" im Strafrecht, o.O. 1942, Diss. iur. Berlin 1942 (n.f.d.A.) (U 42.114)

1335 SEGITZ, Arthur: Die besonders schweren Fälle im neuen Strafrecht, Erlangen 1937, Diss. iur. Erlangen 1937 (U 37.2578)

1336 SPOHR, Werner: Der besonders schwere Fall im neuen Strafrecht, DJ 1934 II, S. 1051-1054

4.6.3.3 Vorläufige Entlassung

1337 SCHUMACHER, Wilhelm: Die vorläufige Entlassung (§§ 23-26 StGB) unter besonderer Berücksichtigung der Entwürfe, Breslau 1934, Diss. iur. Würzburg 1934 (n.f.d.A.), Strafrechtliche Abhandlungen, Heft 336 (U 34.5379)

4.6.4 Nebenstrafen, Nebenfolgen

1338 FRIEDRICH, Lieselotte: Die Aberkennung der Staatsangehörigkeit als Strafmaßnahme, Zeulenroda 1935, Diss. iur. Jena 1935 (U 35.4664)

1339 HÖLLFRITSCH, Reinhard: Die Entziehung von Ehrenrechten im Strafurteil nach dem Urteil der deutschen Strafrechtswissenschaft seit Entstehung des Reichsstrafgesetzbuches und unter besonderer Berücksichtigung der Strafgesetzentwürfe, Zeulenroda 1933, Diss. iur. Erlangen 1933 (U 33.2660)

1340 MAIER, Hans: Die Unbrauchbarmachung nach den Strafgesetzentwürfen verglichen mit dem geltenden Recht, Forchheim 1934, Diss. iur. Erlangen 1934 (U 34.3476)

1341 VENTER, Kurt: Die Stellung unter Polizeiaufsicht in Preußen, Marburg 1934, Diss. iur. Marburg 1934 (U 35.2567)

1342 ZILLIKEN, Josef: Die grundsätzliche Regelung des Berufs- und Gewerbeverbotes im nationalsozialistischen Strafrecht. Eine vergleichende Betrachtung der Anordnungen nach § 42 II St.G.B. und § 11 Tsch. Ges. in Bezug auf ihre Voraussetzungen, ihren Inhalt sowie ihre straf- und zivilrechtlichen Wirkungen, Würzburg 1937, Diss. iur. Köln 1937 (U 37.6238)

4.6.5 Maßregeln

4.6.5.1 Allgemeines

1343 HARTMANN, Gunther: Die Entmündigung als Mittel der Verbrechensverhütung unter besonderer Berücksichtigung ihres Verhältnisses zu den übrigen Sicherungsmaßnahmen des neuen Staates, Rechtsvergleichende Untersuchung zur Gesamten Staatswissenschaft 7, Bonn 1937

1344 HEMELING, Hanke-Dietrich: Maßnahmen der Sicherung und Besserung im Militärstrafrecht, o.O. 1944, Diss. iur. Marburg 1944 (n.f.d.A.) (U 44.6227)

1345 KAPP, Franz: Über die Verhängung von sichernden Maßnahmen gegen Psychopathen und Senile, DJ 1936 II, S. 1014-1015

1346 KNAUTH, Rudolf: Abgrenzung der Verwaltungszuständigkeit gegenüber gerichtlichen Maßregeln der Sicherung und Besserung, ZAkDtR 1938, S. 258-262

1347 SCHAFFSTEIN, Friedrich: Vorbeugungshaft, Verwahrung und Bewahrung, ZStW 58 (1939), S. 307-313

4.6.5.2 Sicherungsverwahrung

1348 GERLAND, Heinrich: Die Sicherungsverwahrung des § 42 e StGB und ihre Voraussetzungen, in: Festschrift für Rudolf Hübner zum 70. Geburtstag, hrsg. von der Rechts- und Wirtschaftswissenschaftlichen Fakultät der Universität Jena, Jena 1935, S. 19-49

1349 GÖLZ, Hermann: Die Sicherungsverwahrung im Deutschen und im neuen Schweizerischen Strafgesetzbuch. Rechtsvergleichende Darstellung, Philippsburg 1940, Diss. iur. Heidelberg 1941 (U 41.2989)

1350 HEDEMANN, Wilhelm: Die Sicherungsverwahrung der Schwerverbrecher, Jena 1934, Diss. iur. Jena 1934 (U 34.7114)

1351 HEINKE: Die Frühkriminellen in der Sicherungsverwahrung, BlGk 73 (1942/43), S. 21-33

1352 HILDEBRANDT, Hansgeorg: Zur Sicherungsverwahrung, BlGk 68 (1937/38), S. 420-429

1353 LEPPMANN, Friedrich: Die praktische Bedeutung und die Ausbaufähigkeit der Sicherungsmaßregeln bei Zurechnungsunfähigkeit i.S.d. Reichsgesetzes vom 24. Nov. 1933, MonKrim 25 (1934), S. 382-403

1354 MAYR, Hans: Die Sicherungsverwahrung, BlGk 67 (1936), S. 402-408

1355 NAGEL, Heinrich: Die Sicherungsverwahrung in ihren Voraussetzungen nach deutschem, schwedischem, norwegischem und dänischem Recht vergleichend dargestellt, Rostock 1938, Diss. iur. Rostock 1938 (U 38.8486)

1356 ROM, Horst von: Sicherungsverwahrung, o.O. 1934, Diss. iur. Würzburg 1934 (U 34.5370)

1357 ZINTEL, Eugen: Die Sicherungsverwahrung, Emsdetten 1936, Diss. iur. Erlangen 1936 (U 36.2547)

4.6.5.3 Heilanstalt

1358 ROTTMANN, Ludolf: Die Trinkerheilanstalt unter besonderer Berücksichtigung ihrer Stellung nach der Strafrechtsnovelle vom 24. November 1933 und unter Einbeziehung neuerer ausländischer Strafgesetze, Erlangen 1934, Diss. iur. Erlangen 1935 (U 35.777)

1359 WITZGALL, Josef: Die Unterbringung in einer Heil- oder Pflegeanstalt bei verminderter Zurechnungsfähigkeit, Coburg 1936, Diss. iur. Erlangen 1936 (U 36.2534)

1360 WOESNER, Horst: Der Begriff der "mit Strafe bedrohten Handlung" in § 42b RStGB, o.O. 1941, Diss. iur. Berlin 1941 (n.f.d.A.) (U 41.110)

4.6.5.4 Arbeitshaus

1361 MEIXNER, Robert: Das Arbeitshaus in der Gegenwart und in der Zukunft. Ein Beitrag zur Bekämpfung der Asozialen, Emsdetten 1936, Diss. iur. Erlangen 1936 (U 36.2414)

1362 SCHMIDT, Edgar: Unterbringung im Arbeitshaus, BlGk 69 (1938/39), S. 130-133

1363 STEIGERTHAL, Georg: Der Vollzug der Unterbringung im Arbeitshaus, Asyl, in der Trinkerheilanstalt und in der Heil- und Pflegeanstalt, BlGk 69 (1938/39), S. 30-43

1364 STÖCKINGER, Hans: Die Unterbringung in einem Arbeitshaus als Maßregeln der Sicherung und Besserung, Würzburg 1935, Diss. iur. Würzburg 1935 (U 35.9273)

4.6.5.5 Kastration, Sterilisation

1365 BOEHME, Albr. (Hrsg.): Psychotherapie und Kastration, München 1935

1366 BÖHR, Karl: Die Unfruchtbarmachung nach geltendem und künftigem Recht, Würzburg 1933, Diss. iur. Köln 1934 (U 34.1483)

1367 FRANZ, Herbert: Zur Geschichte der Kastration als Kriminalstrafe im deutschen Strafrecht, Köln 1939, Diss. iur. Bonn 1939 (U 39.1102)

1368 HOFFMANN, Alfred: Unfruchtbarmachung und Kriminalität, Bottrop 1940, Diss. iur. München 1940, Kriminalistische Abhandlungen, Heft 44 (U 40.5459)

1369 KAPP, Franz: Zur Unfruchtbarmachung bei angeborenem Schwachsinn und über ihre Bedeutung im Kampf gegen Kriminalität und Asozialität, MonKrim 1939, S. 17-24

1370 KLEINBANS, Joachim: Die Voraussetzungen der Entmannung, Berlin 1936, Diss. iur. Freiburg 1936 (U 36.3124)

1371 KNUST, Hans-Joachim: Die Entmannung nach dem geltenden Recht, Düsseldorf 1936, Diss. iur. Jena 1936 (U 36.5328)

1372 LENZ, F.: Ist eugenische Sterilisation strafbar?, ZStW 53 (1934), S. 51-61

1373 MATTFELD, Günter: Die rechtlichen Voraussetzungen der Unfruchtbarmachung und Entmannung, Forchheim 1934, Diss. iur. Erlangen 1934 (U 34.6117)

1374 MOMMSEN, Theodor: Sterilisation und Kastration als Rechtsprobleme, Zeulenroda 1934, Diss.iur. Erlangen 1934 (U 34.6122)

1375 PUVOGEL, Hans: Die leitenden Grundgedanken bei der Entmannung gefährlicher Sittlichkeitsverbrecher, Düsseldorf 1937, Diss. iur. Göttingen 1937 (U 37.3714)

1376 REUTER, Fritz: Wie kann sich der moderne Staat gegen den Mißbrauch der operativen Unfruchtbarmachung schützen?, in: Festschrift für Heinrich Zangger, Zürich/Leipzig/Stuttgart 1935, S. 457-471

1377 REUTER, Fritz:Sterilisierung und Kastration in ihrer strafrechtlichen Bedeutung, Berlin 1933, Diss. iur. Breslau 1933 (U 34.371)

1378 RODENBERG: Das Problem "Entmannungen" im Rahmen des kriminalbiologischen Dienstes der Reichsjustizverwaltung, DJ 1941, S. 802-804

1379 RUTTKE, Falk: Das Gesetz zur Verhütung erbkranken Nachwuchses, in: Frank, Hans (Hrsg.): Nationalsozialistisches Handbuch für Recht und Gesetzgebung, München 1935, S. 812-827

1380 SCHMIDT, Kurt: Die strafrechtlichen Grundlagen der Unfruchtbarmachung. Eine Darstellung nach geltendem und zukünftigem deutschen Strafrecht unter Berücksichtigung der ausländischen einschlägigen Gesetzgebung, Hamburg 1933, Diss. iur. Hamburg 1933 (n.f.d.A.) (U 33.6220)

1381 SCHMIDT, Willi: Die Kastration als Mittel der Verbrechensbekämpfung, DjR 13 (1937), S. 145-148

1382 SÖHNER, Ilse: Das Recht der Sterilisation, Kehl 1933, Diss. iur. Freiburg 1933 (U 33.638)

1383 STAIGER: Über Sterilisation und Kastration, BlGk 65 (1934), S. 31-39

1384 STROOTHENKE, Wolfgang: Erbpflege und Christentum, Fragen der Sterilisation, Euthanasie usw., Leipzig 1940

1385 STUMPF, Gerhard: § (Paragraph) 42k RStGB. Die Entmannung nach ihren materiellen Voraussetzungen unter Beachtung älterer und fremder Rechte, Rastatt 1937, Diss. iur. Heidelberg 1937 (U 37.5134)

1386 VOGEL, Karl: Freiwillige Entmannung, Hamburg 1939, Diss. iur. Hamburg 1940 (U 40.3323)

1387 XINGAS, Georg: Die Kastration als Sicherungsmaßnahme gegen Sittlichkeitsverbrecher, Berlin 1936, Diss. iur. Berlin 1936 (n.f.d.A.) (U 37.132)

1388 ZIMMERMANN, Mary: Sterilisation und Recht, PragJZ 1934, Sp. 659-670

4.6.6 Verjährung

1389 HASSELBERG, Alfred: Zur Frage der Verjährung im kommenden Strafrecht. Kann das Institut der Verjährung der Strafverfolgung und der Strafvollstreckung, wie es im geltenden Recht in den §§ 66-72 Reichsstrafgesetzbuch geregelt ist, beibehalten werden?, Erlangen 1935, Diss. iur. Erlangen 1935 (U 35.3975)

4.7 Kriminologie

4.7.1 Allgemeines, Kriminalpolitik

1390 BOHNE, G.: Kriminalpolitik und Eugenik, DJZ 1934, Sp. 17-27

1391 FREISLER, Roland: Kriminologie - unentbehrliche und gleichwertige Grundlage erfolgreicher Strafrechtspflege, DStR 1942, S. 97-107

1392 GRÜNHUT, Max: Kriminalpolitische Wandlungen?, ZStW 53 (1934), S. 1-10

1393 MEYER, Kurt: Die unbestraften Verbrechen. Eine Untersuchung über die sogenannte Dunkelziffer in der deutschen Kriminalstatistik, Bottrop 1941, Diss. iur. München 1941, Kriminalistische Abhandlungen, Heft 47 (U 41.4436)

1394 MIKOREY, Max: Das Judentum in der Kriminalpsychologie, in: Das Judentum in der Rechtswissenschaft, 3, Berlin 1936

4.7.2 Ursachen

4.7.2.1 Anlage und Umwelt

1395 BURANDT, Johanna: Erbanlage und Verbrechen, Mittelwalde 1936, Diss. iur. Breslau 1936 (U 36.1635)

1396 KERSCHER, Karl: Verbrechen und Verwaisung. Ein Beitrag zum Anlage-Umweltproblem, Bottrop 1937, Diss. iur. München 1937, Kriminalistische Abhandlungen, Heft 29 (U 37.7736)

1397 KOOPMANN: Der geborene Verbrecher, ArchKrim 114 (1944), S. 89-98

1398 NIELSEN, Magda: Zwillingsforschung und erbliche Verbrechensdisposition. Ein Beitrag zum Anlage-Umweltproblem, Hüls 1936, Diss. iur. Köln 1936 (U 36.6080)

1399 SCHMID, Albert: Anlage und Umwelt bei 500 Erstverbrechern, Bottrop 1936, Diss. iur. München 1936 (n.f.d.A.), Kriminalistische Abhandlungen, Heft 24 (U 36.7631)

1400 SCHNELL, Karl: Anlage und Umwelt bei 500 Rückfallsverbreche(r)n. Ein Beitrag zum Problem des Gewohnheitsverbrechertums erarbeitet an einem Material der Bayerischen Kriminalbiologischen Sammelstelle, Bottrop 1935, Diss. iur. München 1935 (n.f.d.A.), Kriminalistische Abhandlungen, Heft 22 (U 35.5354)

1401 STUMPFL, Friedrich: Erbanlage und Verbrechen. Charakterologische und psychiatrische Sippenuntersuchungen, Berlin 1935

1402 WEISSENRIEDER, Otto: Anlage und Verbrechen, BlGk 69 (1938/39), S. 21-29

4.7.2.2 Kriminalbiologie

1403 FICKERT, Hans: Rassenhygienische Verbrechensbekämpfung, Leipzig 1938, Diss. iur. Leipzig 1938 (n.f.d.A.), Kriminalistische Abhandlunge, Heft 37 (U 38.6293)

1404 HOFFMEISTER, Ernst: Die Kriminalbiologie, ihre ideengeschichtliche Entwicklung und ihre grundsätzliche Bedeutung für das kommende deutsche Strafrecht, Würzburg 1939, Diss. iur. Breslau 1939 (U 39.1595)

1405 KRUG, Josef: Aufgabe und Stand der kriminalbiologischen Forschung, BlGk 70 (1939/40), S. 231-235

1406 LEERS, Johann von: Judentum und Verbrechen, in: Das Judentum in der Rechtswissenschaft, 3, Berlin 1936

1407 ORTNER, Eduard: Biologische Typen des Menschen und ihr Verhältnis zu Rasse und Wert, Leipzig 1937

1408 RÜDIN, Ernst: Psychiatrische Rassenhygiene, München 1939

1409 THIESBÜRGER, Paul: Die kriminalbiologischen Methoden, ihre Entwicklung und ihre Kritik, Dortmund 1935, Diss. iur. Köln 1935 (U 35.8267)

4.7.2.3 Erbbiologie

1410 DUBITSCHER, Fred: Asoziale Sippen. Erb- und sozialbiologische Untersuchungen, Leipzig 1942

1411 ERNST, Konrad: Über Gewalttätigkeitsverbrecher und ihre Nachkommen, Berlin 1938

1412 KAPP: Über Kriminalität, Geisteskrankheit und Vererbung, BlGk 69 (1938/39), S. 9-20

1413 KLOSE, Alfred: Erbcharakterkundliche Untersuchungen an kriminellen Sippen, Brandenburg 1940

1414 KNORR, Wolfgang: Vergleichende erbbiologische Untersuchungen an drei asozialen Grossfamilien, Berlin 1939

1415 PANSE, Friedrich: Das Erb- und Erscheinungsbild der Psychopathen, Bonn 1941

1416 SCHAUMANN, Otto: Die Notwendigkeit der Ausschaltung verbrecherischen Erbgutes aus dem Volksleben, BlGk 69 (1938/39), S. 359-363

4.7.2.4 Charakterologie

1417 ALLERS, Rud.: Heilerziehung bei Abwegigkeit des Charakters, Köln 1937

1418 KRETSCHMER, Ernst: Körperbau und Charakter, Berlin 1940

1419 SCHNEICKERT, Hans: Leitfaden der kriminalistischen Charakterkunde, Jena 1941

1420 WAGNER, Ljubomir S.: Der gefährliche Verbrecher im deutschen, jugoslawischen und italienischen Strafrecht, Bleicherode 1939, Diss. iur. München 1939 (U 39.7198)

1421 WEINDLER, Karl: Die Gliederung der Kriminellen nach kriminologischen Typen, o.O. 1943, Diss. iur. Graz 1943 (n.f.d.A.) (U 43.6099)

4.7.2.5 Alkoholismus

1422 FINKE, Alfred: Alkoholismus und Strafrecht, o.O. 1939, Diss. iur. Halle 1940 (n.f.d.A.) (U 43.2632)

1423 STARK, Georg: Kriminalität und Alkohol, Berlin 1934, Diss. iur. Köln 1934 (U 34.4425)

4.7.3 Einzelne Täter

4.7.3.1 Jugendliche

1424 BEHM, Karl-Heinz: Die Kriminalität der Jugend im Spiegel der Krimininalstatistik (1914-1939), o.O. 1943, Diss. iur. Heidelberg 1943 (n.f.d.A.) (U 43.3032)

1425 FLEMMING, Helmut: Die Jugendkriminalität in Hamburg im Jahre 1941, unter besonderer Berücksichtigung der Verordnung zur Ergänzung des Jugendstrafrechts vom 4. Oktober 1940, Hamburg 1943, Diss. iur. Hamburg 1943 (n.f.d.A.) (U 43.2736)

1426 FREY, Otto: Der jugendliche Schwerverbrecher, o.O. 1943, Diss. iur. Prag 1943 (n.f.d.A.) (U 43.6290)

1427 GRAICHEN, Herbert: Die Kriminalität der Jugendlichen im Bezirk des Amtsgerichts Pößneck (1923-1935), Borna-Leipzig 1937, Diss. iur. Jena 1937 (n.f.d.A.), Untersuchungen zur Kriminalität in Thüringen, Heft 7 (U 37.5478)

1428 HOTES, Liselotte: Der jugendliche Schwerverbrecher im deutschen Strafrecht, o.O. 1944, Diss. iur. Erlangen 1944 (n.f.d.A.) (U 44.2132)

1429 KLEIN, Fritz: Die Kriminalität der Stiefkinder, o.O. 1944, Diss. iur. München 1944 (n.f.d.A.) (U 44.6525)

1430 KÜNEMUND , Armin: Die Kriminalität der Jugendlichen in den Jahren 1936 und 1937. Dargestellt auf Grund der statistischen Umfrage der Deutschen Vereinigung für Jugendgerichte und Jugendgerichtshilfen, Berlin 1939, Diss. iur. Hamburg 1939 (n.f.d.A.) (U 39.4019)

1431 KUTTNER, Ludwig: Die Kinder der Sicherungsverwahrten. Eine kriminalbiologische Untersuchung, Bottrop 1938, Diss. iur. München 1938, Kriminalistische Abhandlungen, Heft 31 (U 38.7116)

1432 MEISTER, Hans-Georg: Ein Beitrag zum Problem der Jugendverwahrlosung im gegenwärtigen Kriege, o.O. 1942, Diss. iur. Hamburg 1942 (n.f.d.A.) (U 43.2753)

1433 SCHULZ, Fritz: Der jugendliche Schwerverbrecher, o.O. 1943, Diss. iur. München 1943 (n.f.d.A.) (U 43.4529)

1434 TOPP, Rena-Maria: Die Kriminalität der weiblichen Jugend in Hamburg im Jahre 1937, Hamburg 1941, Diss. iur. Hamburg 1941 (U 41.2613)

1435 UETZMANN, Ursula: Jugendliche Schwerverbrecher. Eine Untersuchung im Anschluß an die Verordnung zum Schutze gegen jugendliche Schwerverbrecher vom 4. Oktober 1939, Hamburg 1940, Diss. iur. Hamburg 1941 (n.f.d.A.) (U 42.3056)

1436 WEBER, Friedrich: Schundliteratur und jugendliche Verbrecher, o.O. 1942, Diss. iur. München 1942 (n.f.d.A.) (U 42.5124)

4.7.3.2 Frauen

1437 OEFVERBERG, Inge: Ursachen der Frauenkriminalität in Ludwigshafen am Rhein. Ein Beitrag zur Erforschung der Kriminalitäts-Ursachen, o.O. 1944, Diss. iur. Heidelberg 1944 (n.f.d.A.) (U 44.4615)

1438 ROGGENSACK, Walther: Die Kriminalität der Frau; insbesondere die Kuppelei, o.O. 1935, Diss. iur. Bonn 1936 (U 36.1148)

4.7.3.3 Weitere Einzelfälle

1439 GRÜNEWALD, Max: Der Geistes- und Gemütszustand bei moralisch Minderwertigen, DjR 11 (1935), S. 197-201

1440 MEIBOM, Hanspeter von: Die verbrecherische Gemeinschaft, Halle 1937, Diss. iur. Halle 1937 (U 37.4251)

1441 MERGEN, Arm(and): Kriminalität der Geisteskranken. Untersuchung an 200 Fällen der Universitäts-Klinik Innsbruck, Luxemburg 1942, Diss. iur. Innsbruck 1942 (U 42.3821)

1442 SCHMIERER, Kurt: Das Massenverbrechen, Tübingen 1933, Diss. iur. Tübingen 1933 (U 33.7684)

1443 WERNER, Fritz: Der haltlose Verbrecher, o.O. 1944, Diss. iur. München 1945 (n.f.d.A.) (U 44.6538)

4.7.4 Begehung

4.7.4.1 Einzelne Delikte

1444 BRAUNTMEIER, Friedrich: Die Erpressung in kriminalsoziologischer Betrachtung mit besonderer Berücksichtigung des Landgerichtsbezirks Bielefeld von 1925-1936, Breslau 1938, Diss. iur. Münster 1938, Strafrechtliche Abhandlungen, Heft 388 (U 38.8048)

1445 DIETEL, Erwin: Die Urkundenfälschung in kriminalsoziologischer Betrachtung, Breslau 1937, Diss. iur. Münster 1937 (n.f.d.A.), Strafrechtliche Abhandlungen, Heft 382 (U 37.8590)

1446 FRÖLEKE, Wilhelm: Die Hehlerei in kriminalsoziologischer Betrachtung mit besonderer Berücksichtigung des Landgerichtsbezirks Dortmund, Breslau 1939, Diss. iur. Münster 1939, Strafrechtliche Abhandlungen, Heft 402 (U 39.8050)

1447 HEIMANN, Bernhard: Der Betrug der Vorbestraften. Eine kriminalsoziologische Untersuchung, insbesondere über den Landgerichtsbezirk Münster, o.O. 1942, Diss. iur. Münster 1942 (n.f.d.A.) (U 42.5756)

1448 HEIMANN, Robert: Der Raub in kriminalsoziologischer Betrachtung unter besonderer Berücksichtigung des Landgerichtsbezirks Münster, Breslau 1938, Diss. iur. Münster 1939, Strafrechtliche Abhandlungen, Heft 393 (U 39.8052)

1449 HÖLZ, Horst: Kriminologie der Brandstiftung, Bonn 1940, Diss. iur. Bonn 1940 (U 40.1098)

1450 JERRENTRUP, Hermann-Heinrich: Die Brandstiftung in kriminalsoziologischer Betrachtung unter besonderer Berücksichtigung des Landgerichtsbezirks Paderborn, Lengerich 1937, Diss. iur. Münster 1937 (U 37.8600)

1451 KÄMPCHEN, Fritz: Latente und offene Kriminalität beim Betrug. Eine kriminalsoziologische Untersuchung mit besonderer Berücksichtigung des Landgerichtsbezirks Essen, Bochum 1938, Diss. iur. Münster 1938 (U 38.8061)

1452 KREMPLER, Herbert: Die Sittlichkeitsdelikte im Bezirk des Landgerichts Eisenach in den Jahren 1905 bis 1936, Jena 1939, Diss. iur. Jena 1939, Untersuchungen zur Kriminalität in Deutschland, Heft 5 (U 39.5267)

1453 LAND, Erhard: Die Hehlerei in kriminalsoziologischer Betrachtung, Königsberg 1935, Diss. iur. Königsberg 1935 (U 36.6401)

1454 LESS, Erwin: Die Unterschlagung in kriminalsoziologischer Betrachtung, Breslau 1936, Diss. iur. Münster 1936 (n.f.d.A.), Strafrechtliche Abhandlungen, Heft 365 (U 36.8500)

1455 MÜLLER, Wolfgang: Das Glücksspiel in kriminalsoziologischer Betrachtung mit besonderer Berücksichtigung des Amtsgerichtsbezirks Wiesbaden, Breslau 1938, Diss. iur. Münster 1938, Strafrechtliche Abhandlungen, Heft 389 (U 38.8070)

1456 MUSER, Hans: Homosexualität und Jugendfürsorge. Eine sosziologische und fürsorgerische Untersuchung, Paderborn 1933, Diss. iur. Hamburg 1933 (n.f.d.A.), Studien zur Soziologie und Fürsorge, Heft 1 (U 34.1142)

1457 NAUMANN, Otto: Studien zur Kriminologie der Kinderschändung (§ 176 Z 3, § 182 StGB) in Hamburg in den Jahren 1934-1938, o.O. 1942, Diss. iur. Hamburg 1942 (n.f.d.A.) (U 42.3042)

1458 RAUMER, Konrad: Räuber und Raubsituationen, Bottrop 1937, Diss. iur. München 1937 (n.f.d.A.), Kriminalistische Abhandlungen, Heft 28 (U 37.7742)

1459 RAUSCHER, J.: Zum Kriminal-Problem der Homosexualität, BlGk 70 (1939/40), S. 243-257

1460 RICHTER, Walter: Zur Psychologie der Brandstiftung, Weida 1938, Diss. iur. Leipzig 1938 (U 38.6354)

1461 RISTOW, Erich: Die Kriminalität der Roheitsdelikte. Eine kriminalsoziologische Untersuchung, Breslau 1933, Diss. iur. Königsberg 1933 (n.f.d.A.), Strafrechtliche Abhandlungen, Heft 314 (U 33.3850)

1462 SICKING, Kurt: Der Betrug. Eine kriminalsoziologische Untersuchung mit besonderer Berücksichtigung typischer Fälle im Landgerichtsbezirk Bonn, Breslau 1940, Diss. iur. Münster 1941, Strafrechtliche Abhandlungen, Heft 415 (U 41.5105)

1463 STEINLAGE, Hugo: Die Hehlerei im Landgerichtsbezirk Hagen (Westf.). Kriminalsoziologisch untersucht, Breslau 1940, Diss. iur. Münster 1940, Strafrechtliche Abhandlungen, Heft 406 (U 40.6216)

1464 STRUCK, Hans: Kriminalsoziologie der Unterschlagung mit besonderer Berücksichtigung des Landgerichtsbezirks Münter, Emsdetten 1937, Diss. iur. Münster 1937, Universitas-Archiv, Rechtswissenschaftliche Abteilung, Bd. 17 (U 37.8620)

1465 THIESSEN, Walter: Die Hehlerei in kriminalsoziologischer Betrachtung unter besonderer Berücksichtigung des Landgerichtsbezirks Münster, Emsdetten 1940, Diss. iur. Münster 1940 (U 40.6218)

1466 UPHOFF, Bernhard: Die Kriminalität des einfachen Diebstahls. Eine kriminalsoziologische Untersuchung unter besonderer Berücksichtigung des Amtsgerichtsbezirks Soest, o.O. 1941, Diss. iur. Münster 1942 (n.f.d.A.) (U 42.5767)

1466a WOLTERS, Gottfried: Die Körperverletzungskriminalität in Nord-West-Münsterland in kriminalsoziologischer Betrachtung, o.O. 1942, Diss. iur. Münster 1942 (n.f.d.A.) (U 42.5769)

4.7.4.2 Kriminalgeographie

1467 BURCHARDT, Hans Hermann: Kriminalität in Stadt und Land, Berlin u. Leipzig 1936, Diss. iur. Köln 1936 (n.f.d.A.), Abhandlungen des Kriminalistischen Instituts an der Universität Berlin, Folge 4, Bd. 4, Heft 1 (U 36.5973)

4.7.4.3 Rückfall

1468 BUKOW, Heinz: Das wiederholte Verbrechen, unter besonderer Berücksichtigung fortgesetzten und gewohnheitsmäßigen Handelns, Heft 1-5, Inhaltsübersicht, Quellen und Literatur, Abkürzungen, o.O. 1944, Diss. iur. Berlin 1944 (n.f.d.A.) (U 44.30)

1469 GEHLER, Paul Johannes: Die Kriminalität der Vorbestraften. (Eine kriminalistische Untersuchung), Bleicherode 1937, Diss. iur. Leipzig 1937 (U 37.6776)

1470 HEROLD, Hans Heinz: Die Kriminalität der Vorbestraften, Bottrop 1938, Diss. iur. München 1938, Kriminalistische Abhandlungen, Heft 34 (U 38.7114)

1471 KÖCK, Helmut: Die spätere Straffälligkeit schwer bestrafter Jugendlicher, o.O. 1944, Diss. iur. München 1944 (n.f.d.A.) (U 44.6526)

1472 KOHNLE, Edgar Friedrich: Die Kriminalität entlassener Fürsorgezöglinge und die Möglichkeit einer Erfolgsprognose, Bottrop 1938, Diss. iur. München 1938, Kriminalistische Abhandlungen, Heft 33 (U 38.7115)

1473 MAIER, Willibald: Die Arten des Rückfalls in strafrechtlicher und kriminologischer Beziehung, o.O. 1944, Diss. iur. München 1944 (n.f.d.A.) (U 44.6528)

1474 RICHTER, Ernst: Die Entwicklung der Kriminalität der Vorbestraften. Eine kriminalistische Untersuchung über die Jahre 1914-1933. Mit einem Nachtrag für das Jahr 1934 nebst Hauptergebnissen für das Jahr 1936, Breslau 1938, Diss. iur. Hamburg 1938 (n.f.d.A.), Strafrechtliche Abhandlungen, Heft 390 (U 39.4048)

1475 SCHIEDT, Robert: Ein Beitrag zum Problem der Rückfallsprognose, München 1936, Diss. iur. München 1936 (U 36.7630)

1476 SILBEREISEN, Sigmund: Die spätere Straffälligkeit jugendlicher Rechtsbrecher. Eine Nachuntersuchung über die im Jahre 1928 in München verurteilten Jugendlichen, Bottrop 1940, Diss. iur. München 1940, Kriminalistische Abhandlungen, Heft 45 (U 40.5465)

4.7.5 Kriminalistik

1477 STROUX, F.F.: Kriminalistik im Strafprozeß, DtR 1934, S. 283-286

4.8 Besonderer Teil

4.8.1 Allgemeines, Treuegedanke

1478 BARTH, Heinrich: Völkische Treuepflicht und nationalsozialistisches Strafrecht, DtR 1935, S. 523-527

1479 CROHNE: Zum Begriff "Öffentlich" im Strafrecht, DJ 1943, S. 161-162

1480 FREISLER, Roland: Gedanken zur Technik des werdenden Strafrechts und seiner Tatbestände, ZStW 55 (1936), S. 503-532

1481 FREISLER, Roland: Der Treuegedanke im neuen Strafrecht, DStR 1936, S. 193-209

1482 HERRMANN, Helmut: Zum Begriff der Gefahr, insbesondere der Gemeingefahr im deutschen Strafrecht, Düsseldorf 1939, Diss. iur. Tübingen 1939 (U 39.8855)

1483 KLEE, Karl: "Öffentliche" Begehung von Straftaten, DJ 1943, S. 380-381

1484 LIMMER, Hans-Joachim: Der politische Beweggrund als Tatbestandsmerkmal, Dresden 1938, Diss. iur. Leipzig 1938 (U 38.6330)

1485 MEISTER, H.-G.: Zur Inhaltsbestimmung des Begriffs "Öffentlich" im Strafrecht, DJ 1943, S. 381-382

1486 MITTASCH, Helmut: Die Auswirkungen des wertbeziehenden Denkens in der Strafrechtssystematik, Berlin 1939, Diss. iur. Berlin 1939, Abhandlungen des kriminalistischen Instituts an der Universität Berlin, Folge 4, Bd. 4, Heft 3 (U 39.103)

1487 NEBINGER: Gemeinschaftsnormenlehre und Strafjustiz, RVwBl 1942, S. 101-105

1488 PECK, Joachim-Hans: Der Begriff "oeffentlich" im geltenden Strafrecht, o.O. 1943, Diss. iur. Berlin 1943 (n.f.d.A.) (U 43.91)

1489 REINECKE, Günter Dietmar: Der Treuegedanke im kommenden deutschen Strafrecht, Würzburg 1937, Diss. iur. Köln 1937 (U 37.6168)

1490 SCHINNERER, Erich: Der Treuegedanke im nationalsozialistischen Strafrecht, DJ 1936, S. 178-182

1491 SCHMID, Theodor: Das Problem des strafrechtlichen Treubruchs, Coburg 1936, Diss. iur. Erlangen 1936 (U 36.2474)

1492 SEYFFERT, Ilse: Der Begriff der Gemeingefährlichkeit und die gemeingefährlichen Delikte, ihre rechtsgeschichtliche Entwicklung und Stellung im kommenden deutschen Strafrecht, o.O. 1942, Diss. iur. Köln 1942 (n.f.d.A.) (U 42.4193)

1493 SIEGERT, Karl: Der Treuegedanke im Strafrecht, DtR 1934, S. 528-531

4.8.2 Leben, Gesundheit

4.8.2.1 Tötung

1494 DEUTSCH, Karl-Heinz: Kritik der Strafbestimmungen über Mord und Totschlag in der Neufassung durch das Änderungsgesetz vom 4. September 1941, Marburg 1944, Diss. iur. Marburg 1944 (n.f.d.A.) (U 44.6224)

1495 GUMMERSBACH, Heinz: Die Grenzziehung zwischen Mord und Totschlag in der deutschen Rechtsentwicklung und -erneuerung, DjR 14 (1938), S. 28-34

1496 HASTREITER, Josef: Die Merkmale der verschärften Tötungsdelikte. Eine kritische Betrachtung des geltenden deutschen Strafrechts unter vergleichender Heranziehung ausländischen Strafrechts, Würzburg 1936, Diss. iur. Erlangen 1936 (U 36.2349)

1497 HEILIGER, Wilhelm K(arl): Die Abgrenzung von Mord und Totschlag durch das Merkmal der Ueberlegung. Eine kritische Betrachtung des geltenden deutschen Strafrechts unter Berücksichtigung der Entwürfe und unter vergleichender Heranziehung des ausländischen Strafrechts, Münster 1933, Diss. iur. Erlangen 1933 (U 33.2655)

1498 HERX, Liselotte: Der Giftmord, insbesondere der Giftmord durch Frauen. (Eine Untersuchung auf soziologisch-biologisch-psychologischer Grundlage), Emsdetten 1937, Diss. iur. Köln 1937, Universitas-Archiv, Rechtswissenschaftliche Abteilung, Bd. 16 (U 37.6097)

1499 KRAUSSER, Helmut: Zur Unterscheidung von Mord und Totschlag in der Geschichte des deutschen Strafrechts, Jena 1944, Diss. iur. Jena 1944 (n.f.d.A.) (U 44.5368)

1500 KUNERT, Wolfgang: Die strafrechtliche Beurteilung des Arztes als "Träger höherer Verantwortung", DtR 1939 II, S. 2098-2100 und DtR 1940 B, S. 16-17

1501 LAMPARTNER, Jutta: Mord und Totschlag, Göttingen 1943, Diss. iur. Göttingen 1943 (n.f.d.A.) (U 43.2359)

1502 LODUCHOWSKI, Hans-Willi: Die Tötungsdelikte (Mord, Totschlag und Kindestötung) im Landgerichtsbezirk Koblenz in den Jahren 1910-1939, Koblenz 1941, Diss. iur. Bonn 1941, Untersuchungen zur Kriminalität in Deutschland, Heft 11 (U 41.985)

1503 SANDERMANN, Edmund: Definition von Mord und Totschlag nach dem neuen Recht, o.O. 1943, Diss.med. Düsseldorf 1943 (n.f.d.A.) (U 44.9068)

1504 SCHMAUSER: Zur besonderen Aufmerksamkeitspflicht nach §§ 222 II, 230 II RStGB, ZWehrR 1 (1936/37), S. 218-220

4.8.2.2 Selbsttötung

1505 EICHHORN, Gerhard: Anstiftung und Beihilfe zum Selbstmord. Eine strafrechtliche Studie, Würzburg 1935, Diss. iur. Würzburg 1936 (U 36.9586)

1506 HAMER, Anton M.: Die Verleitung und Unterstützung zum Selbstmorde nach dem geltenden und kommenden Strafrecht, Emsdetten 1936, Diss. iur. Göttingen 1936 (U 36.3579)

1507 HAMMELMANN, Hanns A.: Der Selbstmord als Verbrechen, Würzburg 1935, Diss. iur. Erlangen 1935 (U 35.6860)

1508 LESEBERG, Gerhard: Der Selbstmord und seine Verhinderung, Diss. iur. Hamburg 1937

1509 MEHRMANN, Johann: Anstiftung zum Selbstmord und Vernichtung lebensunwerten Lebens, Berlin 1933, Diss. iur. Heidelberg 1933 (U 33.3427)

1510 THIEL, Walter: Das Recht der Selbsttötung, Coburg 1935, Diss. iur. Erlangen 1935 (U 35.798)

1511 WEIMAR: Sind Selbstmordversuch und Teilnahme hieran strafbar?, DJZ 1936, Sp. 174

1512 WOELCK, Joachim: Freitod und Selbstverletzung. Eine strafrechtliche Untersuchung, Erlangen 1933, Diss. iur. Erlangen 1933 (U 33.5567)

4.8.2.3 Euthanasie, Tötung auf Verlangen

1513 BÖTEL, Erich: Die Rechtmäßigkeit der Euthanasie. Ihr Umfang und ihre Grenzen, Braunschweig 1934, Diss. iur. Erlangen 1934 (U 34.6033)

1514 GEMEINDER, Artur: Die Euthanasie, Urach 1938, Diss. iur. Tübingen 1939 (U 39.8852)

1515 HILSCHENZ, Eva: Die Sterbehilfe, Cottbus 1936, Diss. iur. Marburg 1937 (U 37.7452)

1516 LESS, Erwin: Die Sterbehilfe im neuen Strafrecht, MonKrim 25 (1934), S. 522-526

1517 MATTHISS, Alfred: Gibt es ein Recht auf den Tod und damit ein Recht auf Abkürzung angeblich lebensunwerten Lebens?, Würzburg 1938, Diss. iur. Heidelberg 1938 (U 38.4621)

1518 NEUKAMP, Franz: Zum Problem der Euthanasie, GS 109 (1937), S. 403-409

1519 RAATZ, Johannes Wilhelm Hermann: Die Tötung auf Verlangen nach deutschem Strafrecht und nach neueren außerdeutschen Gesetzgebungen, Erlangen 1933, Diss. iur. Erlangen 1933 (U 33.2697)

4.8.2.4 Schwangerschaftsabbruch

1520 DAHM: Die Schwangerschaftsunterbrechung aufgrund eugenischer Indikation, DStR 1934, S. 209-217

1521 ERLANGER, Lothar Heinz: Die Abtreibung im geltenden Recht und in der Strafrechts-Reform § 218 RStrGB, Coburg 1933, Diss. iur. Erlangen 1933 (U 33.5483)

1522 NEUENDORFF, Willy: Die Schwangerschaftsunterbrechung im kommenden Recht unter besonderer Berücksichtigung der medizinischen, sozialen, eugenischen und ethischen Indikation, Berlin 1934, Diss. iur. Erlangen 1934 (U 34.6127)

1523 NEUKAMP: Verkoppelung der eugenischen Unfruchtbarmachung mit der eugenischen Schwangerschaftsunterbrechung, MonKrim 25 (1934), S. 29-32

1524 SCHAFFSTEIN, Friedrich: Die Schwangerschaftsunterbrechung bei eugenischer Indikation als Fall des übergesetzlichen Notstandes, JW 1934 II, S. 1883-1885

1525 SEITZ, L.: Eugenische Sterilisation und Schwangerschaftsunterbrechung, ZStW 53 (1934), S. 177-196

1526 TAPPE, Herbert: Die Schwangerschaftsunterbrechung aus eugenischer und ethischer Indikation im geltenden und künftigen Recht, Emsdetten 1935, Diss. iur. Göttingen 1936 (U 36.3647)

1527 ZIER, Hans: Die strafbaren Vorbereitungshandlungen der Abtreibung nach §§ 219, 220 R.St.G.B., Nürnberg 1935, Diss. iur. Erlangen 1935 (U 35.6934)

4.8.2.5 Körperverletzung

1528 GOTTMANN, Elisabeth: Die Einwilligung in die Körperverletzung nach § 226a RStGB in Verbindung mit dem Gesetz zur Verhütung erbkranken Nachwuchses vom 14.7.1933, Coburg 1934, Diss. iur. Erlangen 1934 (U 34.6058)

1529 HANSEN, Erhard: Der Raufhandel im geltenden Reichsstrafrecht (§ 227 St.G.B.) und in den neueren Strafgesetzentwürfen, Kiel 1934, Diss. iur. Tübingen 1934 (U 34.8321)

1530 HEILBRUNN, Adelheid: Der Schutz vor Gefährdung von Leib und Leben der Einzelpersonen im geltenden Strafgesetzbuch und in den Strafgesetzentwürfen, Würzburg 1933, Diss. iur. Köln 1933 (U 33.6857)

1531 JAEGER, Walter: Die schwere Körperverletzung im geltenden Recht und in den Reformbestrebungen, Forchheim 1935, Diss. iur. Würzburg 1935 (U 35.9254)

1532 SCHWESINGER, Egon: Der strafrechtliche Schutz besonders schutzbedürftiger Personen nach § 223b R.St.G.B., Coburg 1934, Diss. iur. Erlangen 1934 (U 34.3489)

1533 SPICKERNAGEL, Paul: Die schwere Körperverletzung als gesetzgeberisches Problem, Düsseldorf 1936, Diss. iur. Erlangen 1936 (U 36.2498)

4.8.2.6 Zweikampf

1534 FRITSCHE, Jobst: Die Geschichte des Zweikampfes und seine Beurteilung im Wandel der Zeiten, Würzburg 1937, Diss. iur. Leipzig 1937 (U 37.6774)

1535 MEINARDUS, Friedrich: Der Zweikampf in der geltenden europäischen Strafgesetzgebung mit besonderer Berücksichtigung der vorliegenden Entwürfe, Düren 1931, Diss. iur. Erlangen 1933 (U 33.5517)

1536 STADJE, Walter: Der Zweikampf und seine Strafe, o.O. 1943, Diss. iur. Breslau 1943 (n.f.d.A.) (U 43.1335)

1537 VOGEL, Hans: Die strafrechtliche Behandlung des Zweikampfes nach geltendem Recht, den Entwürfen und der Denkschrift des preußischen Justizministers, Würzburg 1934, Diss. iur. Würzburg 1934 (U 34.5385)

4.8.3 Freiheit

1538 BASTIAN, Klaus: Die Freiheitsberaubung in der germanisch-deutschen Rechtsentwicklung und im geltenden Recht, Würzburg 1936, Diss. iur. Erlangen 1936 (U 36.2287)

1539 HOYER, Horst: Menschenraub. Seine kriminalistischen Erscheinungsformen sowie die für ihn vorgesehenen gesetzlichen Strafbestimmungen, Dresden 1938, Diss. iur. Leipzig 1938 (U 38.6312)

4.8.4 Sittlichkeit

1540 EBER, Alfred: Die Blutschande. Eine kriminologische Untersuchung, unter besonderer Berücksichtigung der Tatsituation, Bottrop 1937, Diss. iur. München 1937 (n.f.d.A.), Kriminalistische Abhandlungen, Heft 30 (U 37.7731)

1541 ERDLE, Th(eodor) Wilhelm: Angriffe auf die Sittlichkeit Jugendlicher und Angriffe Jugendlicher auf die Sittlichkeit. Gedanken zum Problem der Homosexualität im kommenden Strafrecht, Köln 1939, Diss. iur. Köln 1939 (U 39.5884)

1542 ESSER, Karl-Egon: Die Prostitution unter besonderer Berücksichtigung der neuesten Gesetzgebung, Zeulenroda 1934, Diss. iur. Erlangen 1935 (U 35.721)

1543 GÖPEL, Rudolf: Der Begriff der unzüchtigen Handlung und die Judikatur des Reichsgerichts, Dresden 1936, Diss. iur. Jena 1936 (U 36.5315)

1544 HERRMANN, Karl: Der gefährliche Sittlichkeitsverbrecher, unter besonderer Berücksichtigung der Rechtsprechung des Reichsgerichts, Erlangen 1936, Diss. iur. Erlangen 1936 (U 36.2357)

1545 KAISER, Helmut: Das Wesen der Zuhälterei und ihre kriminalpolitische Beurteilung, Emsdetten 1937, Diss. iur. Köln 1937 (U 37.6109)

1546 KLARE, Rudolf: Homosexualität und Strafrecht, o.O. 1937, Diss. iur. Halle 1937 (n.f.d.A.) (U 37.4238)

1547 KOCH, Rudolf: Über Sittlichkeitsverbrecher, Bottrop 1940, Habil. med. Münster 1940 (n.f.d.A.), Kriminalistische Abhandlungen, Heft 46 (U 41.5111)

1548 KRAUS, Kurt: Vergleichende Darstellung der Strafbestimmungen des § 184 Ziff. 1 und 2 des Reichsstrafgesetzbuches mit den entsprechenden Bestimmungen der Strafgesetzbücher anderer Länder, Düsseldorf 1935, Diss. iur. Erlangen 1935 (U 36.2388)

1549 KRETSCHMER, Franz: Der strafrechtliche Schutz von Kindern und Jugendlichen nach den Entwürfen zu einem allgemeinen deutschen Strafgesetzbuch, Andernach 1936, Diss. iur. Erlangen 1936 (U 36.2390)

1550 KUNERT, Wolfgang: Bescholten oder unbescholten? Zur Frage des Geschlechtsverkehrs zwischen Verlobten, DtR 1939 II, S. 2070-2071

1551 LAAN, Berndt van der: Das Zuhältertum in Mannheim. Ein Beitrag zur kriminalpolitischen Betrachtung des Zuhältertums, Heidelberg 1933, Diss. iur. Heidelberg 1933 (U 33.6381)

1552 PÖRSCHMANN, Erhard: Der minderjährige Sexualverbrecher und seine Stellung im Strafrecht, Dresden 1936, Diss. iur. Leipzig 1937 (U 37.6828)

1553 RATTENHUBER, Franz: Der gefährliche Sittlichkeitsverbrecher, Bottrop 1939, Diss. iur. München 1939, Kriminalistische Abhandlungen, Heft 39 (U 39.7186)

1554 RILKE, Alice: Die Homosexualität der Frau und die Frauenbewegung, DtR 1939, S. 65-68

1555 SCHNEIDER: Eine grundlegende Entscheidung des Reichsgerichts zum Begriff der Öffentlichkeit i.S. des § 183 StGB, DtR 1939 B, S. 212-213

1556 SCHOTTENHAMEL, Max: Unzucht bei Mißbrauch eines sittlichrechtlichen Autoritätsverhältnisses, Coburg 1937, Diss. iur. Erlangen 1936 (U 37.2571)

1557 WEISS, Johann: Die Verführung nach § 182 des geltenden RStGB. und nach den Entwürfen zu einem Deutschen Reichsstrafgesetzbuch, Amberg 1936, Diss. iur. Erlangen 1936 (U 36.2526)

4.8.5 Ehe, Personenstand

1558 BEPLER, Hans J.R.: Personenstandsunterdrückung durch die ledige Mutter, DtR 1939 II, S. 1487-1492

1559 BÖING, Heinz: Die Ehedelikte und ihre Reform, Köln 1934, Diss. iur. Köln 1934 (U 34.4375)

1560 BUSCH, Hanns: Der Personenstand und sein strafrechtlicher Schutz, Köln 1937, Diss. iur. Köln 1937 (U 37.6061)

1561 FREYSOLDT, Günter: Ehebruch und Ehetreubruch im geltenden und neuen Strafrecht, Bleicherode 1937, Diss. iur. Göttingen 1937 (U 37.3686)

1562 GROSCH/HAHN, Oscar/ROZYCKI, von HOEWEL, von/SCHULTZE-PETZOLD: Strafrechtlicher Schutz des Unterhaltsanspruchs, DtR 1939, S. 300-302

1563 HORN, Anton: Das Verbrechen der Bigamie nach § 171 RStrGB. unter Berücksichtigung der Strafrechtsreform, Würzburg 1936, Diss. iur. Würzburg 1936 (U 36.9595)

1564 KRETZSCHMAR, Johannes: Die Strafbarkeit des Ehebruchs im deutschen Recht, Leipzig 1935, Diss. iur. Leipzig 1935 (U 35.2312)

1565 MICHELS, Hermann: Der strafrechtliche Schutz der Unterhaltspflicht, Düsseldorf 1938, Diss. iur. Halle 1938 (U 38.3985)

1566 PETERS, Hans: Der strafrechtliche Schutz der Ehe, Coburg 1935, Diss. iur. Erlangen 1935 (U 35.6896)

1567 POSSEHL, Willi: Der strafrechtliche Schutz der Ehe, Düren 1935, Diss. iur. Köln 1935 (U 35.8249)

1568 WOEHL, Paul-Erhard: Der sittliche Schutz der Ehe im Strafrecht, Forchheim 1936, Diss. iur. Erlangen 1935 (U 36.2535)

4.8.6 Rasse

1569 BECKER, Heinz: Die Rassenschande (§ 2 des Gesetzes zum Schutze des deutschen Blutes und der deutschen Ehre), Düsseldorf 1937, Diss. iur. Gießen 1937 (U 37.3458)

1570 BUBEL, Ernst: Das Irrtumsproblem im Blutschutzgesetz, Neustadt 1939, Diss. iur. Heidelberg 1939 (U 39.4804)

1571 CZICZOR, Kurt: Rassenschande: Gedanken zum Blutschutzgesetz, JuR 12 (1938), S. 281-286

1572 FRANTZ: Die weitere Entwicklung der Rechtsprechung in Abstammungsschwierigkeiten, DtR 1942 B, S. 189-190

1573 FREISLER, Roland: Ein Jahr Blutschutzrechtsprechung in Deutschland, DStR 1936, S. 385-397

1574 FREISLER, Roland: Schutz von Rasse und Erbgut im werdenden deutschen Strafrecht, ZAkDtR 1936, S. 142-146

1575 GLEISPACH, Wenzel Graf: Zur Strafbarkeit wegen Rasseverrats, DtR 1936, S. 258-260

1576 HARTMANN, Fritz: Gesetz zur Reinerhaltung des deutschen Blutes, DtR 1935, S. 99-100

1577 KLEE, Karl: Rassenschande und Rechtsirrtum, DStR 1937, S. 14-18

1578 KOHLRAUSCH, Eduard: Rasseverrat im Ausland. Bemerkungen zu dem Beschluß des Großen Senats für Strafsachen, ZAkDtR 1938, S. 335-338

1579 KOHLRAUSCH, Eduard: Die Strafbarkeit der Umgehung des Blutschutzgesetzes, ZAkDtR 1941, S. 185-188

1580 KROSS, Heinz: Die strafrechtlichen Bestimmungen des Blutschutzgesetzes, Rostock 1938, Diss. iur. Rostock 1939 (U 39.8499)

1581 KUHN: Das Blutschutzgesetz in der strafrechtlichen Praxis, DJ 1936 II, S. 1005-1008

1582 LANGNER, Norbert: Rassenschande und Rassenverrat in der Rechtsprechung der deutschen Gerichte, o.O. 1942, Diss. iur. Breslau 1942 (n.f.d.A.) (U 42.1121)

1583 LEPPIN, Rudolf: Der Schutz des deutschen Blutes und der deutschen Ehre. Überblick über die Rechtsprechung und Schrifttum, JW 1937 III, S. 3076-3082

1584 LÖSENER, Bernhard/KNOST, Frdr. August: Die Nürnberger Gesetze, Berlin 1936

1585 OLCZEWSKI, Helmuth: Blutsuntreue, DtR 1940 B, S. 276-277

1586 RUMBERG, Egon: Die Rassenschande, Düsseldorf 1937, Diss. iur. Köln 1937 (U 37.6177)

1587 SANBROCK: 5 Jahre reichsgerichtliche Rechtsprechung zum Blutschutzgesetz, DtR 1940 B, S. 261-265

1588 SCHWARZ: Die Rassenschande in der strafrechtlichen Praxis, DJZ 1936, Sp. 721-728

1589 SCHWARZ: Das Verbrechen der Rassenschande, ZAkDtR 1937, S. 459-461

1590 VERSPOHL, Hermann: Deutschblütige Angestellte im jüdischen Haushalt im Lichte des Strafrechts, Bochum 1938, Diss. iur. Göttingen 1938 (U 38.3493)

1591 WITTKEN, Jungnik Freiherr von: Die nationalsozialistischen Blutschutzgesetze im Spiegel des urarischen Strafrechts, Berlin 1938

4.8.7 Ehre

4.8.7.1 Allgemeines

1592 ADT, Guido: Vom Recht der Ehre. Versuch einer Gliederung des Persönlichkeitsrechts, Erlangen 1937, Diss. iur. Tübingen 1937 (U 37.9261)

1593 BUCH, Walter: Des nationalsozialistischen Menschen Ehre und Ehrenschutz, Der Parteirichter 5 (1938), S. 21-28

1594 ERBE, Karl: Die soziale Ehre und die Verstöße gegen sie, Zeulenroda 1936, Diss. iur. Jena 1936 (U 36.5311)

1595 GERLAND, Heinrich: Einige Bemerkungen zum Ehrenschutz im geltenden und künftigen Strafrecht, in: Festschrift für Heinrich Lehmann zum 60. Geburtstag, hrsg. v. Kölner Rechtswissenschaftlichen Fakultät, Berlin 1937, S. 301-317

1596 GERLAND, Heinrich: Einige Bemerkungen zur Beleidigungslehre im geltenden und künftigen Strafrecht, GS 110 (1938), S. 9-76

1597 HEINS, Engelhard: Der historische und der soziale Gehalt der Ehre. Untersuchungen zum strafrechtlichen Ehrbegriff, Breslau 1941, Diss. iur. Göttingen 1941, Strafrechtliche Abhandlungen, Heft 427 (U 42.2635)

1598 KNUBBEN, R.: Die Ehre als Grundpfeiler im nationalsozialistischen Staate, RVwBl 1934, S. 868-872

1599 RAMM, Harry: Der Ehrbegriff als Grundlage des Ehrenschutzes im Strafrecht, Breslau 1936, Diss. iur. Gießen 1936, Strafrechtliche Abhandlungen, Heft 366 (U 36.3367)

1600 SCHMIDT, Erwin: Das Wesen der Ehre, Breslau 1940., Diss. iur. Breslau 1940 (U 40.1454)

4.8.7.2 Gemeinschaftsehre

1601 BERTELSEN, Christian: Die Ehre und die Beleidigungsfähigkeit von Personengesamtheiten, Köln 1937, Diss. iur. Köln 1937 (U 37.6053)

1602 DAHM, Georg: Der Ehrenschutz der Gemeinschaft, in: Gegenwartsfragen der Strafrechtswissenschaft, Festschrift zum 60. Geburtstag von Graf W. Gleispach, Berlin/Leipzig 1936, S. 1-49

1603 FREISLER, Roland: Gedanken zum Gemeinschaftsehrschutz, DJ 1936 II, S. 1458-1466

1604 KUHN: Passive Beleidigungsfähigkeit der Gliederungen der NSDAP, DJ 1935 II, S. 1494-1497

1605 LANSER, Fritz: Der strafrechtliche Ehrenschutz der Familie, Bonn 1941, Diss. iur. Bonn 1941 (U 41.982)

1606 LIPPOLD, Hugo: Die Beleidigungsfähigkeit von Personenverbänden, Remscheid 1937, Diss. iur. Bonn 1937 (U 37.1331)

1607 PASSAUER, Gerd: Strafrechtlicher Schutz der Volksehre, Breslau 1935, Diss. iur. Königsberg 1935 (n.f.d.A.), Strafrechtliche Abhandlungen, Heft 350 (U 35.2212)

1608 RITTER, Martin: Die Ehre des Volkes und seiner Gemeinschaftsformen im Strafrecht, ZAkDtR 1936, S. 580-590

1609 TEPPER, Wilhelm: Die Gemeinschaftsehre. Begriff und Sinndeutung der Ehre der sozial-wirtschaftlichen Gemeinschaften, Wesen des Ehrenstrafrechts und allgemeine Grundsätze der materiell-rechtlichen Gestaltung dieser Gemeinschaftsehre im geltenden Recht, Köln 1937, Diss. iur. Köln 1936 (U 37.6215)

1610 WACKERBECK, Wilhelm: Der Schutz der Volksehre im neuen Strafrecht, Düsseldorf 1937, Diss. iur. Köln 1938 (U 38.5809)

4.8.7.3 Einzelfälle

1611 DONATH: Ehrenschutz für gefallene Soldaten, DJ 1942, S. 587-588

1612 HILTERMANN, Karl Bernhard: Die sogenannte Beamtenbeleidigung, Berlin 1936, Diss. iur. Erlangen 1936 (U 36.2360)

1613 LORENZ, Hanns: Die üble Nachrede des § 186 StGB., die Beleidigung des § 185 StGB. und ihr Verhältnis zueinander, Coburg 1933, Diss. iur. Erlangen 1933 (U 33.5514)

1614 STRASSL, Gertrud: Die üble Nachrede nach geltendem Recht und nach den Entwürfen, Straubing 1936, Diss. iur. Würzburg 1936 (U 36.9618)

1615 VOLK: Zur Frage der Beschimpfung des Andenkens gefallener Kriegsteilnehmer und diesen gleichzustellender Personen, DtR 1942 B, S. 243-244

4.8.7.4 Wahrnehmung berechtigter Interessen

1616 GÜLLICH, Gustav: Die Entwicklung des Begriffs Wahrnehmung berechtigter Interessen im Sinne des § 193 RStGB. in den Entwürfen zu einem neuen deutschen Strafgesetzbuch, Forchheim 1933, Diss. iur. Erlangen 1933 (U 33.2650)

1617 KORTLÄNDER, Gottfried: Der § 193 RStGB. und die Presse, Bochum 1934, Diss. iur. Tübingen 1935 (U 35.3206)

1618 LANDAU, Eva: Die Vorschrift des § 193 StGB. in ihrer Bedeutung für den Verteidiger im Strafprozeß, Emsdetten 1934, Diss. iur. Berlin 1933 (U 35.28)

1619 MENNINGEN, Johann: Die Wahrnehmung berechtigter Interessen im Lichte des neuen Staates, Düsseldorf 1936, Diss. iur. Erlangen 1936 (U 36.2416)

4.8.7.5 Wahrheitsbeweis

1620 BORKOTT, Heinrich: Der Wahrheitsbeweis bei Beleidigungen nach dem geltenden und im kommenden Strafrecht, Würzburg 1935, Diss. iur. Erlangen 1935 (U 35.6839)

1621 HENNING, Edith: Die Zulässigkeit des Wahrheitsbeweises bei der Ehrenkränkung in historischer und rechtsvergleichender Darstellung, Breslau 1939, Diss. iur. Berlin 1939, Strafrechtliche Abhandlungen, Heft 400 (U 39.86)

1622 KÜHL, Fritz: Der Wahrheitsbeweis bei einem nach § 185 StGB. eingeleiteten Strafverfahren, Leipzig 1934, Diss. iur. Jena 1935 (U 35.1852)

1623 PFLEIDERER, Wolfgang: Der Wahrheitsbeweis bei Beleidigungen mit besonderer Berücksichtigung der in den Entwürfen vorgesehenen Regelung, Breslau 1933, Diss. iur. Tübingen 1933 (n.f.d.A.), Strafrechtliche Abhandlungen, Heft 315 (U 33.4555)

1624 SCHIMMELS, Alfred: Der Wahrheitsbeweis und seine Zulässigkeit im geltenden Recht, mit Berücksichtigung der Regelung im kommenden deutschen Strafrecht, o.O. 1942, Diss. iur. Bonn 1942 (n.f.d.A.) (U 42.1007)

4.8.8 Religion

1625 GUT, Simon: Die Religionsverbrechen nach jüdischem Recht, Frankfurt 1935, Diss. iur. Köln 1935 (U 35.4850)

1626 HÖNER, Heinz: Die Religionsdelikte im geltenden und künftigen Recht, Detmold 1935, Diss. iur. Göttingen 1935 (U 35.4284)

1627 REINTJES, Theo: Die religiösen Glaubensgemeinschaften im Strafrecht und in der Strafrechtsreform, Emsdetten 1935, Diss. iur. Köln 1935 (U 35.2113)

1628 SCHÜRMANN, Wilhelm: Das religiöse Empfinden des deutschen Volkes als Schutzobjekt im kommenden Strafrecht. Ein Beitrag zur Erneuerung des Strafrechts, Köln 1939, Diss. iur. Köln 1939 (U 39.5955)

4.8.9 Aussage

1629 BÜSCHÉ, Hans-Joachim: Die Eidesverletzungen im kommenden Strafrecht, Köln 1937, Diss. iur. Köln 1937 (U 37.6059)

1630 CLEMENS, Hermann: Der fahrlässige Falscheid im Rahmen der subjektiven Eidestheorie, Speyer 1938, Diss. iur. München 1938 (U 38.7104)

1631 DAUERER, Karl: Der fahrlässige Falscheid unter Berücksichtigung der Entwürfe, Forchheim 1934, Diss. iur. Würzburg 1934 (U 34.8396)

1632 HASSELL, Lorenz-Jürg von: Meineid und falsche Aussage nach den neuen Strafgesetzentwürfen, Tübingen 1933, Diss. iur. Tübingen 1933 (U 33.4529)

1633 KIRCHMEYER, Konrad Nicolaus: Das Unternehmen der Verleitung zum Meineide unter besonderer Berücksichtigung der Rechtsprechung des Reichsgerichts, Köln 1933, Diss. iur. Köln 1933 (U 33.6862)

1634 NEUMANN, Walter: Der fahrlässige Falscheid unter Berücksichtigung der reichsdeutschen und österreichischen Strafgesetzentwürfe, Leipzig 1937, Diss. iur. Jena 1937 (n.f.d.A.) (U 37.5500)

1635 SCHMIED, Erich: Die Strafbarkeit des Täters wegen falscher Zeugenaussage, PragJZ 1936, Sp. 657-666

1636 SCHRÖDER, Horst: Unwahrer und unwahrhaftiger Eid. Eine rechtsdogmatisch-rechtspolitische Untersuchung, Berlin 1939, Habil. iur. Münster 1938, Neue deutsche Forschungen, Abteilung Strafrecht, Bd. 3 (U 39.8041)

1637 SIEGLAFF, Walter: Das Wesen des Meineides und die sich daraus ergebenden Folgerungen für den Tatbestand des Verbrechens, Gleiwitz 1938, Diss. iur. Breslau 1938 (U 38.1721)

1638 SIPMAN , Friedrich A(lbert) L(udwig): Der fahrlässige Falscheid als Tatbestand des Strafrechts. Eine dogmatische und kriminalpolitische Untersuchung, Leipzig 1936, Diss. iur. Leipzig 1936 (U 36.6642)

1639 WEBER, Fritz: Meineid und falsche Aussage. Geschichtliche und systematische Entwicklung, das geltende Recht und die Reformbestrebungen unter besonderer Berücksichtigung der neuesten Strafgesetzentwürfe, Tübingen 1935, Diss. iur. Tübingen 1935 (U 35.3217)

4.8.10 Falsche Anschuldigung

1640 HESS: Die falsche Anschuldigung nach dem Gesetz vom 26. Mai 1933 (RGBl. I, 295), in: Martin Drucker zum 65. Geburtstage, Leipzig 1934, S. 278-285

1641 RUMPF, Ilse: Ist die Vortäuschung strafbarer Handlungen ohne Verdächtigung eines anderen schon nach geltendem Recht strafbar? Ein Beitrag zum Wesen der falschen Anschuldigung und zu der Bedeutung des § 2 StGB., Würzburg 1940, Diss. iur. Frankfurt 1940 (U 40.2116)

1642 SCHRAUDNER, Fritz: Die falsche Anschuldigung § 164 R.St.G.B. in der Fassung des Gesetzes vom 26. Mai 1933, Würzburg 1934, Diss. iur. Erlangen 1934 (U 34.6158)

1643 SIMON, Heinz: Das Wesen der falschen Anschuldigung in der geschichtlichen Entwicklung und im ausländischen sowie geltenden und kommenden deutschen Strafrecht, Breslau 1939, Diss. iur. Berlin 1939, Strafrechtliche Abhandlungen, Heft 401 (U 39.125)

4.8.11 Vermögen

4.8.11.1 Allgemeines

1644 KOHLRAUSCH, Eduard: Vermögensverbrechen im Wandel der Rechtsprechung und der Gesetzgebung, in: Beiträge zum Recht des neuen Deutschland, Festschrift für Franz Schlegelberger zum 60. Geburtstage, hrsg. von Erwin Bumke, J. Wilhelm Hedemann und Gustav Wilke, Berlin 1936, S. 203-223

1645 LOEBER, Alfred: Die Bandenmäßigkeit bei Vermögensdelikten, Berlin 1936, Diss. iur. Erlangen 1936 (U 36.2401)

1646 TORNOW, Hans-Joachim: Die Straftat als Treupflichtverletzung, erläutert an den Tatbeständen des Diebstahls, der Unterschlagung, des Betruges und der Untreue, Berlin 1938, Diss. iur. Greifswald 1938 (U 38.3820)

4.8.11.2 Diebstahl

1647 KITT, Erich: Der Diebstahl mit Waffen. Historische Entwicklung, Dogmatik im geltenden Recht und Gestaltung in den Entwürfen zu einem neuen Strafgesetzbuch, Würzburg 1934, Diss. iur. Erlangen 1934 (U 34.6096)

1648 NOETZEL, Annemarie: Der Gebrauchsdiebstahl an körperlichen Gegenständen im geltenden und zukünftigen Recht, Düsseldorf 1935, Diss. iur. Köln 1935 (U 35.8246)

1649 SERTORIUS, Kurt: Die "geringwertigen Sachen" bzw. "Gegenstände" beim Familiendiebstahl (§ 247), Notdiebstahl und Notunterschlagung (§ 248a) und Notbetrug (§ 264a), die Geringfügigkeit beim Mundraub (§ 370) im Reichsstrafgesetzbuch und ein kurzer Ueberblick über die Regelung entsprechender geringfügiger Fälle in den deutschen Entwürfen, der Strafgesetzgebung Oesterreichs, der Schweiz und Italiens, Emsdetten 1936, Diss. iur. Erlangen 1936 (U 36.2491)

1650 ZAPF, Heinrich: Der räuberische Diebstahl nach dem Reichsstrafgesetzbuch und den Entwürfen, Erlangen 1939, Diss. iur. Erlangen 1939 (U 39.2317)

4.8.11.3 Raub, Erpressung

1651 DOHNA, Alexander Graf zu: Erpressung und Betrug seit dem Zeitalter der Aufklärung, in: Abhandlungen zur Rechts- und Wirtschaftsgeschichte, Festschrift Adolf Zycha zum 70. Geburtstag, Weimar 1941, S. 469-488

1652 HUSMANN, Karl-Günther: Die Erpressung durch Drohung, eine Bewertung der dogmatischen und geistesgeschichtlichen Grundlagen im Hinblick auf die nationalsozialistische Strafrechtsreform, Zeven 1934, Diss. iur. Frankfurt 1934 (U 35.4094)

1653 MARSCHALL, Hans: Der besonders schwere Raub (§ 251 StGB.) nach geltendem Recht unter Berücksichtigung der Entwürfe zu einem deutschen Strafgesetzbuch, Würzburg 1933, Diss. iur. Würzburg 1933 (U 34.2474)

1654 STOCKMAYER, Ulrich: Das Verbrechen des erpresserischen Kindesraubes nach § 239a RStGB., Würzburg 1937., Diss. iur. Tübingen 1937 (U 37.9304)

4.8.11.4 Begünstigung, Hehlerei

1655 BURGER, Hans: Der innere Tatbestand bei der Hehlerei nach § 259 des geltenden Strafrechts, Würzburg 1934, Diss. iur. Köln 1934 (U 34.7372)

1656 EBELL, Günther: Zum subjektiven Tatbestand der Hehlerei (§ 259 RStrGB.), Altenburg 1940, Diss. iur. Heidelberg 1941 (U 41.2985)

1657 ENGERT, Alois: Die Begünstigung im geltenden und kommenden deutschen Strafrecht, Ochsenfurt 1936, Diss. iur. Würzburg 1937 (U 37.9512)

1658 FAHMÜLLER, Anton: Hehlerei an Ersatzsachen, München 1936, Diss. iur. Erlangen 1936 (U 36.2318)

1659 HAGENBAUER, Walter: Der Begriff des An-sich-bringens der Sachhehlerei unter besonderer Berücksichtigung der Strafbarkeit des Mitgenusses, Forchheim 1933, Diss. iur. Erlangen 1933 (U 33.2652)

1660 HALLER, Walter: Ist die sogenannte Ersatzhehlerei schon nach geltendem Recht strafbar?, o.O. 1941, Diss. iur. Frankfurt 1941 (n.f.d.A.) (U 41.1649)

1661 HELLBERG, Ursula: Der Grundgedanke der Hehlerei, Breslau 1940, Diss. iur. Berlin 1941, Strafrechtliche Abhandlungen, Heft 419 (U 41.76)

1662 KUEHN, Walter: Das Verhältnis zwischen Vortat und Sachhehlerei, Breslau 1937, Diss. iur. Breslau 1938 (U 38.1698)

1663 ROSENCRANTZ: Zum Tatbestandsmerkmal des Ansichbringens i.S. des § 259 RStGB, ZWehrR 7 (1942/43), S. 176-177

1664 SALCHOW, Wolfgang: Die Sachhehlerei. Ein Beitrag zu den Reformbestrebungen, Köln 1937, Diss. iur. Köln 1937 (U 37.6178)

1665 SCHMELING, Karl-Heinz: Hehlerei und hehlerische Ausbeutung, Breslau 1938, Diss. iur. Königsberg 1939, Strafrechtliche Abhandlungen, Heft 396 (U 39.6248)

1666 SCHÖNITH, Hans: Hehlerei und Erwerb verdächtiger Sachen unter Berücksichtigung des Entwurfs zu einem Deutschen Strafgesetzbuch, Philippsburg 1938, Diss. iur. Heidelberg 1938 (U 38.4633)

1667 WILLE, Gerhard: Die Bestrafung der Hehlerei unter besonderer Berücksichtigung der Ersatzhehlerei, Tübingen 1938, Diss. iur. Tübingen 1938 (U 38.8781)

1668 WINDEL, Ludwig: Die Sachhehlerei (§ 259 StGB.), Düsseldorf 1933, Diss. iur. Göttingen 1934 (U 34.961)

4.8.11.5 Betrug

1669 BOCKELMANN, Paul: Der Unrechtsgehalt des Betruges, in: Probleme der Strafrechtserneuerung, Eduard Kohlrausch zum 70. Geburtstage dargebracht, Berlin 1944, S. 226-252

1670 BOURSEAUX, Walter: Die Schädigung des Volkswohls in den "besonders schweren Fällen" des Betruges und der Untreue, Düsseldorf 1937, Diss. iur. Köln 1938 (U 38.5709)

1671 BUSCH, Richard: Betrug durch Verschweigen, in: Festschrift der Leipziger Juristenfakultät für Richard Schmidt zum 1. November 1934, Leipzig 1936, S. 119-139

1672 KNOBEN, Horst: Der Grundgedanke des Betrugstatbestandes, Jena 1940, Diss. iur. Jena 1940 (U 40.4255)

1673 LINKHORST: Wohlanständigkeit eine rein persönliche Empfindung? Zur Wandlung eines Rechtsbegriffs (§ 263 StGB), DtR 1939, S. 156-157

1674 NOTHIS, Günther: Der Versicherungsbetrug im geltenden und zukünftigen Strafrecht, o.O. 1940, Diss. iur. Köln 1940 (n.f.d.A.) (U 43.3675)

1675 WITTNER, Klaus: Betrug und Erpressung beim Glücksspiel im geltenden Recht und nach dem Entwurf der "Amtlichen Kommission", Eisfeld 1938, Diss. iur. Erlangen 1938 (U 38.2443)

4.8.11.6 Untreue

1676 BEHR, Arnold: Das Delikt der Untreue (§ 266 StGB.) in der reichsgerichtlichen Rechtsprechung, Hamburg 1941, Diss. iur. Hamburg 1941 (n.f.d.A.) (U 42.3031)

1677 CROTT, Helmut: Die neue Untreuebestimmung in der Rechtsprechung des Reichsgerichts, Philippsburg 1937, Diss. iur. Heidelberg 1937 (U 37.5094)

1678 KLEIN, Werner: Die Untreue im deutschen Strafrecht unter besonderer Berücksichtigung des neuen Strafgesetzes (Novelle vom 26. Mai 1933), Coburg 1934, Diss. iur. Erlangen 1934 (U 34.3469)

1679 LEINER, Ernst: Das Delikt der Untreue des § 266 des StGB. alter und neuer Fassung, Würzburg 1934, Diss. iur. Köln 1934 (U 34.7397)

1680 SCHÜRER, Günther: Die Untreue nach dem Gesetz vom 26. Mai 1933, Dresden 1935, Diss. iur. Leipzig 1935 (U 35.8453)

1681 STRALENHEIM, Henning Freiherr von: Das Verhältnis der Untreue zur Unterschlagung im vergangenen, geltenden und kommenden Recht, Freiburg 1935, Diss. iur. Freiburg 1935 (U 35.7064)

4.8.11.7 Wucher

1682 HARTMANN, Otto: Das Wucherstrafrecht in Geschichte, Gegenwart und in den Entwürfen zu einem deutschen Strafgesetzbuch, Schramberg 1933, Diss. iur. Tübingen 1933 (U 33.4528)

1683 HEUSGEN, Maria: Der Gedanke des "strafbaren Eigennutzes" im deutschen Strafrecht (unter besonderer Berücksichtigung der Vorschläge zum kommenden Strafrecht), Düsseldorf 1936, Diss. iur. Freiburg 1936 (U 37.3186)

1684 SCHUMACHER, Ulrich: Die Vollstreckungsvereitelung im geltenden und künftigen Strafrecht, Düsseldorf 1934, Diss. iur. Köln 1934 (U 34.4423)

1685 STOLZ, Josef: Schwerer Kreditwucher. (§ 302b St.G.B.), Dortmund 1933, Diss. iur. Würzburg 1933 (U 33.1783)

1686 TIETZEN und HENNIG, Rolf von: Über Wucherstrafrecht, Schramberg 1935, Diss. iur. Freiburg 1935 (U 35.1066)

4.8.11.8 Sachbeschädigung

1687 BURMEISTER, Gerhard: Die Sachbeschädigung nach geltendem Recht und nach den neueren Strafgesetzentwürfen, insbesondere nach dem Entwurf von 1927, Tübingen 1934, Diss. iur. Tübingen 1934 (U 34.8307)

1688 MÜLLER, Josef: Die Sachbeschädigung im früheren, im geltenden und im zukünftigen Strafrecht, Coburg 1934, Diss. iur. Erlangen 1934 (U 34.3480)

1689 WEIMAR, Wilhelm: Ist die Beschädigung der Volksgasmaske nach geltendem Recht strafbar?, DjR 13 (1937), S. 279-280

4.8.12 Urkunde

1690 SCHÖNKE, Adolf: Urkundenfälschung und Zeichnen mit fremdem Namen, in: Probleme der Strafrechtserneuerung, Eduard Kohlrausch zum 70. Geburtstage dargebracht, Berlin 1944, S. 253-262

1691 VOLMAR, Egon: Die strafrechtliche Beurteilung von inhaltlichen Veränderungen und Falscheintragungen im Arbeitsbuch, Düsseldorf 1939, Diss. iur. Köln 1939 (U 39.5970)

1692 VORTISCH, Reinhard: Die Bestrafung des Fälschens und des Mißbrauchs von Personalausweisen nach dem Gesetz zur Änderung des Reichsstrafgesetzbuchs vom 4. September 1941 im Vergleich mit dem früheren Recht, o.O. 1943, Diss. iur. Tübingen 1944 (n.f.d.A.) (U 44.8139)

4.8.13 Politisches Strafrecht

4.8.13.1 Allgemeines

1693 ADAMI, Friedr. Wilhelm: Das neue politische Strafrecht, DtR 1933, S. 12-16

1694 BEURMANN: Zur Auslegung des politischen Strafrechts, DanzigJZ 1939, S. 73

1695 FRICKE, Georg: Der internationale Kampf gegen den politischen Terror, Jena 1940, Diss. iur. Jena 1941 (n.f.d.A.) (U 42.3766)

1696 GRIMM, Friedrich: Politischer Mord und Heldenverehrung, Berlin 1938

1697 HENNERICI: Die politischen Strafgesetze des Dritten Reiches, GS 112 (1939), S. 1-21

1698 ILLMER, Fritz: Treubruch, Verrat und Felonie im deutschen Strafrecht. Eine dogmengeschichtliche Untersuchung, Würzburg 1937, Diss. iur. Breslau 1937 (U 37.1810)

1699 ITTLINGER, Otto Heinrich: Das politische Verbrechen, Köln 1934, Diss. iur. Köln 1934 (U 34.7390)

1700 MEYER, K.: Die gerichtliche Bekämpfung des Kommunismus, DJZ 1933, Sp. 405-410

1701 MEZGER, Edmund: Der strafrechtliche Schutz von Staat, Partei und Volk, in: Frank, Hans (Hrsg.): Nationalsozialistisches Handbuch für Recht und Gesetzgebung, München 1935, S. 1377-1402

1702 RITTER, Johannes Martin: Bemerkungen zum Wandel des politischen Delikts und der Strafgesetze zum Schutze von Volk, Bewegung und Staat in Recht und Rechtspolitik, JW 1934 III, S. 2213-2225

1703 RITTER, Johannes Martin: Verrat und Untreue an Volk, Reich und Staat. Ideengeschichtliche Entwicklung der Rechtsgestaltung des politischen Delikts in Deutschland bis zum Erlaß des Reichsstrafgesetzbuchs, Berlin 1942

1707 SCHLÜTER: Der Führertreubruch im nationalsozialistischen Strafrecht, DJ 1934 II, S. 1054-1057

4.8.13.2 Volksverrat

1708 BRUNE, Horst: Hochverrat und Landesverrat in rechtsvergleichender Darstellung auf Grund der neuesten strafrechtlichen Entwicklung, Breslau 1937, Diss. iur. Göttingen 1937 (n.f.d.A.), Strafrechtliche Abhandlungen, Heft 375 (U 37.3678)

1709 FREISLER, Roland: Vom Majestätsverbrechen zum Volksverrat. Die Entwicklung des Hoch- und Landesverratsverbrechens, DJZ 1935, Sp. 997-1004

1710 FREISLER, Roland: Der Volksverrat. Hoch- und Landesverrat im Lichte des Nationalsozialismus, DJZ 1935, Sp. 905-913

1711 LUEG, Carl: Der Volksverrat im neuen Strafrecht, Düsseldorf 1936, Diss. iur. Köln 1936 (U 36.6070)

1712 NEUMANN, Karl Heinz: Der Durchbruch des germanischen Treuegedankens im Volksverratsbegriff des neuen deutschen Strafrechts, Breslau 1938, Diss. iur. Berlin 1939 (n.f.d.A.), Strafrechtliche Abhandlungen, Heft 399 (U 39.106)

1713 SCHREIBER, Hellmut: Angriffe auf Volk und Staat durch Volksverrat und Verleumdung nach den Tatbeständen des § 90f. StGB. in der Fassung des Gesetzes vom 24. April 1934, und des § 1 des Gesetzes gegen heimtückische Angriffe auf Staat und Partei und zum Schutz der Parteiuniformen vom 20. Dezember 1934, Düsseldorf 1935, Diss. iur. Erlangen 1936 (U 36.2480)

4.8.13.3 Hochverrat

1714 BROCKE, Werner: Die hochverräterische Tätigkeit des Marxismus in Thüringen. (Nach den Urteilen des Hochverratssenats des Oberlandesgerichts Jena aus der Zeit vom April 1933 bis April 1935), o.O. 1936, Diss. iur. Jena 1936 (n.f.d.A.) (U 37.5462)

1715 ENGERT, Paul Clemens: Der Hochverrat, Würzburg 1936, Diss. iur. Hamburg 1936 (U 36.4340)

1716 ERDMANN, Günther: Der Hochverrat nach dem Reichsstrafgesetzbuch und nach den neuen Strafgesetzentwürfen, o.O. 1933, Diss. iur. Tübingen 1933 (U 33.4523)

1718 LINCKE, Friedrich: Staatsoberhaupt, Staatsverfassung und Staatsgebiet als Angriffsobjekte des Hochverratsverbrechens nach altem und neuem Verfassungsrecht, Ochsenfurt 1933, Diss. iur. Erlangen 1933 (U 33.2682)

1719 LINCKE, Wolf-Eckart: Das Delikt des Hochverrats im heutigen deutschen Recht unter besonderer Berücksichtigung des Gesetzes vom 24. April 1934, Münster 1937, Diss. iur. Münster 1937 (n.f.d.A.), Universitas-Archiv, Rechtswissenschaftliche Abteilung, Bd. 14 (U 37.8604)

1720 PFANNEBECKER, Heinz: Der Hochverrat. Dargestellt nach dem Gesetz zur Änderung von Vorschriften des Strafrechts und des Strafverfahrens vom 24. April 1934, Worms 1937, Diss. iur. Heidelberg 1937 (U 37.5122)

1721 SCHMOLLER-HALDY, Fritz: Das Verbrechen des Hochverrats nach dem Gesetz zur Aenderung von Vorschriften des Strafrechts und des Strafverfahrens (Hoch- und Landesverratsgesetz) vom 24. April 1934, Würzburg 1936, Diss. iur. Würzburg 1936 (U 36.9615)

1722 SEDLMAYR, Rudolf: Der Hochverrat nach §§ 80, 81 StGB. in der Fassung des Gesetzes vom 24. April 1934, Forchheim 1935, Diss. iur. Erlangen 1935 (U 35.789)

1723 STIEGELE, Karl: Der Hochverrat im künftigen Strafrecht, Tübingen 1933, Diss. iur. Tübingen 1933 (U 33.4563)

4.8.13.4 Landesverrat

1724 BEHRENS, Helmut: Landesverrat durch Begünstigung des Feindes, Alfeld 1934, Diss. iur. Würzburg 1935 (U 35.5950)

1725 FASTRICH, Heinz: Die Erweiterung des Landesverrats, Coburg 1934, Diss. iur. Erlangen 1934 (U 34.480)

1726 FINGER, August: Die Problematik des Tatbestandes des Landesverrates, GS 102 (1933), S. 227-261

1727 MATL, Kurt: Die Entwicklung der strafrechtlichen Bestimmungen über den Landesverrat seit 1870, Gießen 1937, Diss. iur. Gießen 1937 (U 37.3474)

1728 THÜMER, Wolfgang: Die landesverräterische Fälschung, Forchheim 1937, Diss. iur. Erlangen 1937 (U 37.2597)

1729 WIRTH, Ernst-Guenther: Der Landesverrat, ein Beitrag zur Schaffung des neuen Strafrechts des Dritten Reichs unter Berücksichtigung des geltenden Rechts und der Entwürfe, Liegnitz 1934, Diss. iur. Breslau 1934 (U 34.5889)

1730 ZINTH, Anton: Die Begünstigung des Feindes. Landesverrat nach § 91 b StGB., Würzburg 1934, Diss. iur. Würzburg 1935 (U 35.5977)

4.8.13.5 Staatsverbrechen

1731 BRAND, Gustav: Wandlungen der Gesetzgebung hinsichtlich des strafrechtlichen Schutzes des Staates, Quakenbrück 1935, Diss. iur. Göttingen 1935 (U 35.4276)

1732 RITTER, Johannes Martin: Staatsverbrechen und Staatsverfassung. (Die Abhängigkeit der Gestaltung der Staatsverbrechen von der Staatsform wird durch Vergleich der deutschen mit der österreichischen, italienischen und russischen Strafrechte dargestellt), Breslau 1934, Diss. iur. Jena 1934 (n.f.d.A.), Strafrechtliche Abhandlungen, Heft 339 (U 34.4213)

1733 SCHULTZ, Gerhard: Staatsauffassung und Staatsverbrechen, insbesondere das Verbrechen des Hochverrats, Breslau 1940, Diss. iur. Berlin 1940, Strafrechtliche Abhandlungen, Heft 416 (U 40.93)

1734 THIEDE, Fritz Stephan: Der Verrats- und Einheitscharakter der Staatsverbrechen, Quakenbrück 1938, Diss. iur. Göttingen 1938 (U 38.3492)

1735 WEBER, Helmut von: Die Staatsverbrechen im nationalsozialistischen Staat, GS 104 (1934), S. 223-239

4.8.13.6 Schutz der Partei

1736 BECKER, W.: Der Schutz der Bewegung im künftigen Strafrecht, DJ 1935 II, S. 1519-1522

1737 FREISLER, Roland: Gedanken zum Schutz der Bewegung im neuen Strafrecht, Berlin 1936

1738 WINKELNKEMPER, Toni: Der strafrechtliche Schutz der Nationalsozialistischen Deutschen Arbeiterpartei, ihrer Gliederungen, der ihr angeschlossenen Verbände, deren Uniformen, Abzeichen und Symbole, Köln 1937, Diss. iur. Bonn 1936 (U 37.1354)

4.8.13.7 Geheimbündelei

1739 BÖTTCHER, Walter: Die Geheimbündelei im deutschen und österreichischen Strafrecht und im Entwurf eines allgemeinen deutschen Strafgesetzbuches, Weimar 1934, Diss. iur. Jena 1934 (U 34.1283)

1740 ESPEY, Ernst: Die Geheimbündelei und ihre strafrechtliche Bekämpfung, Emsdetten 1934, Diss. iur. Köln 1934 (U 34.7379)

1741 TILLMANN, Friedrich Wilhelm Ernst: Staatsfeindliche Verbindungen, Geheimverbindungen, sowie Verbindungen und Verabredungen wider das Leben im deutschen und ausländischen Recht, unter besonderer Berücksichtigung des Strafgesetzentwurfs 1927, Emsdetten 1933, Diss. iur. Erlangen 1933 (U 33.5557)

4.8.13.8 Weitere Tatbestände

1742 BÄTGE, Ralf: Fahrlässige Delikte staatsgefährdender Geheimnisverletzung, Erlangen 1934, Diss. iur. Erlangen 1934 (U 34.6025)

1743 KLEINKNECHT, Gerhard: Verrat von Staatsgeheimnissen §§ 89, 90 St.G.B., Nürnberg 1936, Diss. iur. Erlangen 1936 (U 36.2382)

1744 KULLMANN, Joseph: Der Aufruhr im geltenden Recht und nach den Entwürfen, Ostheim 1935, Diss. iur. Würzburg 1935 (U 35.9258)

1745 LANDMANN, Werner: Der Grund der Bestrafung von Angriffen auf die Verfassung eines fremden Staates (§ 102 StGB), Leipzig 1937, Diss. iur. Halle 1937 (U 37.4244)

1746 SCHARLACH, Fritz: Der Schutz fremder staatlicher Interessen im deutschen Strafrecht. Ein Beitrag zur deutschen Strafrechtsreform, Nürnberg 1935, Diss. iur. Erlangen 1935 (U 35.4011)

1747 SCHNELLER, Max: Der Landfriedensbruch nach dem geltenden Recht (§ 125 RStGB.) und nach den Entwürfen eines Allgemeinen Deutschen Strafgesetzbuches, Augsburg 1933, Diss. iur. Würzburg 1933 (U 34.2483)

1748 SCHWANDNER, Adolf: Der Sonderschutz des deutschen Staatsoberhauptes nach § 94 RStGB (in der Fassung vom 19.12.1932) und seine Entwicklung im deutschen Strafrecht seit 1871, Coburg 1937, Diss. iur. Erlangen 1937 (U 37.2577)

4.8.14 Widerstand

1749 AHRENS, Oskar: Die zeitgemäße Gestaltung der Widerstandsdelikte, Würzburg 1939, Diss. iur. Breslau 1939 (U 39.1583)

1750 HELD, Kurt: Der Widerstand gegen die Staatsgewalt. Geltendes und künftiges Recht, Breslau 1933, Diss. iur. Tübingen 1933 (n.f.d.A.), Strafrechtliche Abhandlungen, Heft 313 (U 33.4530)

1751 MANGLKAMMER, Fritz: Der Widerstand gegen Vollstreckungsbeamte. Eine kriminologische Untersuchung mit besonderer Berücksichtigung Bayerns, Bottrop 1938, Diss. iur. München 1938, Kriminalistische Abhandlungen, Heft 36 (U 38.7117)

1752 WOLF, Paul: Der Widerstand gegen die Staatsgewalt de lege lata und de lege ferenda, Würzburg 1933, Diss. iur. Bonn 1934 (U 34.240)

1753 ZÜNDORF, Rudolf: Der Widerstand gegen die Staatsgewalt und die Beamtennötigung im geltenden und zukünftigen Strafrecht, Köln 1935, Diss. iur. Köln 1934 (U 35.2128)

4.8.15 Öffentliche Ordnung

1754 BEST, Werner: Die strafrechtliche und polizeiliche Bekämpfung der Amtsanmaßung, DtR 1939 B, S. 88-90

1755 BURKHARDT: Entwendungen aus Truppenbevorratungen als Wehrmittelbeschädigung, ZWehrR 8 (1943), S. 344-347

1756 DETERT, Erich: Die Pflicht zur Anzeige drohender Straftaten, Breslau 1936, Diss. iur. Göttingen 1936 (n.f.d.A.), Strafrechtliche Abhandlungen, Heft 371 (U 36.3562)

1757 EICHHORN, Hugo: Die Verletzung der Verbrechensanzeigepflicht. Eine vergleichende Darstellung nach geltendem reichsdeutschen, österreichischen und künftigem Strafrecht, Leipzig 1937, Diss. iur. Jena 1937 (n.f.d.A.) (U 37.5471)

1758 GRUNERT, Herbert: Die Strafbarkeit der Nichtanzeige geplanter Straftaten,unter Berücksichtigung des Kriegsstrafrechtes Berlin 1943, Diss. iur. Berlin 1940 (U 43.82)

1759 KATZENBERGER, Karl: Die Wehrmittelbeschädigung nach § 143a des Strafgesetzbuchs, Augsburg 1937, Diss. iur. Erlangen 1937 (U 37.2515)

1760 KLEIN, Herbert: Der strafrechtliche Schutz der Wehrpflicht durch das RStGB. (nach dem Stande vor dem 1. September 1935), Forchheim 1935, Diss. iur. Erlangen 1935 (U 35.6870)

1761 KRUSE, Otto Kay: Der Verstrickungsbruch nach geltendem Recht und nach den neueren Strafgesetzentwürfen, Tübingen 1934, Diss. iur. Tübingen 1934 (U 34.8327)

1762 LUPPRIAN, Heinz: Zur Auslegung des § 132a Reichsstrafgesetzbuch, ZWehrR 2 (1937/38), S. 283-285

1763 MICHEL, Heinz: Die Wehrpflicht im Schutze des Strafrechts, Berlin 1935, Diss. iur. Erlangen 1935 (U 35.6887)

1764 RATSCH, Kurt: Führerflucht und Nothilfepflicht, Wismar 1940, Diss. iur. Rostock 1940 (U 40.6507)

1765 REISERER, Walter: Der Hausfriedensbruch, unter besonderer Berücksichtigung Münchens, Bottrop 1939, Diss. iur. München 1939, Kriminalistische Abhandlungen, Heft 40 (U 39.7188)

1766 ROHDE, Heinrich: Wehrmittelbeschädigung und Wehrmittelschutz, Emsdetten 1939, Diss. iur. Gießen 1940 (U 40.2686)

1767 SPIEKER, Fritz: Die Verletzung der Wehrpflicht durch Untauglichmachung und Täuschung. Die §§ 142 und 143 RStGB in der Fassung des Gesetzes vom 28. Juni 1935 in Vergleich mit dem bisherigen Rechtszustand, Bochum 1936, Diss. iur. Erlangen 1936 (U 36.2499)

1768 ZIEGLER, Albert: Die Wehrmittelbeschädigung. § 143a RStGB, Zeulenroda 1936, Diss. iur. Erlangen 1936 (U 36.2544)

4.8.16 Staatsautorität

1769 BAER, Erich: Ehrenschutz des Volkes und seiner Repräsentanten, Leipzig 1936, Diss. iur. Jena 1936 (U 36.5292)

1770 BUG, Werner: Die Angriffe auf die Autorität des Staates durch Äußerungen (§ 131 StGB. und § 134a StGB.), Großenhain 1935, Diss. iur. Leipzig 1935 (U 35.2290)

1771 HILTL, Otto: Der Schutz der nationalen Symbole unter besonderer Berücksichtigung des Gesetzes vom 19.5.1933 (RGBl. 1. S. 285), Erlangen 1936, Diss. iur. Erlangen 1936 (U 36.2362)

1772 KNAPS, Fritz: Der Strafschutz des deutschen Volkes vor ehrenkränkenden Gedankenäußerungen, Würzburg 1937, Diss. iur. München 1937 (U 37.7737)

1773 KUNZE, Max: Beschimpfung des deutschen Volkes, seiner Wahrzeichen und seiner Vergangenheit nach geltendem und kommendem Strafrecht, Breslau 1940, Diss. iur. Berlin 1940, Strafrechtliche Abhandlungen, Heft 405 (U 40.76)

1774 LIPPS, Herbert: Die Staatsverleumdung und die Staatsbeschimpfung gemäß § 131 RStGB., § 1 des Gesetzes gegen heimtückische Angrisse (Umschlag: Angriffe) auf Staat und Partei und zum Schutze der Parteiuniformen vom 20.12.1934 und § 134a RStGB., Emsdetten 1937, Diss. iur. Erlangen 1937 (U 37.2530)

1775 MEZGER, Edmund: Der strafrechtliche Schutz von Staat, Partei und Volk, in: Frank, Hans (Hrsg.): Nationalsozialistisches Handbuch für Recht und Gesetzgebung, München 1935, S. 1377-1402

1776 REUSS, Hermann: Der strafrechtliche Schutz des Staates gegen Beschimpfung und Verächtlichmachung (§ 134a StGB.), Forchheim 1934, Diss. iur. Erlangen 1934 (U 34.518)

1777 ZIMMERMANN, Heinz: § (Paragraph) 134b StGB. und sein Verhältnis zu anderen Strafbestimmungen, insbesondere zu den §§ 134a, 185, 360 Ziffer 11 StGB. und zum Gesetz vom 20.12.1934, Köln 1936, Diss. iur. Köln 1936 (U 36.6154)

4.8.17 Amt

1778 BRETTHAUER, Horst: Die strafrechtliche Stellung der Amtsträger der Bewegung im geltenden Recht, Düsseldorf 1939, Diss. iur. Köln 1939 (U 39.5877)

1779 ERB, Kurt: Der Beamtenbegriff des Strafrechts (§ 359 StGB) und seine Anwendung auf die Amtsträger der Bewegung, Dortmund 1938, Diss. iur. Marburg 1938 (U 38.6840)

1780 FUSS, Richard: Die Begünstigung im Amte (§ 346 StGB.), Düsseldorf 1935, Diss. iur. Erlangen 1935 (U 35.3968)

1781 GNODTKE, Günter: Der Parteiverrat in den deutschen Strafgesetzentwürfen verglichen mit dem geltenden Recht, Würzburg 1934, Diss. iur. Erlangen 1934 (U 34.6057)

1782 KOENIG, Kurt: Der Bruch der Amtsverschwiegenheit nach dem Gesetz zur Änderung des Strafgesetzbuches vom 2. Juli 1936, DjR 13 (1937), S. 65-68

1783 KOHLHAAS, Max: Die Rechtsbeugung nach geltendem Recht (§ 336 St.G.B.) und den neueren Entwürfen, Tübingen 1934, Diss. iur. Tübingen 1934 (U 34.8324)

1784 PROBST, Otto: Der strafrechtliche Schutz des Amtsgeheimnisses. Unter besonderer Berücksichtigung der §§ 353b und 353c StGB., Köln 1939, Diss. iur. Köln 1939 (U 39.5942)

1785 STEPHAN, Walter: Die Amtsverbrechen und der § 50 RStGB., Bleicherode 1938, Diss. iur. Halle 1938 (U 38.3993)

1786 TORZ, Robert: Staatsrecht und strafrechtlicher Beamtenbegriff, o.O. 1945, Diss. iur. Erlangen 1944 (n.f.d.A.) (U 44.2142)

1787 TREU, Max: Das Amtsverbrechen des § 346 RStGB. (Begünstigung im Amt), Würzburg 1935, Diss. iur. Erlangen 1935 (U 35.6930)

4.8.18 Rauschtat

1788 BOLDT: Zur Handlung des Zurechnungsunfähigen in § 330a Strafgesetzbuch, DtR 1939, S. 1035-1038

1789 DOLLINGER, Karl: Zur Handlung des Zurechnungsunfähigen in § 330a Strafgesetzbuch, DtR 1939, S. 1033-1035

1790 DOMNING, Günter: Mit Strafe bedrohte Handlungen Schuldunfähiger. Ein Beitrag zur Auslegung der §§ 42b und 330a StGB., Berlin 1939, Diss. iur. Marburg 1939 (n.f.d.A.), Neue deutsche Forschungen, Abteilung Strafrecht, Bd. 4 (U 39.6920)

1791 DORBRITZ, Walter: Die "Mit Strafe bedrohte Handlung" des § 330a StGB als Gegenstand richterlicher Rechtsschöpfung, o.O. 1944, Diss. iur. Heidelberg 1944 (n.f.d.A.) (U 44.4601)

1792 EHMCKE, Paul-Friedrich: Das Vergehen des Vollrausches (§ 330a), Göttingen 1943, Diss. iur. Göttingen 1944 (n.f.d.A.) (U 44.3074)

1793 HODES, Fritz: § 330a StGB in der reichsgerichtlichen Rechtsprechung und in der Rechtslehre, ZWehrR 4 (1939/40), S. 129-134

1794 HOGRÄFER, Rolf: Zur Auslegung des § 330a StGB, DjR 17 (1941), S. 100-104

1795 MINSSEN: Zu § 330a RStGB., ZWehrR 7 (1942/43), S. 417-419

1796 NIEDERREUTHER: Der Rauschmittelmißbrauch nach § 330a RStGB., ZWehrR 1 (1936/37), S. 284-300

1797 RAHN, Dietrich: § 330a - Pathologischer Rauschzustand, ZWehrR 7 (1942/43), S. 460-462

1798 ROSENCRANTZ: § 330a - Pathologischer Rauschzustand, ZWehrR 7 (1942/43), S. 212-213

1799 SANBROCK: Zum inneren Tatbestand der "Rauschtat" des § 330a StGB. Übersicht über die Rechtsprechung des Reichsgerichts, DtR 1940 B, S. 165-167

1800 SARTOR, Wolfgang: Die Rauschtat und das Problem des "natürlichen Vorsatzes" in § 330a StGB., Frankfurt 1939, Diss. iur. Frankfurt 1939 (U 39.2510)

1801 SCHEIFF, Helmut: Straftaten in der Volltrunkenheit, Würzburg 1940, Diss. iur. Köln 1940 (U 40.4572)

1802 SCHERER, Werner: Über das Verschulden bei Volltrunkenheit, ZWehrR 2 (1937/38), S. 286-288

1803 SCHREYER, Alfons: Die Volltrunkenheit im heutigen Strafrecht, Erlangen 1937, Diss. iur. München 1937 (U 37.7744)

1804 SPÄTH, Helmut: Was versteht man unter einer mit Strafe bedrohten Handlung im Sinne der §§ 330a und 42b StGB.?, Pforzheim 1939, Diss. iur. Tübingen 1940 (U 40.6778)

1805 SYKORA, Georg: Volltrunkenheit und Rauschtat im österreichischen, tschechischen und deutschen Strafrecht, o.O. 1941, Diss. iur. München 1941 (n.f.d.A.) (U 41.4441)

1806 WILHELM, Günter: Auslegung und dogmatische Behandlung des Delikts der Volltrunkenheit (§ 330a StGB.) durch Rechtsprechung und Schrifttum, Weida 1939, Diss. iur. Leipzig 1939 (U 39.6531)

1807 ZIMMERMANN, Rudolf: Trunksucht und sogenannte verminderte Zurechnungsfähigkeit im zukünftigen Strafrecht, Breslau 1934, Diss. iur. Würzburg 1934 (n.f.d.A.), Strafrechtliche Abhandlungen, Heft 342 (U 34.5387)

4.8.19 Unterlassene Hilfeleistung

1808 BAUER, Heinz: Die Nothilfepflicht im § 330c StGB. und die Rechtspflichten zum Handeln bei den unechten Unterlassungsdelikten, Frankfurt 1940, Diss. iur. Frankfurt 1941 (U 41.1644)

1809 EHLERS, Manfred: Die Nothilfepflicht im Deutschen Strafgesetzbuch (§ 330c StGB.), Rostock 1939, Diss. iur. Rostock 1939 (U 39.8496)

1810 HUSCHENS, Werner: Die unterlassene Hilfeleistung im nationalsozialistischen Strafrecht, Speyer 1938, Diss. iur. Freiburg 1938 (U 38.2991)

1811 JANBERG, Hans: Die Strafbarkeit bei unterlassener Hilfeleistung, DjR 12 (1936), S. 135-136

1812 STIEVE, Hermann: Die unterlassene Hilfeleistung, ihre Behandlung im deutschen Strafrecht, sowie deren geschichtliche Grundlage, Coburg 1936, Diss. iur. Erlangen 1936 (U 36.2506)

1813 WIEDENROTH, Herbert: Die Verletzung der Hilfeleistungspflicht (unter besonderer Berücksichtigung der historischen Entwicklung im germanischen Recht und der ausländischen Gesetzgebung), Forchheim 1936, Diss. iur. Erlangen 1936 (U 36.2531)

4.8.20 Weitere Tatbestände

1814 BRAUCH, Rudolf: Der grobe Unfug im geltenden und im künftigen Strafrecht, Bad Rappenau 1934, Diss. iur. Tübingen 1934 (U 34.5279)

1815 GÖTZ, Richard: Der strafrechtliche Schutz des Berufsgeheimnisses. (Nach geltendem Recht und nach den neuen Strafgesetzentwürfen.), Tübingen 1934, Diss. iur. Tübingen 1934 (U 34.8317)

1816 RUNFT, Walter: Der grobe Unfug im geltenden und im kommenden Deutschen Strafgesetzbuch, Würzburg 1936, Diss. iur. Würzburg 1936 (U 36.9611)

1817 SCHRAMM, Hermann: Die Nothilfepflicht nach 360 Ziff. 10 RStGB. und ihre Reform, München 1936, Diss. iur. Erlangen 1936 (U 36.2479)

4.9 Jugendstrafrecht

4.9.1 Allgemeines

1818 FREISLER, Roland: Die rassebiologische Aufgabe bei der Neugestaltung des Jugendstrafrechts, MonKrim 30 (1939), S. 209-214

1819 GLEISPACH, Graf von: Die Verordnung zum Schutz gegen jugendliche Schwerverbrecher, DtR 1939 II, S. 1964-1967

1820 KESSLER: Zum Stande der Jugendrechtsreform, DtR 1942 B, S. 232-237

1821 KLEMER, Gerhard: Jugendstrafrecht und Hitler-Jugend, Berlin/Leipzig/Wien 1941, Diss. iur. Berlin 1941, Schriften zum Jugendrecht, Bd. 2 (U 41.84)

1822 LÜDICKE, Sibylle: Die Ehre im Jugendstrafrecht, Trebnitz 1936, Diss. iur. Halle 1936 (U 36.4148)

1823 MISCHKOT, Alfred: Die Ausgestaltung des Jugendstrafrechtes in der Kriegszeit, Graz 1942, Diss. iur. Graz 1943 (n.f.d.A.) (U 43.6091)

1824 NEESSE, Gottfried: Die Erneuerung des Jugendstrafrechts, JuR 11 (1937), S. 228-234

1825 RIETZSCH: Die Neuordnung des Jugendstrafrechts, RVwBl 1940, S. 698-701

1826 SIEBERT, Wolfgang: Grundgedanken und Aufbau des deutschen Jugendrechts, DtR 1941, S. 737-743

1827 SCHMIDT-LEICHNER: Unser Jugendstrafrecht, DjR 17 (1941), S. 133-138

1828 STAHL: Zur Reform des Jugendstrafrechts, JuR 12 (1938), S. 120-122

4.9.2 Sanktionen

1829 FREISLER, Roland: Die unbestimmte Verurteilung Jugendlicher als Persönlichkeitsfrage, DStR 1941, S. 173-181

1830 GROHMANN, Erika: Die Erziehungsmaßnahmen des Jugendgerichtsgesetzes, o.O. 1943, Diss. iur. Rostock 1943 (n.f.d.A.) (U 43.5324)

1831 KOPP, Walter: Die Beseitigung des Strafvermerks und des Strafmakels bei Jugendlichen, o.O. 1944, Diss. iur. Erlangen 1944 (n.f.d.A.) (U 44.2134)

1832 KRAUSE, Reinhold: Jugendarrest im heutigen Strafensystem, o.O. 1941, Diss. iur. Bonn 1941 (n.f.d.A.) (U 41.978)

1833 LANGE, Richard: Strafe und Erziehung im Jugendstrafrecht, in: Probleme der Strafrechtserneuerung, Eduard Kohlrausch zum 70. Geburtstage dargebracht, Berlin 1944, S. 44-74

1834 MEINS, Helmut: Die unbestimmte Verurteilung im Jugendstrafrecht, Hamburg 1939, Diss. iur. Hamburg 1939 (n.f.d.A.) Hamburger Rechtsstudien, Heft 31 (U 39.4034)

1835 PISTORIUS, Erika: Die bedingte Strafaussetzung im Jugendgerichtsgesetz, Düsseldorf 1937, Diss. iur. Erlangen 1937 (U 37.2551)

1836 RHAMM, Ulrich von: Ueber Strafe und Erziehung im Jugendstrafrecht unter besonderer Berücksichtigung der §§ 5, 6 JGG., Düsseldorf 1937, Diss. iur. Bonn 1937 (U 37.1339)

1837 SANDROCK: Zur Frage der Anrechnung der Untersuchungshaft auf den Jugendarrest, DtR 1941 B, S. 286-288

1838 SCHILF, Werner: Der Jugendarrest im kommenden Jugendstrafrecht, Detmold 1941

1838 SIEVERTS, Rudolf: Zur kriminalpolitischen Wirkung des Jugendarrestes, in: Probleme der Strafrechtserneuerung, Eduard Kohlrausch zum 70. Geburtstage dargebracht, Berlin 1944, S. 75-100

1840 STAHL: Gefängnisstrafe für Jugendliche?, DtR 1939 B, S. 115-116

1841 TIGGES: Zur Schockwirkung des Jugendarrestes, BlGk 72 (1941/42), S. 132-140

1842 WERNER: Der Jugendarrest im polizeilichen Strafverfügungsverfahren, RVwBl 1941, S. 37-40

4.10 Wehrmachtsstrafrecht

4.10.1 Grundlagen

4.10.1.1 Strafgesetzbuch

1843 DIETZ, Heinrich: Auf dem Weg zum Wehrmachtstrafgesetzbuch, ZWehrR 5 (1940/41), S. 401-413

1844 DÖRKEN: Fragen zum neuen Militärstrafgesetzbuch, ZWehrR 6 (1941/42) , S. 105-112

1845 DÖRKEN, Georg/SCHERER, Werner: Das Militärstrafgesetzbuch und die Kriegssonderstrafrechtsverordnung mit Erläuterungen, 5. Aufl., Berlin 1944

1846 GRAU, Fritz: Das kommende Strafgesetzbuch der Wehrmacht, ZWehrR 1 (1936/37), S. 24-34

1847 MEWES, Emil/SCHWINGE, Erich: Über das in sich geschlossene Strafgesetzbuch der Wehrmacht, ZWehrR 3 (1938/39), S. 395-399

1848 RISSOM, Carl/SCHWINGE, Erich: Das in sich geschlossene Strafgesetzbuch der Wehrmacht, ZWehrR 3 (1938/39), S. 257-260

1849 RITTAU, Martin: Einige Randbemerkungen zur Neufassung des Militärstrafgesetzbuchs, ZWehrR 5 (1940/41), S. 495-501

1850 SCHMIED, Erich: Das neue Militärstrafgesetzbuch, PragJZ 1938, Sp. 427-430

4.10.1.2 Disziplinarstrafrecht

1851 BASENACH, August: Die Disziplinarstrafgewalt der Wehrmacht, Würzburg 1943, Diss. iur. Würzburg 1943 (n.f.d.A.) (U 43.5765)

1852 HOLSTEIN, Curt: Die Wehrmachtdisziplinarstrafordnung (WDStO.) vom 6.6.1942, ZWehrR 8 (1943), S. 127-133

1853 LEHMANN: Zur Wehrmachtdisziplinarstrafordnung, ZWehrR 7 (1942/43), S. 345-348

1854 SEIBEL, Hans Joachim: Das Verhältnis des disziplinaren zum peinlichen Militärstrafrecht in seinen Grundzügen, Wangen 1940, Diss. iur. Gießen 1940 (U 40.2687)

4.10.1.3 Wehrstrafrecht

1855 BODE, Oskar: Die Erscheinungsformen des neuzeitlichen Krieges und ihr Einfluss auf das Militärstrafgesetzbuch, Bonn 1942, Diss. iur. Bonn 1943 (n.f.d.A.) (U 43.956)

1856 BÖHME, Hermann: Wehrstrafrecht im Kriege, JbAkDtR 3 (1936), S. 69-79

1857 GRAU: Gedanken über ein neues Wehrstrafrecht, ZAkDtR 1936, S. 220-223

1858 GRÜNENDIEK, Alfred: Das Militärstrafrecht als Pflichtenstrafrecht, Bochum 1938, Diss. iur. Göttingen 1938 (U 38.3455)

1859 GÜNTHER, Eberhard: Die Entwicklung des Marinestrafrechts und der Marinestrafgerichtsbarkeit, Cottbus 1942, Diss. iur. Freiburg 1942 (U 42.2349)

1860 KUNZE, Alwin: Öffentlichkeit - Recht - Wehrstrafrecht, ZWehrR 2 (1937/38), S. 532-541

1861 MEWES, Emil: Militärstrafrecht, in: Frank, Hans (Hrsg.): Nationalsozialistisches Handbuch für Recht und Gesetzgebung, München 1935, S. 1433-1442

1862 SCHERER, Werner: Zur Frage der militärischen Straftat bei rechtlichem Zusammentreffen mit den allgemeinen Strafgesetzen, ZWehrR 2 (1937/38), S. 498-499

1863 SCHMIDT, Eberhard: Wehrstrafrecht und Allgemeines Strafrecht, ZWehrR 1 (1936/37), S. 340-352

1864 SCHMIDT, Eberhard: Wehrstrafrechtliche Lehren für die allgemeine deutsche Strafrechtsreform, ZWehrR 1 (1936/37), S. 502-514

4.10.1.4 Methode

1865 SCHWINGE, Erich: Mannszucht, Ehre und Kameradschaft als Auslegungsrichtpunkte im Militärstrafrecht, ZWehrR 2 (1937/38), S. 29-35

1866 WITTMACK: Grenzen für Auslegung und analoge Anwendung eines Gesetzes. (Bestrafung fahrlässiger Selbstverletzungen nach § 148 MStGB.?), ZWehrR 8 (1943), S. 313-314

1867 ZSCHUCKE, Otto: Zum Aufbau einer selbständigen Wehrrechtswissenschaft, ZWehrR 8 (1943), S. 245-253

4.10.1.5 Wehrrecht

1868 FOERTSCH, Hermann: Der Offizier der deutschen Wehrmacht. Eine Pflichtenlehre, 4. Aufl., Berlin 1940

1869 GLAHN: Die Ethik im Wehrrecht, ZWehrR 1 (1936/37), S. 277-284

1870 MÜNCHEN, Theo: Die Stellung der Blutsfremden im deutschen Wehrrecht, ZWehrR 5 (1940/41), S. 505-516

1871 RAUCHHAUPT, W. von: Militär- und Wehrrecht, DjR 9 (1933), S. 241-243

1872 REICHE, Helmut: Wehrmacht und Bewegung. Eine staatspolitische und verfassungsrechtliche Untersuchung, Düsseldorf 1937, Diss. iur. Frankfurt 1937 (U 37.2854)

1873 ROSENBERGER, Heinrich: Wehrrecht und Wehrstaatsrecht, in: Frank, Hans (Hrsg.): Nationalsozialistisches Handbuch für Recht und Gesetzgebung, München 1935, S. 441-446

1874 VORWERK, Hansjürgen: Die Wehrverfassung im Zweiten und Dritten Reich. Ein verfassungsrechtlicher Vergleich, Berlin 1938, Diss. iur. Rostock 1938, Wehrrechtliche Abhandlungen, Heft 8 (U 38.8492)

4.10.1.6 Kriegsgefangene, Freischärler

1875 HODES, Werner: Freischärler. Erwiderung zu ZWehrR. Band 5 Seite 209 ff., ZWehrR 5 (1940/41), S. 491-495

1876 KALBERLAH, Kurt: Behandlung der von Kriegsgefangenen vor ihrer Gefangennahme begangenen Straftaten, ZWehrR 6 (1941/42), S. 212-218

1877 SCHÄTZEL, Walter: Freischärler, ZWehrR 5 (1940/41), S. 209-240

1878 SCHÄTZEL: Gerichtsbarkeit über Kriegsgefangene, ZWehrR 5 (1940/41), S. 162-167

1879 VERDROSS, Alfred von: Die Bestrafung von Kriegsgefangenen wegen Kriegsverbrechen, ZWehrR 5 (1940/41), S. 168-173

1880 WALTZOG: Kriegsgefangenenrecht unter besonderer Berücksichtigung der Rechtsprechung des Reichsmilitärgerichts, ZWehrR 4 (1939/40), S. 10-23

4.10.2 Allgemeiner Teil

4.10.2.1 Unrecht

1881 GUST, Kurt: Der Unrechtsbegriff im Militärstrafrecht, Düsseldorf 1940, Diss. iur. Königsberg 1941 (U 41.3792)

4.10.2.2 Notwehr, Notstand

1882 MANDL, Georg: Notwehr und Notstand im Militärstrafrecht, ZWehrR 9 (1944), S. 252-255

1883 SCHOBER, Ernst: Notwehr und Nothilfe des Soldaten gegen den Angriff eines Zivilisten, ZWehrR 3 (1938/39), S. 183-188

1884 TIEDEMANN, Walter: Notwehr im deutschen Wehrstrafrecht, Flensburg 1939, Diss. iur. Kiel 1939 (U 39.5629)

4.10.2.3 Befehl

1885 BINDEMANN, Gerald: Der rechtswidrige verbindliche Befehl des militärischen Vorgesetzten. Ein Lösungsversuch im Rahmen der finalen Handlungslehre, Göttingen 1941, Diss. iur. Göttingen 1941 (n.f.d.A.) (U 41.2170)

1886 DÖRKEN: Befehl und Gehorsam, ZWehrR 3 (1938/39), S. 5-8

1887 HAGEN, Werner: Das auf militärischen Befehl begangene Verbrechen, Bonn 1937, Diss. iur. Bonn 1937 (U 37.1317)

1888 JANSSEN, Hans G.: Die strafrechtliche Verantwortlichkeit des Soldaten für auf Befehl begangene Straftaten in rechtsvergleichender Betrachtung, Bonn 1939, Diss. iur. Bonn 1939 (U 39.1111)

1889 KALBERLAH, Kurt: Der bindende rechtswidrige Befehl. (Beibehaltung des § 47 MStGB.?), ZWehrR 7 (1942/43), S. 297-311

1890 LANGSHAUSEN, Bernhard: § 47 MStGB und Manneszucht, o.O. 1942, Diss. iur. Erlangen 1942 (n.f.d.A.) (U 42.2035)

1891 SCHOBER: Verbindlichkeit eines Befehls und Ungehorsam eines Nichtuntergebenen, ZWehrR 6 (1941/42), S. 412-414

1892 SIMMERLEIN, Kurt: Der bindende rechtswidrige Befehl im Militärrecht Deutschlands, der Schweiz, Italiens und der Tschechoslowakei, Forchheim 1937, Diss. iur. Erlangen 1937 (U 37.2581)

1893 STOECKER, Heinz Dietrich: § 47 MStGB. in geschichtlicher, rechtsvergleichender und rechtspolitischer Betrachtung, Berlin 1939, Diss. iur. Marburg 1940 (U 40.5301)

4.10.2.4 Schuld

1894 HEMPEL: "Tatprinzip oder Täterprinzip" und andere offene Fragen aus dem Gebiet der forensischen Psychiatrie im Kriege, ZWehrR 9 (1944), S. 52-72

1895 LANGELÜDDEKE, Albrecht: Die Behandlung der Psychopathen im Militärstrafrecht, ZWehrR 4 (1939/40), S. 251-253

1896 SCHWINGE, Erich: Die Behandlung der Psychopathie im Militärstrafrecht, ZWehrR 4 (1939/40), S. 110-125

1897 SCHWINGE, Erich: Der Schuldbegriff des Militärstrafrechts, ZWehrR 2 (1937/38), S. 443-448

1898 TREVIRANUS, Gerhard: Die Schuld bei ihrer Nichterwähnung in gesetzlichen Tatbeständen des Militärstrafgesetzbuches, Marburg 1933, Diss. iur. Marburg 1933 (U 33.1468)

1899 WUTH, O.: Nochmals über die Psychopathen im Militärstrafrecht, ZWehrR 7 (1942/43), S. 365-367

4.10.2.5 Beteiligung

1900 KÜTTNER, Hans: Täterschaft und Teilnahme im Militärstrafrecht, o.O. 1943, Diss. iur. München 1943 (n.f.d.A.) (U 43.4521)

1901 SELTMANN, Wolfgang: Grundsätzliches zur Teilnahmelehre für das Kriegsstrafrecht, ZWehrR 8 (1943), S. 454-462

4.10.3 Sanktion

4.10.3.1 Strafzweck

1902 KNOTH, Johannes Paul: Der Strafzweck im Militärstrafrecht, Dresden 1935, Diss. iur. Leipzig 1935 (U 35.5052)

4.10.3.2 Strafarten

1903 BEILEITER, Heribert: Die militärischen Ehrenstrafen im geltenden Kriegsstrafrecht, Hamburg 1942, Diss. iur. Hamburg 1942 (n.f.d.A.) (U 42.3032)

1904 KALBERLAH, Kurt: Die Ehrenstrafen des Militärstrafgesetzbuches, ZWehrR 5 (1940/41), S. 517-535

1905 LOHNER, Otto: Die besonderen Ehrenstrafen der §§ 30 bis 39 des Militärstrafgesetzbuches gegen Wehrplichtige des Beurlaubtenstandes. (Zur Auslegung des § 6d MStGB.), Düsseldorf 1937, Diss. iur. Bonn 1938 (U 38.1289)

1906 REIMANN, Wilhelm: Das Strafensystem des Wehrstrafrechts unter besonderer Berücksichtigung einer zukünftigen Neugestaltung, Leipzig 1936, Diss. iur. Göttingen 1936 (U 36.3618)

1907 SCHWINGE, Erich: Militärische Ehrenstrafen bei jugendlichen Soldaten, ZWehrR 6 (1941/42), S. 543-545

4.10.3.3 Strafzumessung

1908 BRANDSTETTER: Zum Strafrahmen beim Versuch, ZWehrR 7 (1942/43), S. 25-27

1909 BUCHHEIM: Die Grenze des Milderungsrechts bei Verurteilungen wegen Feigheit, ZWehrR 7 (1942/43), S. 515-517

1910 ENGELBRECHTEN, Fritz von: Das Leugnen des Angeklagten als Strafschärfungsgrund, ZWehrR 4 (1939/40), S. 28-40

1911 KUNZE, Alwin: Zur Strafbemessung bei den Wehrmachtgerichten, ZWehrR 2 (1937/38), S. 116-135

1912 PETERMANN, G.: Halte Maß im Strafmaß, ZWehrR 9 (1944), S. 207-211

1913 WEIRAUCH: Der "besonders schwere" und der "minderschwere" Fall im Bereiche des MStGB., ZWehrR 7 (1942/43), S. 162-165

4.10.4 Besonderer Teil

4.10.4.1 Entwendung

1914 BOLL, Werner: Eigentumsdelikte und ihre Bestrafung unter besonderer Berücksichtigung der Kriegsverhältnisse, ZWehrR 6 (1941/42), S. 360-362

1915 BONIN, Burkhard von: Gestohlen oder organisiert?, ZWehrR 8 (1943), S. 25

1916 BUCHHOLZ: Entwendung von Feldpostpäckchen, Briefen, ZWehrR 7 (1942/43), S. 268-269

1917 HOLL: Wer "besorgt" oder "organisiert", wird wegen Diebstahls bestraft, ZWehrR 8 (1943), S. 117-120, 314-315

1918 JÄNZ: Entwendung von Feldpostpäckchen, Briefen, ZWehrR 7 (1942/43), S. 270-272

1919 KISSER: Und nochmals Mundraub, ZWehrR 8 (1943), S. 17-18

1920 LAPSIEN, Otto: Noch einmal "Besorgen", ZWehrR 8 (1943), S. 563-564

1921 PADBERG: Diebstahl oder Mundraub?, ZWehrR 8 (1943), S. 18-20

1922 ROSENCRANTZ: Entwendung von Feldpostpäckchen, Briefen, ZWehrR 7 (1942/43), S. 269-270

1923 SCHOBER: Wegnahme eines Dienstgegenstandes in der Absicht, ihn auf der Kammer abzugeben, ZWehrR 2 (1937/38), S. 492-498

1924 STECHER: Gestohlen oder organisiert?, ZWehrR 8 (1943), S. 25-26

1925 WEIRAUCH: Feldpostpäckchendiebstahl - Mundraub oder schwerer Diebstahl?, ZWehrR 7 (1942/43), S. 109-112

1926 WENZ, F.: Unterschlagung und Untreue bei der Wehrmacht, ZWehrR 6 (1941/42), S. 348-358

1927 WIMMER: Entwendung von Feldpostpäckchen, Briefen, ZWehrR 7 (1942/43), S. 266-268

4.10.4.2 Ungehorsam, Fahnenflucht u.ä.

1928 ARNDT: Der fliegerische Ungehorsam, ZWehrR 9 (1944), S. 200-204

1929 DAMS, Karl Lothar: Der militärische Ungehorsam nach § 92 MStGB mit besonderer Berücksichtigung der Rechtsprechung, Berlin 1938, Diss. iur. Marburg 1938, Wehrrechtliche Abhandlungen, Heft 9 (U 38.6839)

1930 DÖRKEN: Zu § 128 MStGB. (Eigenmächtiges Beutemachen), ZWehrR 8 (1943), S. 49-59

1931 GROBLER: Die Meutereibestimmungen des Militärstrafrechts und Allgemeinen Strafrechts, ZWehrR 8 (1943), S. 164-171

1932 GROBLER: Zum Tatbestand des § 64 MStGB. (unerlaubte Entfernung), ZWehrR 8 (1943), S. 110-116

1933 HODES: Grenzfälle der Fahnenflucht, ZWehrR 6 (1941/42), S. 406-408

1934 KISSER: Die innere Tatseite der unerlaubten Entfernung, ZWehrR 7 (1942/43), S. 445-451

1935 PIETZNER, Heinz: Die Fahnenflucht im Wehrstrafrecht, Würzburg 1940, Diss. iur. Königsberg 1940 (U 40.4814)

1936 SCHULTHEISS, Emil: Der strafrechtliche Schutz der als Grundlage der Mannszucht dienenden Gefühle, ZWehrR 5 (1940/41), S. 484-490

1937 WENZ: Feigheit, ZWehrR 5 (1940/41), S. 325-337

1938 WOLFF, Ernst: Fahnenflucht und unerlaubte Entfernung. Rechtsdogmatisch, rechtsvergleichend, rechtspolitisch, Marburg 1942, Diss. iur. Marburg 1942 (n.f.d.A.) (U 42.4977)

4.10.4.3 Verletzung der Wehrkraft

1939 GIESEKING, Erwin: Verletzung der Wehrkraft und Wehrpflicht, nach der Novelle vom 28. Juni 1935, Düsseldorf 1936, Diss. iur. Köln 1936 (U 36.6008)

1940 HUEBNER: Wehrkraftzersetzung durch Wehrdienstentziehung mittels Anzeige einer wirklich oder angeblich begangenen strafbaren Handlung, ZWehrR 6 (1941/42), S. 300-304

1941 REINEKE: Ist Vorbereitung zur Fahnenflucht Zersetzung der Wehrkraft (§ 5 Abs. 1 Ziffer 3 KStVD.)?, ZWehrR 6 (1941/42), S. 368-369

1942 ZIEGLER, Wolfgang: Die Verletzung der Wehrkraft durch Beteiligung von Zivilpersonen an militärischen Straftaten und ihre Strafbarkeit, Marburg 1940, Diss. iur. Marburg 1941 (U 41.4238)

4.10.4.4 Mißbrauch der Dienstgewalt u.ä.

1943 BECKMANN, Julius: Vorgesetzter und Untergebener nach dem Militärstrafrecht, Würzburg 1937, Diss. iur. Breslau 1938 (U 38.1675)

1944 GÖSSER, Fritz: Der Mißbrauch der Dienstgewalt nach deutschem Militärstrafgesetzbuch. Rechtsdogmatisch, rechtsvergleichend, rechtspolitisch, Berlin 1939, Diss. iur. Marburg 1939 (n.f.d.A.), Wehrrechtliche Abhandlungen, Heft 10 (U 39. 6923)

1945 ROSENCRANTZ: Zum Begriff des Mißbrauchs der Dienstgewalt i.S. des § 114 MStGB. unter besonderer Berücksichtigung der Inanspruchnahme einer dienstlichen Aufwartung, ZWehrR 1 (1936/37), S. 361-365

1946 SCHÄFER, Fritz: Der Missbrauch der Dienstgewalt im Sinne des § 114 MStGB., Bonn 1942, Diss. iur. Bonn 1942 (n.f.d.A.) (U 42.1003)

1947 SCHERER: Zum Tatbestand der Mißhandlung Untergebener, ZWehrR 1 (1936/37), S. 211-215

4.10.4.5 Weitere Tatbestände

1948 GRAU, Otto: Der Schutz der Ehre im Militärstrafgesetzbuch, Würzburg 1936, Diss. iur. Würzburg 1936 (U 36.9593)

1949 HERGERT, Hans: Die Ehre und Wahrung der Ehre im deutschen Wehrrecht, o.O. 1944, Diss. iur. Heidelberg 1944 (n.f.d.A.) (U 44.4607)

1950 MÜLLER, Hans: Operationspflicht, ZWehrR 5 (1940/41), S. 538-540

1951 SCHULZE, Werner: Der Ehebruch von Soldaten, ZWehrR 8 (1943), S. 494-500

1952 SCHWINGE, Erich: Bemerkungen zur Frage des ärztlichen Operationsrechts, ZWehrR 4 (1939/40), S. 443-447

4.11 Nebenstrafrecht

4.11.1 Allgemeines

1953 GRAU: Die Auswirkungen nationalsozialistischen Rechtsdenkens auf die strafrechtliche Nebengesetzgebung, DStR 1936, S. 211-227

1954 RENZ, Friedrich Wilhelm: Unterschiede und unterschiedliche Behandlung innerhalb der Sonderstraftaten, o.O. 1943, Diss. iur. München 1943 (n.f.d.A.) (U 43.4526

1955 RIETZSCH: Ordnungsstrafrecht, JW 1938, S. 1073-1081

1956 SCHMIDT, Emil Heinrich: Das ständische Ehrenstrafrecht und sein Verhältnis zum ordentlichen Strafrecht, Düsseldorf 1939, Diss. iur. Köln 1940 (U 40.4573)

1957 STURM, Walter: Die Entwicklung der Sonderverbrechen in Wissenschaft und Rechtsprechung seit dem 19. Jahrhundert, Schramberg 1939, Diss. iur. Freiburg 1939 (U 39.2912)

4.11.2 Dienststrafrecht

1958 BURKHARDT, Hans Georg: Die Dienststrafgerichte für Beamte, München 1939, Diss. iur. Tübingen 1939 (U 39.8845)

1959 HAMM, Erwin: Das Verhältnis von Dienststrafrecht zum Kriminalstrafrecht, o.O. 1944, Diss. iur. Erlangen 1944 (n.f.d.A.) (U 44.2129)

1960 JAERISCH: Rechtsfragen der Dienstpflicht, DtR 1942, S. 655-661, 702-706

1961 KEMPERMANN, Eugen: Vom Disziplinar- zum Ehrenstrafrecht, DtRpfl 1936, S. 316-317

4.11.3 Arbeitsstrafrecht

1962 ADAM: Das Zurückbehaltungsrecht am Arbeitsbuch und die Strafverfolgung von Arbeitsvertragsbrüchen, DJ 1942, S. 211-212

1963 GEISSELER, Günter: Der Schutz der Arbeitskraft im künftigen Strafrecht, DtR 1934, S. 59-61

1964 HASTLER: Der strafrechtliche Schutz des nationalen Arbeitseinsatzes, DtR 1940 II, S. 1756-1758

1965 KAUL, Gerhard: Wesen und Kriminalpolitik des Arbeitsstrafrechts, O.O. 1943, Diss. iur. Graz 1943 (n.f.d.A.) (U 43.6085)

1966 PETEREK, Franz: Der strafrechtliche Schutz der Lehre und Berufsausbildung der Jugendlichen, Würzburg 1937, Diss. iur. Halle 1937 (U 37.4258)

1967 STURM: Zur Wahrung der Arbeitsdisziplin, DJ 1942, S. 517-518

1968 WÜRZNER, Hellmuth: Der strafrechtliche Schutz der nationalen Arbeitskraft im Rahmen des künftigen Reichsstrafgesetzbuchs, Würzburg 1935, Diss. iur. Köln 1935 (U 35.8273)

4.11.4 Wirtschafts- und Kriegswirtschaftsstrafrecht

1969 FREISLER, Roland: Einige Fragen aus der Praxis des § 1 der Kriegswirtschaftsverordnung, DJ 1940 II, S. 1229-1234

1970 GÄHTGENS, Wolfgang: Die Grenzen des Ordnungsstrafrechts, DtR 1939 II, S. 1480-1484

1971 GÄHTGENS, Wolfgang: Zum Ordnungsstrafrecht der Überwachungsstellen, JW 1936 III, S. 2614-2617

1972 GRUHL, Karl-Ernst: Grundfragen des nationalsozialistischen Wirtschaftsstrafrechts, Würzburg 1939, Diss. iur. Köln 1939 (U 39.5893)

1973 PECHSTEIN, Hans: Vom alten und neuen Sinn der Ordnungsstrafe, Breslau 1942, Diss. iur. Würzburg 1942, Strafrechtliche Abhandlungen, Heft 426 (U 42.6754)

1974 PLATTNER, J.M.: Vorsatz und Fahrlässigkeit im Devisenstrafrecht unter Berücksichtigung des Versuchs, DtR 1939 II, S. 2096-2098

1975 SCHEDLBAUER, Maria: Die Strafbestimmungen zur Durchsetzung des Kriegswirtschaftsrechts, o.O. 1941, Diss. iur. Prag 1942 (n.f.d.A.) (U 42.6043)

1976 SCHMIDT-LEICHNER: Schutz der Rüstungswirtschaft, DJ 1942, S. 367-372

1977 SCHWARZ: Änderungen im Strafrecht der Kriegsverbrauchsregelung und der Kriegswirtschaft, ZAkDtR 1942, S. 249-250

1978 STEINERT, Hans: Der strafrechtliche Schutz der Wirtschaft im Dritten Reich, in: Frank, Hans (Hrsg.): Nationalsozialistisches Handbuch für Recht und Gesetzgebung, München 1935, S. 1416-1424

4.11.5 Steuerstrafrecht

1979 KÜHN, Rolf: Die Besonderheiten des Steuerstrafrechts einschließlich des Steuerstrafverfahrens, DtR 1942, S. 157-163

4.11.6 Weitere Tatbestände

1980 FISCHER: Die zivil- und strafrechtliche Verantwortung für Verdunkelungsverstöße, RVwBl 1942, S. 288-292

1981 KALLFELZ, Walter: Strafbarer Umgang mit Kriegsgefangenen, DtR 1940 II, S. 1811-1813

1982 LEER, Eugen Ernst: Das strafbare Waffenführen im R.St.G.B. und in den Nebengesetzen, Würzburg 1933, Diss. iur. Erlangen 1933 (U 33.5511)

1983 MORGENSTERN, Heinz: Die Waffendelikte in der neueren Gesetzgebung, Weimar 1937, Diss. iur. Leipzig 1937 (U 37.6820)

5. Strafverfahrensrecht

5.1 Grundlagen

5.1.1 Zusammenfassungen

1984 HENKEL, Heinr.: Das deutsche Strafverfahren, Hamburg 1943

1985 HIPPEL, Robert von: Der deutsche Strafprozeß, Marburg 1941

1986 SCHWARZ, Otto: Der nationalsozialistische Strafprozeß, in: Frank, Hans (Hrsg.): Nationalsozialistisches Handbuch für Recht und Gesetzgebung, München 1935, S. 1460-1476

5.1.2 Allgemeines

1987 ANRATHS, Kasper: Die richtige Gestaltung des Strafverfahrens, Berlin 1934

1988 FREISLER, Roland: Sachliches Recht und Verfahrensrecht, Berlin 1941

1990 GERLAND, Heinrich: Der Strafprozeß im autoritären Staat, DRiZ 1933, S. 233-235

1991 MAYER, Hellmuth: Zum Aufbau des Strafprozesses, GS 104 (1934), S. 302-342

1992 SCHLEGEL: Gedanken eines Praktikers zum Strafverfahren, DtR 1937, S. 204-206

1993 SIEGERT, Karl: Das Judentum im Strafverfahrensrecht, in: Das Judentum in der Rechtswissenschaft, 4, Berlin 1936

1994 SIEGERT: Die Lage des Strafverfahrensrechts, DtRwiss 2 (1937), S. 47-57

5.1.3 Methode

1995 NIEDERREUTHER: Die Analogie im Strafverfahrensrecht, ZAkDtR 1942, S. 356-359

1996 NOACK, Erwin: Formalismus im Strafprozeß, DtR 1934, S. 357-358

5.1.4 Rechtsprechung

1997 BRETTLE: Überblick über die rechtspolitisch bedeutsamsten Entscheidungen des Reichsgerichts seit Kriegsausbruch, DJ 1942, S. 431-437

1998 NIETHAMMER: Das Reichsgericht als Schrittmacher der Entwicklung des Strafverfahrens nach geltendem Recht und in Zukunft, DStR 1937, S. 125-138

1999 SCHICKERT, Hans: Die Bedeutung des Reichsgerichts auf dem Gebiet der Strafrechtsprechung, DtR 1943, S. 116-119

2000 SCHULTZE, Erich: Der Umbruch in der Strafrechtspflege vom Standpunkt des Reichsgerichts gesehen, DtRpfl 1938, S. 270-272

2001 SCHWARZ: Fortbildung des Strafrechts durch die Rechtsprechung des Reichsgerichts, ZAkDtR 1935, S. 109-113

2002 SCHWINGE, Erich: Die Fortbildung des Revisionsrechts in der Rechtsprechung des Reichsgerichts, JW 1938, S. 769-773

5.2 Einzelne Gesetze

5.2.1 Novelle von 1935

2003 SCHÄFER, Leopold: Die großen Novellen zum Strafrecht und Strafverfahren vom 28. Juni 1935, RVwBl 1935, S. 869-874

2004 SCHWARZ: Der neue Strafprozeß auf Grund des Gesetzes vom 28. Juni 1935, DJZ 1935, Sp. 925-931

2005 WENDELSTEIN, Hartmut: Die Strafprozeßnovelle vom 28. Juni 1935 (Gesetz zur Änderung von Vorschriften des Strafverfahrens und des Gerichtsverfassungsgesetzes RGBl. I S. 844), insbesondere ihre Maßnahmen zur Wahrung der Rechtseinheit, Tübingen 1938, Diss. iur. Tübingen 1938 (U 38.8779)

5.2.2 Kriegseinflüsse

2006 BECHER: Erfahrungen der Praxis mit dem Strafverfahrensrecht im Kriege, DtR 1940 B, S. 145-147

2007 CREIFELDS: Änderungen des Strafverfahrensrechts im Kriege, DjR 18 (1942), S. 113-118, 125-130

2008 CREIFELDS: Aufbau und Zuständigkeit der Strafgerichte seit Kriegsbeginn, DjR 18 (1942), S. 88-94

2009 GLEISPACH, Wenzeslaus Graf von: Das allgemeine Strafverfahrensrecht im Krieg und das Strafrecht und Strafverfahrensrecht der Wehrmacht im Krieg, Berlin 1941

2010 HENNERICI: Einwirkung des Kriegszustandes auf die Strafrechtspflege, DtR 1940 B, S. 33-34

2011 LICHTENBERGER: Das Strafverfahren im Kriege, DtR 1940 B, S. 299-302

2012 SCHAFHEUTLE: Die Strafrechtspflege im Kriege, ZAkDtR 1939, S. 600-602

2013 SCHAFHEUTLE: Die Vereinfachung der Strafrechtspflege im Kriege, DJ 1939 II, S. 1510-151

2014 TÖWE: Das Strafverfahren im Kriege, GS 114 (1940), S. 1-19

5.2.3 Novelle von 1939

2015 FIEDELER, Fritz: Strafgerichte und Strafverfahren seit dem 1. September 1939, RVwBl 1940, S. 558-560

2016 FREISLER, Roland: Das Gesetz zur Änderung von Vorschriften des allgemeinen Strafverfahrens, des Wehrmachtstrafverfahrens und des Strafgesetzbuches und seine Stellung in der Strafverfahrenserneuerung, DJ 1939 II, S. 1565-1572, 1597-1603

5.2.4 Zuständigkeitsverordnung von 1940

2017 GRAU: Einzelheiten zur neuen Zuständigkeitsverordnung, DJ 1940, S. 309-317

2018 HENNERICI: Die Verordnung über die Zuständigkeit der Strafgerichte vom 21. Februar 1940, DtR 1940, S. 618-620 und DtR 1940 B, S. 109-111

2019 KLEE, Karl: Die Verordnung über die Zuständigkeit der Strafgerichte, die Sondergerichte und sonstige strafverfahrensrechtliche Vorschriften vom 21. Februar 1940, ZAkDtR 1940, S. 89-91

2020 MUMME, Helmut: Die Verordnung über die Zuständigkeit der Strafgerichte, die Sondergerichte und sonstige strafverfahrensrechtliche Vorschriften vom 21. Februar 1940, MonKrim 31 (1940), S. 100-105

2021 OLEZEWSKI, Helmut: Die neue Zuständigkeitsregelung in Strafsachen, DtR 1940 B, S. 112-114

2022 WAECHTER, Wolfgang: Zuständigkeit der Strafgerichte, Sondergerichte und sonstige strafverfahrensrechtliche Vorschriften, DtR 1940 II, S. 1083-1085

5.2.5 Verordnungen zur Vereinfachung der Strafrechtspflege

2023 FREISLER, Roland: Die Vereinfachungsverordnung als Mittel der Schlagkraftsteigerung der Strafrechtspflege und ihr Stand in der Strafverfahrenserneuerung, DJ 1939 II, S. 1537-1545

2024 GRAU, F.: Die Verordnung zur weiteren Vereinfachung der Strafrechtspflege, DJ 1942, S. 597-602, 613-617

2025 GRAU, F.: Die Dritte Verordnung zur Vereinfachung der Strafrechtspflege vom 29.5.1943, DJ 1943, S. 331-336, 353-355

2026 GRAU, F.: Die Vierte Verordnung zur Vereinfachung der Strafrechtspflege vom 13. Dezember 1944, DJ 1944, S. 309-314

2027 SCHÄFER, Ernst: Die weitere Vereinfachung der Strafrechtspflege, RVwBl 1942, S. 465-468

2028 SCHÖNKE: Die weitere Vereinfachung der Strafrechtspflege, ZAkDtR 1942, S. 259-262

5.2.6 Verordnungen zur Vereinfachung der Rechtspflege

2029 ALBERTI, Günter von: Das Verfahren nach freiem Ermessen vor den Amtsgerichten. (§ 10 der 1. Vereinfachungsverordnung vom 1.9.1939), o.O. 1945, Diss. iur. Tübingen 1945 (n.f.d.A.) (U 44.8114)

2030 GAEDEKE: Die Änderung der Vereinfachungsverordnung. 2. VVO vom 18. September 1940, DtR 1940 II, S. 1761-1762

2031 JONAS: Die Dritte Vereinfachungsverordnung vom 16. Mai 1942 (RGBl. I, 333), DtR 1942 II, S. 997-1004

2032 STAGEL: Die Zweite Vereinfachungs-Verordnung, DJ 1940 II, S. 1070-1071

2033 STAUD, E.: Die Vierte Vereinfachungsverordnung, DJ 1943, S. 49-51

2034 STAUD: Die Vierte Vereinfachungsverordnung in ihrer Bedeutung für die Entwicklung des Verfahrensrechts, ZAkDtR 1943, S. 21-25

2035 STAUD, E.: Die Zweite Vereinfachungs-Verordnung, DJ 1940 II, S. 1069-1070

5.2.7 Regionales Recht

2036 DRENDEL: Aus der Praxis der Strafverfolgung im Warthegau, DtR 1941 B, S. 303-305

5.3 Reform

5.3.1 Literatur

2037 BUSCH, Richard: Zur Neuordnung des Strafverfahrensrechts, MonKrim 29 (1938), S. 88-94

2038 BUSCH, Richard: Wesenszüge des kommenden Strafverfahrens, MonKrim 30 (1939), S. 193-203, 235-241

2039 DAHM, Georg: Zur Erneuerung des Deutschen Strafverfahrens, DJ 1937 II, S. 1608-1613

2040 DIECKHOFF: Gedanken über den Aufbau einer nationalsozialistischen Strafrechtspflege, DJ 1942, S. 742-745

2041 DIENER, Roger: Zur Strafprozeßerneuerung, JuR 9 (1935) S. 234-235

2042 DOERNER, Karl: Die Grundgedanken der Strafverfahrenserneuerung, DjR 14 (1938), S. 291-294

2043 FREISLER, Roland: Grundsätzliches zur Strafverfahrenserneuerung, in: Gürtner, Franz (Hrsg.): Das kommende deutsche Strafverfahren, Berlin 1938, S. 11-77

2044 FREISLER, Roland: Grundzüge des kommenden Strafverfahrensrechts, DStR 1935, S. 228-247

2045 FREISLER, Roland: Zur Neugestaltung des Strafverfahrens und Strafvollzugs, Berlin 1935

2046 HARTUNG, F.: Der Umbruch in der Strafrechtspflege, DtRpfl 1938 , S. 36-39, 103-105, 132-134

2047 HENKEL, Heinrich: Die Gestalt des künftigen Strafverfahrens, DJZ 1935, Sp. 530-538, 727-734

2048 KERN, Eduard: Rezension von: Hegler, Zur Strafprozeßerneuerung, 1936, KrVjschr 65 (1938), S. 197-200

2049 KLEE, Karl: Die Anfänge des kommenden deutschen Strafverfahrens im Lichte verfassungsrechtlicher Betrachtung, DJZ 1935, Sp. 1468-1475

2050 LAUTZ: Grundzüge des neuen Strafverfahrens, DtR 1939 B, S. 265-268

2051 LÖSCHER: Neuerungen in der Strafrechtspflege, DjR 15 (1939), S. 281-287

2052 MEZGER, Edmund: Die Erneuerung des Strafverfahrensrechts, DJ 1940, S. 55-59

2053 NIEDERREUTHER: Gedanken zur Reform des Strafverfahrens, DJ 1936, S. 770-773

2054 NIEDERREUTHER: Zur Strafverfahrenserneuerung, GS 112 (1939), S. 169-221

2055 OETKER: Fragen der Strafprozeßreform, GS 106 (1935), S. 183-194

2056 OETKER: Gedanken zur Reform des deutschen Strafrechts und Strafprozeßrechts, GS 104 (1934), S. 1-51

2057 OETKER: Zur Reform der Strafprozeßordnung, ZAkDtR 1936, S. 215-220, 292-294

2058 PETERS, Karl: Zur Neuordnung des Strafverfahrens, ZStW 56 (1937), S. 34-68

2059 RILK, Otto: Zum neuen Strafverfahrensrecht, JW 1937 III, S. 2333-2335

2060 SCHAFFSTEIN, Friedrich: Grundsätzliches zur Erneuerung des Strafverfahrens, DtR 1935, S. 520-522

2061 SCHLOSKY: Kann es im Strafverfahren so bleiben? DRiZ 1933, S. 42

2062 SCHWARZ, Otto: Bausteine zum Strafprozeß im nationalsozialistischen Staat, GS 105 (1935), S. 348-369, GS 106 (1936), S. 33-49, GS 108 (1936), S. 318-337

2063 STOCK, Ulrich: Zur Strafprozeßerneuerung, in: Festschrift der Leipziger Juristenfakultät für Richard Schmidt zum 1. November 1934, Leipzig 1936, S. 197-233

2064 STRAUSS: Nationalsozialistisches Strafverfahrensrecht, DtRpfl 1938, S. 194-197

2065 TÖWE: Nationalsozialistisches Strafverfahrensrecht, DtRpfl 1938, S. 303-305

5.3.2 Amtliche Stellungnahmen

2066 GALLAS, Wilhelm: Zur Struktur des kommenden Strafverfahrens. Bemerkungen zu dem Bericht der amtlichen Strafprozeßkommission, ZStW 58 (1939), S. 624-657

2067 GÜRTNER: Über die Strafprozeßreform, DJ 1934, S. 721-723

2068 HENKEL, Heinrich: Bemerkungen zum Bericht der Amtlichen Strafprozeßkommission, ZAkDtR 1938, S. 757-761

2069 KLEE, Karl: Das kommende deutsche Strafverfahren, Bericht der amtlichen Strafprozeßkommission, DStR 1938, S. 331-334

2070 NIEDERREUTHER: Das kommende deutsche Strafverfahren, Bericht der amtlichen Strafprozeßkommission, GS 112 (1939), S. 366-372

2071 NS-RECHTSWAHRERBUND: Neuordnung des Strafverfahrensrechts, Denkschrift des NS-Rechtswahrerbundes zum Entwurf einer Strafverfahrensordnung, einer Friedensrichter- und Schiedsmannsordnung und eines Gerichtsverfassungsgesetzes der amtlichen Strafprozeßkommission des Reichsjustizministeriums, Berlin 1937

2072 OETKER: Zur Reform der Strafprozeßordnung (Bericht über die Arbeiten des Ausschusses für Strafprozeßrecht der Akademie für Deutsches Recht), ZAkDtR 1935, S. 670-674, 1936, S. 215-220, 292-294, 590-594, 625-628, 1010-1013

2073 RILK, Otto: Der Bericht der großen Strafprozeßkommission, DtR 1938, S. 307-311

2074 SCHOETENSACK/TÖWE: Grundfragen des neuen Strafverfahrensrechts, Denkschrift des Ausschusses für Strafprozeßrecht der Strafrechtsabteilung der Akademie für Deutsches Recht, Stuttgart/Berlin 1937

2075 THIERACK, Otto: Grundzüge eines nationalsozialistischen Strafprozesses unter besonderer Berücksichtigung des Ergebnisses der Arbeiten des Ausschusses für Strafprozeßrecht der Akademie für Deutsches Recht, ZAkDtR 1935, S. 94-98

5.4 Allgemeines

5.4.1 Ziele

2076 LOBE, Adolf: Die Hauptaufgabe des Strafprozesses, GS 107 (1936), S. 358-362

2077 SIEGERT, Karl: Die Zwecke des neuen Strafprozeßrechts, DJZ 1935, Sp. 851-856

5.4.2 Prinzipien

5.4.2.1 Weltanschauliche Grundlegung

2078 FINKE, Eberhart: Liberalismus und Strafverfahrensrecht. Dargestellt am Beispiel des deutschen und italienischen Rechts, Bonn 1936, Diss. iur. Halle 1936, Rechtsvergleichende Untersuchungen zur gesamten Strafrechtswissenschaft, Heft 6 (U 36.4129)

2079 KERN, Eduard: Rezension von: Finke, Liberalismus und Strafverfahrensrecht, 1936, KrVjschr 65 (1938), S. 190-197

5.4.2.2 Auflockerung

2080 SCHÄFER, Ernst: Die Auflockerung des Verfahrens im künftigen Strafprozeß und der Gedanke der materiellen Gerechtigkeit, DStR 1935, S. 247-257

2081 SIEGERT: Vereinfachung und Beschleunigung in der heutigen Strafrechtspflege, MonKrim 24 (1933), S. 40-47

5.4.2.3 Inquisitionsmaxime

2082 HEGLER, August: Anklage- oder Untersuchungsverfahren?, Zur Strafprozeßerneuerung (Tübinger Abhandlungen zum öffentlichen Recht, Heft 38), Stuttgart 1936.

2083 JONAS, M.: Gedanken zur Prozeßreform. Verhandlungs- und Offizialmaxime, DtR 1941 II, S. 1697-1704

5.4.2.4 Parteigedanke

2084 HENKEL, Heinrich: Der Parteigedanke im Strafverfahren, DStR 1935, S. 129-145

2085 OETKER: Strafanspruch und strafprozessualer Parteibegriff, GS 108 (1936), S. 1-19

2086 WEBER, Walter: Die Stellung des Beschuldigten als "Prozeßpartei" im künftigen Strafverfahren. (Unter besonderer Berücksichtigung der Frage nach der Form des Verfahrens), Köln 1935, Diss. iur. Köln 1935 (U 35. 8268)

5.4.3 Prozeßhandlungen

2087 BORCHARD, Walter: Die Zurücknahme des Strafantrags und der Privatklage im Vergleich mit faschistischem Recht, Erlangen 1935, Diss. iur. Erlangen 1935 (U 35.6838)

2088 DOSSMANN, Ulrich: Die Wiedereinsetzung in den vorigen Stand gemäß der Reichsstrafprozeßordnung unter besonderer Berücksichtigung der Rechtsprechung, Düsseldorf 1936, Diss. iur. Bonn 1936 (U 36.1122)

2089 JANZEN, Wolfram: Heilung von Verfahrensmängeln im reichsdeutschen Strafprozeß, München 1933, Diss. iur. Erlangen 1934 (U 34.493)

2090 STRAUSS: Die Wiedereinsetzung in den vorigen Stand, GS 108 (1936), S. 41-55

5.5 Beteiligte

5.5.1 Mehrere Beteiligte

2091 BEHRENS: Richter und Staatsanwalt als politische Leiter, DtR 1944, S. 786-788

2092 DAHM, Georg: Bemerkungen zur Reform des Strafverfahrens (Führerprinzip und Kollegialgericht , Legalität und Opportunität), ZStW 54 (1935), S. 394-409

2093 EXNER, Franz: Richter, Staatsanwalt und Beschuldigter im Strafprozeß des neuen Staates, ZStW 54 (1935), S. 1-14

2094 GEILE: Richter und Verteidiger im künftigen Strafrecht, DJ 1938, S. 74-76

2095 NIEDERREUTHER: Die Wahrheitspflicht der Prozeßbeteiligten im Lichte der Strafrechtsreform, GS 109 (1937), S. 64-90

2096 SARDEMANN, Wilhelm: Rechtsanwälte, Richter und Recht, in: Festschrift zum 100jährigen Bestehen des Landgerichts Wuppertal, Wuppertal 1934, S. 59-63

2097 SCHMIDT-LEICHNER, Erich: Angeklagter, Staatsanwalt und Verteidiger im künftigen Strafprozeß, DStR 1937, S. 247-255

2098 SCHULTZE, Erich: Richter und Staatsanwalt im Dritten Reich, DRiZ 1933, S. 278-281

2099 SCHWARZ, Otto: Richter und Staatsanwalt im neuen Strafprozeßrecht, ZAkDtR 1942, S. 337-340

2100 SIEGERT, Karl: Richter, Staatsanwalt und Beschuldigter im Strafprozeß des neuen Staates, ZStW 54 (1935), S. 14-34

5.5.2 Gericht

5.5.2.1 Gerichtsverfassung

2101 DE BOOR, Otto: Zur Reform der Gerichtsverfassung, ZAkDtR 1937, S. 266-270

2102 KERN, Eduard: Das neue Gerichtsverfassungs- und Strafprozeßrecht, Freiburg 1934

2103 KLINGEBIEL, Josef Hans: Die Gerichtsverfassung des Strafprozesses in ihrer Entwicklung seit 1879, Wattenscheid 1936, Diss. iur. Göttingen 1936 (U 36.3591)

2104 MÜLLER, Hermann: Die Entstehungsgeschichte des Gerichtsverfassungs-Gesetzes, Tübingen 1939, Diss. iur. Tübingen 1939 (U 39.8862)

2105 RAUSCH, Ernst: Studien zur Entwicklung des neueren deutschen Gerichtsverfassungsrechts, o.O. 1943, Diss. iur. Freiburg 1943 (n.f.d.A.) (U 43.2074)

2106 TÖWE: Die Gerichtsverfassung im neuen Staat, DRiZ 1935, S. 265-268

5.5.2.2 Strafgerichtsorganisation

2107 CROHNE: Der Übergang der gesamten Strafrechtspflege auf das Reich, DJ 1935, S. 87-88

2108 DOERNER, Karl: Aufbau der Strafgerichte - heute und in Zukunft, DjR 15 (1939), S. 250-254

2109 FREISLER, Roland: Einiges vom werdenden deutschen Blutbanngericht, DJZ 1935, Sp. 585-596, 649-655

2110 FREISLER, Roland: Dringende Fragen der deutschen Strafgerichtsorganisation und des deutschen Strafverfahrens, DStR 1936, S. 305-342

2111 FREISLER, Roland: Die neue Methode der strafgerichtlichen Zuständigkeitsbestimmung, DJ 1940, S. 281-286

2112 GROHMANN: Neuordnung der sachlichen Zuständigkeit der Strafgerichte, DjR 16 (1940), S. 39-42

2113 HIPPEL, R. von: Die Strafkammer, DJZ 1934, Sp. 452-454

2114 STRAUSS: Die Organisation der Strafgerichtsbarkeit, GS 107 (1936), S. 209-221

2115 TÖWE: Aufbau der Strafgerichte, GS 106 (1935), S. 14-20

2116 TÖWE: Die besonderen Strafsenate, GS 114 (1940), S. 234-258

5.5.2.3 Strafrichter

2117 BARTH, Heinrich: Strafrichter und neues Strafrecht, DtRpfl 1936, S. 14-19

2118 BURCZEK: Strafrichter und Strafvollzug, DRiZ 1935, S. 14-16

2119 DAHM, Georg: Das Ermessen des Richters im nationalsozialistischen Strafrecht, DStR 1934, S. 87-96

2120 DAHM, Georg: Richtermacht und Gerichtsverfassung im Strafrecht, Zeitschrift für die Gesamte Staatswissenschaft 101 (1941), S. 287-308

2121 GELBERT: Das richterliche Ermessen im nationalsozialistischen Strafrecht, DRiZ 1934, S. 289-290

2122 KRUG, Karl: Vom Weltbild des Strafrichters, DJZ 1934, Sp. 434-437

2123 MEZGER, Edmund: Der Richter im kommenden Strafrecht, ZAkDtR 1935, S. 517-519

5.5.2.4 Laienrichter

2124 BRESINK, Heinz: Das Verfahren bei der Auslese der Laienrichter der ordentlichen Strafgerichte (insbesondere der Vertrauensausschuß nach § 40 GVG), Gleiwitz 1936, Diss. iur. Freiburg 1936 (U 36.3105)

2125 DETLEFS: Erfahrungen mit Schöffen und Geschworenen in der Zeit vor und nach der nationalsozialistischen Machtergreifung, in: Der Volksrichter in der neuen deutschen Strafrechtspflege, Berlin 1937, S. 23-25

2126 DOERNER, Karl: Das Laienrichtertum in der Strafrechtspflege. Ein rechtsgeschichtlicher und rechtsvergleichender Ausblick, DJ 1934, S. 153-156

2127 LEIMER: Erfahrungen mit Schöffen und Geschworenen in der Zeit vor und nach der nationalsozialistischen Machtergreifung, in: Der Volksrichter in der neuen deutschen Strafrechtspflege, Berlin 1937, S. 20-23

2128 MÜLLER, Paul: Laienrichter in der Strafrechtspflege?, Köln 1939, Diss. iur. Köln 1939 (39.5931)

2129 OETKER, Friedrich: Vorschlagsliste für Schöffen- und Schwurgericht, ZAkDtR 1936, S. 415-416

2130 RAMBKE: Erfahrungen mit Schöffen und Geschworenen in der Zeit vor und nach der nationalsozialistischen Machtergreifung, in: Der Volksrichter in der neuen deutschen Strafrechtspflege, Berlin 1937, S. 25-30

2131 SCHROEDER: Zur Schulung der Schöffen und Geschworenen, DJZ 1934, Sp. 904-909, 1054

2132 SCHWARZ: Die Laienrichter beim Rechtsrügegericht, ZAkDtR 1936, S. 623-625

2133 THIERACK, Otto: Der Laienrichter beim Reichsstrafgericht, ZAkDtR 1936, S. 347-348

2134 TROMMER, H.: Auswahl, Schulung und Belehrung der Laienrichter, JW 1935 III, S. 2595-2597

2135 VACANO, von: Erfahrungen mit Schöffen und Geschworenen in der Zeit vor und nach der nationalsozialistischen Machtergreifung, in: Der Volksrichter in der neuen deutschen Strafrechtspflege, Berlin 1937, S. 30-33

5.5.2.5 Volksrichter

2136 EBERT: Der "Volksrichter" im Vorverfahren und im Wiederaufnahmeverfahren sowie in besonderen Verfahrensarten, in: Der Volksrichter in der neuen deutschen Strafrechtspflege, Berlin 1937, S. 103-110

2137 FREISLER, Roland: Der Volksrichter in der neuen deutschen Strafrechtspflege, Beiträge zur Rechtserneuerung, Heft 3, Berlin 1937

2138 SCHAFHEUTLE: Die Auslese der Volksrichter, in: Der Volksrichter in der neuen deutschen Strafrechtspflege, Berlin 1937, S. 115 ff.

2139 SCHLÜTER: Der Volksrichter in der deutschen Rechtsgeschichte, in: Der Volksrichter in der neuen deutschen Strafrechtspflege, Berlin 1937, S. 166 ff.

5.5.2.6 Schwurgericht

2140 FREISLER, Roland: Das künftige Schwurgericht, DJ 1935, S. 151-153

2141 OETKER: Der Führergrundsatz und seine Ausgestaltung im schwurgerichtlichen Verfahren, GS 106 (1935), S. 21-32

2142 OETKER: Ein modernes Schwurgericht, GS 105 (1935), S. 337-347

2143 SPICHARTZ, Konrad: Das Schwurgericht, eine Einrichtung völkischer Rechtsfindung und Rechtsgestaltung im germanischen Recht, seine Geschichte und seine Stellung im Dritten Reich, Würzburg 1935, Diss. iur. Köln 1935 (U 35.4910)

2144 TÖWE: Das Schwurgericht, GS 105 (1935), S. 383-390

5.5.3 Staatsanwaltschaft

5.5.3.1 Zusammenfassungen

2145 BUSCH, Wolfgang: Die Staatsanwaltschaft im nationalsozialistischen Staat, DtR 1934, S. 61-63

2146 DAHM, Georg: Der Staatsanwalt im neuen Strafverfahren, DStR 1935, S. 257-267

2147 GÖRING, Hermann: Rede vor den Leitern der preußischen Staatsanwaltschaften, DJ 1934 II, S. 881-882

2148 HAAG: Die Bedeutung der Staatsanwaltschaft im nationalsozialistischen Staatsgefüge, DtR 1943, S. 564-566

2149 HAAG: Der Staatsanwalt, DJ 1944, S. 209-218

2150 HENKEL, Heinrich: Der Staatsanwalt, DtR 1935, S. 277-279

2151 JUNG: Die Staatsanwaltschaft als Anklagebehörde, DJ 1942, S. 95-99

2152 OETKER, Friedrich: Die Stellung der Staatsanwaltschaft im kommenden Strafverfahren, JbAkDtR 3 (1936), S. 80-100

2153 ROHLING, Walter: Stellung und Aufgabe des Staatsanwalts im künftigen Strafverfahren, DJZ 1935, Sp. 1346-1350

2154 SCHINNERER, Erich: Wirkungskreis und Organisation der Staatsanwaltschaften. Schriften der Akademie für Deutsches Recht, Gruppe Strafrecht und Strafverfahren, Nr. 6, Berlin 1938

2155 WEBER, Robert: Die Stellung der Staatsanwaltschaft im nationalsozialistischen Strafverfahren, Köln 1937, Diss. iur. Köln 1937 (U 37.6227)

5.5.3.2 Organisation

2156 BRETTLE, Emil: Zusammenarbeit der Reichsanwaltschaft und des Reichsgerichts, in: Erwin Bumke zum 65. Geburtstage, hrsg. von Wolfgang Mettgenberg, Berlin 1939, S. 163-192

2157 FREISLER, Roland: Das Weisungsrecht des Oberreichsanwalts, DStR 1939, S. 81-89

2158 KOCH: Amtsanwaltslaufbahn und Verwaltungsakademie, DtR 1939, S. 838-840

2159 SARKAMM, Erich: Die Entwicklung der Amtsanwaltschaft seit Kriegsausbruch, DtR 1941 B, S. 41-46

2160 SARKAMM, Erich: Über die Zukunft der Amtsanwaltschaft, DtRpfl 1937, S. 136-138

2161 SPAETH, Walther: Die Gehorsamspflicht des Staatsanwalts nach § 146 des Gerichtsverfassungsgesetzes, Leipzig 1934, Diss. iur. Freiburg 1934 (U 34.792)

2162 TÖWE: Der Reichs-Staatsanwalt, DJZ 1935, Sp. 411-413

5.5.3.3 Verhältnis zum Gericht

2163 SCHMIDT, Eberhard: Staatsanwalt und Gericht. Betrachtungen zur Verfahrensstruktur aufgrund der Novellengesetzgebung zur Reichsstrafprozeßordnung und der Reformvorschläge, in: Probleme der Strafrechtserneuerung, Eduard Kohlrausch zum 70. Geburtstage dargebracht, Berlin 1944, S. 263-318

2164 TÖWE: Staatsanwaltschaft und Gericht, GS 108 (1936), S. 20-40

5.5.3.4 Verhältnis zur Polizei

2165 BECKER, W.: Das Verhältnis der Staatsanwaltschaft zur Kriminalpolizei im neuen Strafverfahren, DStR 1938, S. 167-174

2166 DAHM, Georg: Staatsanwaltschaft und Kriminalpolizei, DtRwiss 3 (1938), S. 148-169

2167 DALUEGE: Staatsanwaltschaft und Polizei in der Verbrechensbekämpfung, DJ 1935 II, S. 1846-1850

2168 DEUSCHLE, Erich: Die Stellung der Staatsanwaltschaft im Ermittlungsverfahren, insbesondere ihr Verhältnis zur Kriminalpolizei und zu den im Ermittlungsverfahren tätigen gerichtlichen Behörden, Eßlingen 1936, Diss. iur. Tübingen 1936 (U 36.9357)

2169 KLAIBER: Staatsanwaltschaft und Kriminalpolizei, GS 106 (1935), S. 58-65

2170 MAY: Staatsanwaltschaft und Kriminalpolizei, LZ 1933, Sp. 232-236

2171 SCHNEIDENBACH: Staatsanwaltschaft und Kriminalpolizei, GS 106 (1935), S. 50-57

5.5.4 Beschuldigter

5.5.4.1 Allgemeines

2172 LÜHDORF, Hans: Der Ehrenschutz des Angeklagten im Strafverfahren und Strafurteil, Düsseldorf 1938, Diss. iur. Köln 1938 (U 38.5760)

2173 SCHIFFER, Heinz: Die Rechtsstellung des Beschuldigten im Strafprozeß, Würzburg 1933, Diss. iur. Köln 1933 (U 33.6879)

2174 WOLF, Erik: Zur Stellung des Beschuldigten im Strafverfahren, ZAkDtR 1937, S. 177-179

5.5.4.2 Einzelfragen

2175 ANGELBERGER, Wilhelm: Streitgenossenschaft im deutschen Strafverfahren. (Vergleich mit den Einrichtungen der Zivilprozeßordnung.), Karlsruhe 1938, Diss. iur. Heidelberg 1938 (U 38.4598)

2176 BRASS: Das Lügerecht des Angeklagten, DtR 1939, S. 849

2177 BRAUNMÜHL, von: Das Lügerecht des Angeklagten, DtR 1939 II, S. 1497

2178 DONAUBAUER: Beschuldigter oder Zeuge?, DtR 1939, S. 29-30

2179 DONAUBAUER, Rudolf: Gedanken eines Praktikers zum Strafverfahren: Verhandlungssabotage des Angeklagten, DtR 1937, S. 329-330

2180 ENGELHARD, Herbert: Die Vernehmung des Angeklagten und die damit zusammenhängenden Probleme, ZStW 58 (1939), S. 335-362

2181 GEROLD, Horst-Gerhard: Wahrheitspflicht und Weltanschauung, DtR 1937, S. 163-164

2182 GOLTZ, Graf von der: Angeklagter und Verteidiger im neuen Staat, DJZ 1934, Sp. 179-184

2183 JABLONSKI, Maximilian: Der Geisteskranke im Strafprozeß, Leipzig 1938, Diss. iur. Rostock 1938 (U 38.8479)

2184 KAHN, Leo: Stellvertretung im Strafverfahren, Köln 1936, Diss. iur. Köln 1936 (U 36.6037)

2185 MÖNNICH, Günther: Die strafrechtliche Verfolgung Politischer Leiter, Bleicherode 1938, Diss. iur. Köln 1938 (U 38.5767)

2186 NOACK, E.: Nochmals Angeklagter und Verteidiger im neuen Staat, JW 1934, S. 1030-1031

2187 RIETZSCH: Prozeßbetrug und Wahrheitspflicht, DStR 1934, S. 9-20

5.5.5 Verteidiger

5.5.5.1 Funktion des Anwalts

2188 ABITZ-SCHULTZE, Th.: Die neue Stellung der deutschen Anwaltschaft zur Volksgemeinschaft, JW 1935 III, S. 2593-2595

2189 ANONYM: Die Entwicklung der Rechtsanwaltschaft in Deutschland, PragJZ 1934, Sp. 693-700

2190 BEST, Werner: Rechtsbegriff und Begriff des Rechtswahrers, DtR 1936, S. 188-189

2191 BRAUSSE, Hans Bernhard: Rechtswahrer und Rechtswahrung im Reichsarbeitsdienst, DJ 1937, S. 697-701

2192 DIX, Rudolf: Totaler Staat und freie Advokatur, DJZ 1934, Sp. 243-247

2193 DROEGE: Gegenwartsprobleme der Anwaltschaft, DtR 1939, S. 1113-1118

2194 DROEGE, H.: Die Rechtsfertigung des Anwaltsberufes im nationalsozialistischen Volksstaat, JW 1938 III, S. 2505-2507

2195 DROEGE, H.: Wahrheitssuche und Rechtssuche - die wirksamsten Waffen des Rechtsanwalts, DtR 1939, S. 548-550

2196 EBERT: Diener des Rechts? - Kämpfer des Rechts!, DJ 1934 II, S. 1644-1645

2197 EHLERS, Heinrich: Über den Sinn des Anwaltsberufes, Karlsruhe 1940

2198 FIEDLER, Eberhard: Der Rechtsanwalt im Dritten Reich, Berlin 1933

2199 FRANK: Der Kriegseinsatz der Rechtswahrer, DtR 1941 II, S. 2529-2530

2200 FREISLER, Roland: Eignung zum Beruf des deutschen Rechtswahrers, DJ 1941, S. 645-649

2201 FREISLER, Roland: Gedanken zum Deutschen Rechtswahrertag 1939, DJ 1939, S. 821-828

2202 FREISLER, Roland: Neue Grundsätze für die Auslese der Rechtswahrer, DJ 1935, S. 583-586

2203 FREISLER, Roland: Rechtswahrergedanken zum Kriegsjahr 1940, DJ 1941, S. 6-19

2204 FREISLER, Roland: Der Rechtswahrer im Kampf des 4-Jahres-Planes, DJ 1936 II, S. 1630

2205 FRIEDLAENDER, Max: Fehlerhafte Staatsakte im Verfahren der Zulassung und Zurücknahme der Zulassung zur Rechtsanwaltschaft, in: Martin Drucker zum 65. Geburtstage, Leipzig 1934, S. 75-98

2206 FRIEDRICH, Eberhard: Der Rechtsanwalt als Rechtswahrer, JW 1938 II, S. 1300-1305

2207 GAERTNER, Willi: Gegenwärtige und zukünftige Berufsgestaltung des Anwalts als Fürsprech der Volksgenossen in der nationalsozialistischen Rechtsverwirklichung, JW 1935 II, S. 1393-1396

2208 GLÖCKNER, Otto: Die Zulassung zur Rechtsanwaltschaft, insbesondere seit 1933, Würzburg 1937, Diss. iur. Tübingen 1937 (U 37.9272)

2209 HANSSEN: Die Stellung des Rechtsanwalts als Organ einer starken nationalsozialistischen Rechtspflege, DtR 1944, S. 353-356

2210 JÜLICH, Hans: Der Anwaltsberuf - ein Ausbildungsproblem?, DtR 1939 II, S. 2100-2101

2211 KANEIN, Werner: Rechtsanwalt und Sachwalter, Berlin 1933, Diss. iur. Leipzig 1933 (n.f.d.A.) (U 33.6992)

2212 KESSLER: Der nationalsozialistische Rechtswahrer, ein Volkserzieher, DtRpfl 1936, S. 51-55

2213 LUETGEBRUNE: Die Stellung des Anwalts im neuen Staat, GS 104 (1934), S. 52-61

2214 MESSERSCHMIDT, Hermann: Der Rechtswahrer im nationalsozialistischen Reich, DJ 1940 II, S. 1278-1279

2215 NEUBERT: Berufsethos und Aufgaben der freien Diener des Rechts, DjR 7 (1933), S. 152-153

2216 NOACK, Erwin: Der freie Anwalt im Dritten Reich, JW 1936 II, S. 1746-1749

2217 NOACK, Erwin: Die Entjudung der deutschen Anwaltschaft, JW 1938 III, S. 2796-2797

2218 NOACK, Erwin: Die Stellung des Rechtsanwalts im nationalsozialistischen Staat, in: Frank, Hans (Hrsg.): Nationalsozialistisches Handbuch für Recht und Gesetzgebung, München 1935, S. 1525-1534

2219 NOACK, Erwin: Die Versorgung der Angehörigen der freien Berufe bei besonderem Einsatz, DtR 1939 II, S. 1877-1880

2220 PRAHL, Werner: Der Rechtsanwalt als Rechtswahrer, JW 1938 II, S. 1705-1707

2221 SCHMITT, Albert: Vom abstrakten Juristen zum berufenen Rechtswahrer, JuR 9 (1935), S. 223-224

2222 SCHUBERTH, Hans Viktor: Die Anwaltschaft im neuen Staat, DtR 1933, S. 6-8

2223 THIERACK, Otto: Wahrer des Rechts, Wahrer der Gerechtigkeit, JW 1936 II, S. 1929

5.5.5.2 Strafverteidiger

2224 FREISLER, Roland: Zur Stellung des Verteidigers im neuen Strafverfahren, DStR 1937, S. 113-125

2225 FRITZSCHE, H.: Die Aufgaben des Strafverteidigers, DtR 1939, S. 1118-1121

2226 GOLTZ, Graf von der: Die Stellung des Verteidigers im künftigen Strafprozeß, DStR 1935, S. 267-275

2227 GONELL, Günther: Die Stellung des Verteidigers im modernen Strafprozeß, Bleicherode 1936, Diss. iur. Göttingen 1936 (U 36.3573)

2228 HAUG, Otto: Die grundsätzliche Stellung des Verteidigers, Urach 1939, Diss. iur. Tübingen 1939 (U 39.8854)

2229 HORBER, Ernst: Die Rechtsstellung des Verteidigers im Strafprozeß, Würzburg 1933, Diss. iur. Würzburg 1934 (n.f.d.A.), Würzburger Abhandlungen zum deutschen und ausländischen Prozeßrecht, Heft 29 (U 34.2462)

2230 KALTER, Helmut: Die Rechtsstellung des Strafverteidigers, seine Pflichten und Rechte, Greifswald 1938, Diss. iur. Greifswald 1938 (U 38.3814)

2231 KLEFISCH, Theodor: Die Stellung des Strafverteidigers im Licht der heutigen Rechtsanschauung JW 1935 III, S. 3350-3353

2232 KÜHNE, Lotar: Der Verteidiger ohne fremdrechtliches Gewand, Berlin 1937, Diss. iur. Jena 1937, Schriftenreihe rechtswissenschaftlicher Arbeitsergebnisse, Arbeit 5 (U 37.5491)

2233 KÜHNE, Lothar: Der Einfluß des Liberalismus auf den Verteidiger, JuR 11 (1937), S. 240-243

2234 ORTLIEB, Friedrich: Der Verteidiger nach nationalsozialistischem Recht, Tübingen 1940, Diss. iur. Tübingen 1940 (U 40.6771)

2235 SACK, Alfons: Der Strafverteidiger und der neue Staat, Berlin 1935

2236 SCHULTZE, Hans: Der Verteidiger, DtR 1935, S. 280-281

5.5.5.3 Einzelfragen

2237 BECKER, Walter: Das Akteneinsichtsrecht des Verteidigers, DtRpfl 1936, S. 469-472

2238 BRAUNE, Günther: Die Schweigepflicht des Strafverteidigers, Berlin 1940, Diss. iur. Berlin 1939 (U 40.54)

2239 FREISLER, Roland: Gerichtliche Redekunst im Strafverfahren, in: Festschrift Justus Wilhelm Hedemann zum 60. Geburtstag, hrsg. von Roland Freisler, Georg Anton Löning und Hans Carl Nipperdey, Jena 1938, S. 161-178

2240 FRIEDEL, Bert: Die Akteneinsicht des Verteidigers im Strafprozess. Dargestellt nach geltendem Recht und nach den Entwürfen zu einem neuen Strafprozeßrecht, o.O. 1934, Diss. iur. Würzburg 1934 (U 34.5349)

2241 GAREISS, Friedrich Karl: Der Verteidiger in seinem Verhältnis zum Beschuldigten, Coburg 1933, Diss. iur. Erlangen 1933 (U 33.2646)

2242 HERMSDORF, Hans: Die strafrechtliche Verantwortlichkeit des Verteidigers wegen Begünstigung, Leipzig 1934, Diss. iur. Leipzig 1934 (U 34.4579)

2243 HOMANN, Werner: Von den Anwaltsdelikten und ihrer Begehung durch den Anwaltsnachwuchs, Würzburg 1938, Diss. iur. Halle 1938 (U 38.3979)

2244 KESSLER: Der Jugendverteidiger, DtR 1940 B, S. 222-225

2245 KLEINJUNG, Hans: Das Recht des Strafverteidigers auf Akteneinsicht, o.O. 1934, Diss. iur. Frankfurt 1934 (U 35.88)

2246 KNAAK, Hans-Otto: Die Grenzen der Schweigepflicht des Rechtshelfers in Strafsachen. Ein Beitrag zur Frage der Geständnisoffenbarung durch den Verteidiger im kommenden Strafrecht , Würzburg 1941, Diss. iur. Hamburg 1942 (n.f.d.A.) (U 43.2749)

2247 PERSIKE, Hans-Günter: Die Begünstigung durch den Verteidiger, Oppeln 1934, Diss. iur. Breslau 1934 (U 34.5879)

2248 PESTALOZZA, Anton von: Über die Wahrheitspflicht des Anwalts als Verteidiger im Strafprozeß, in: Martin Drucker zum 65. Geburtstage, Leipzig 1934, S. 152-161

2249 STRUBE, W.: Der Verteidiger im Verkehr mit dem Untersuchungshäftling, BlGk 66 (1935), S. 174-178

2250 TÖWE: Die Verteidigung im Vorverfahren und beim Übergang zum Hauptverfahren im neuen Strafprozeß, GS 107 (1936), S. 77-107

2251 UEDING, Hans: Die rechtlichen Grenzen der Verteidigung des Beschuldigten im Strafverfahren, Leipzig 1936, Diss. iur. Köln 1936 (U 36.6130)

5.5.5.4 Notwendige Verteidigung

2252 GREFFIN, Günter: Der amtlich bestellte Verteidiger im deutschen Strafprozeß, Jena 1937, Diss. iur. Halle 1937 (U 37.4227)

2253 STRAUSS: Die notwendige Verteidigung, GS 108 (1936), S. 247-261

2254 TÖWE: Die notwendige Verteidigung im neuen Strafverfahren, DtR 1936, S. 437-439

2255 UNNERSTALL, Hubert: Die notwendige Verteidigung im Strafverfahren, o.O. 1944, Diss. iur. Tübingen 1944 (n.f.d.A.) (U 44.8136)

5.5.5.5 Ausschluß

2256 GRUBE, Walter: Der Ausschluß von Strafverteidigern wegen Begünstigung, Emsdetten 1934, Diss. iur. Köln 1934 (U 34.4384)

2257 KIRSCHNER, Karl: Die Frage des Ausschlusses des Verteidigers von der Verteidigung, Gelnhausen 1935, Diss. iur. Frankfurt 1934 (U 36.2750)

2258 MÜHLHAUS , Hans: Kann ein selbst Verdächtiger Strafverteidiger sein?, Emsdetten 1937, Diss. iur. Köln 1937 (U 37.6149)

5.5.6 Zeuge

2259 HAAG, Ferdinand: Die Zeugen vom Hörensagen im Strafprozeß, DJ 1937, S. 809-813

2260 HARRER, Georg: Die Eidesmündigkeit im modernen Strafrecht, Forchheim 1934, Diss. iur. Erlangen 1934 (U 34.6068)

2261 KLEINMANN, Karl: Die informatorische Zeugenvernehmung im Strafprozeß, München 1933, Diss. iur. Freiburg 1933 (U 33.5810)

2262 LEHMANN, Rudolf: Das Ermessen des Strafrichters beim Absehen von der Vereidigung, DJ 1936 II, S. 1008-1012

2263 LÖHR, Arthur: Die ärztliche Schweigepflicht und ihre Grenzen im Strafverfahren, Erlangen 1934, Diss. iur. Erlangen 1934 (U 34.6110)

2264 NIEDERREUTHER: Zeugnisverweigerungsrecht und Strafverfahrensreform, ZAkDtR 1938, S. 470-473

2265 TÖWE: Die Mittel der Wahrheitserforschung (Zeugenbeweis), in: Gürtner (Hrsg.): Bericht der amtlichen Strafprozeßkommission, Berlin 1938, S. 206-241

2266 TRUKENMÜLLER, Erich: Der sachverständige Zeuge im Strafprozeß, Eisfeld 1937, Diss. iur. Erlangen 1937 (U 37.2599)

5.5.7 Sachverständiger

2267 SCHINNERER, Erich: Das kriminalbiologische Gutachten und die Verwendung sachverständiger Laienrichter im Strafverfahren, MonKrim 30 (1939), S. 9-17

2268 VACANO, von: Die Mittel der Wahrheitserforschung (Sachverständige und Augenschein), in: Gürtner (Hrsg.): Bericht der amtlichen Strafprozeßkommission, Berlin 1938, S. 242-254

5.5.8 Dolmetscher

2269 FRICK, Ernst: Der Dolmetscher im Strafprozeß, Würzburg 1936, Diss. iur. Würzburg 1936 (U 36.9590)

5.5.9 Gerichtshilfe

2270 HOFMANN, Fritz: Die rechtliche Stellung der Gerichtshilfe im Strafverfahren, o.O. 1933, Diss. iur. Bonn 1933 (U 34.235)

2271 MITTELBERGER, Jutta von: Die Stellung der Gerichtshilfe in der Hauptverhandlung, Würzburg 1933, Diss. iur. Erlangen 1934 (U 34.511)

2272 SEEMANN, Werner: Vorschläge zur organisatorischen Gestaltung und strafprozessualen Verwertung der sozialen Gerichtshilfe, Würzburg 1933, Diss. iur. Bonn 1933 (U 33.5121)

5.6 Ermittlungsverfahren

5.6.1 Allgemeines

2273 HAAG, F.: Der Tatverdacht und seine Folgen im geltenden und künftigen Strafprozeß, MonKrim 28 (1937), S. 378-385

2274 KLODT, Hans: Das Vorverfahren im Strafverfahrensrecht. Grundsätzliches und Stellungnahme zu der Denkschrift des NS-Rechtswahrerbundes, DtR 1937, S. 277-281

2275 WENZLAU, Friedrich: Über die Stellung des Staatsanwalts im Vorverfahren. Ein Beitrag zur Entwicklung und Gestaltung des Vorverfahrens, Glückstadt 1936, Diss. iur. Halle 1936 (U 36.4183)

5.6.2 Gerichtliche Voruntersuchung

2276 ARNDT, Adolf: Das Recht des Angeschuldigten auf Voruntersuchung, Archiv für Rechtspflege in Sachsen, Thüringen und Anhalt 1933, S. 305-319

2277 BECKER, W.: Die Zukunft der richterlichen Voruntersuchung, GS 109 (1937), S. 175-184

2278 KRAUSS, Otto: Die Abschaffung der gerichtlichen Voruntersuchung und die Organisation von Staatsanwaltschaft und Kriminalpolizei, Nürtingen 1933, Diss. iur. Tübingen 1933 (U 33.4542)

2279 ROHLING, Walter: Staatsanwalt oder Untersuchungsrichter?, DJ 1935 II, S. 1185-1187

2280 STEINHAUER, Hans-Hermann: Die rechtliche Stellung des Angeschuldigten in der gerichtlichen Voruntersuchung, Hamburg 1935, Diss. iur. Hamburg 1935 (U 35.7472)

5.6.3 Anklageerhebung

2281 BECKER: Auflockerung des Verfolgungszwangs im Strafverfahren, DJ 1942, S. 162

2282 HENNIG, Martin: Staatsanwalt oder Privatkläger? Die Gestaltung der Anklagebefugnis im nationalsozialistischen Rechtsstaat, Dresden 1934, Diss. iur. Leipzig 1934 (U 34.7505)

2283 KIEPER, Herbert: Die Durchbrechung des Legalitätsprinzips durch § 153 St.P.O., o.O. 1934, Diss. iur. Kiel 1934 (U 34.7199)

2284 KRUG, August Luitpold: Über die Entwicklung und Bedeutung der Strafverfolgungsgrundsätze im deutschen Strafverfahren, Würzburg 1937, Diss. iur. Marburg 1937 (U 37.7458)

2285 MUTH, Walter: Die Rechtshängigkeit im deutschen Strafprozeß. Ihr Wesen und ihre Wirkungen, Bochum 1933, Diss. iur. Tübingen 1933 (U 33.7682)

2286 OETKER: Legalität, Opportunität, Klageerzwingung, GS 105 (1935), S. 370-382

2287 SCHÄFER, Ernst: Die Auflockerung des Verfolgungszwanges im künftigen Strafprozeß und der Gedanke der materiellen Gerechtigkeit, DStR 1935, S. 247-257

2288 STRATMANN, Werner: Die Grundsätze des Verfolgungszwanges und der Verfolgungsfreiheit (Legalitäts- und Opportunitätsprinzip) im deutschen Strafprozeß unter besonderer Berücksichtigung der nationalsozialistischen Strafrechtserneuerung, Düsseldorf 1938, Diss. iur. Bonn 1938 (U 38.1310)

2289 TÖWE: Legalität und Opportunität, GS 108 (1936), S. 146-159

2290 VOGEL, Heinz von: Auflockerung des Strafverfolgungszwangs bei fehlendem Sühnebedürfnis, DtR 1940 B, S. 204-205

5.6.4 Klageerzwingung

2291 KRONAST, Hans: Das Klageerzwingungsverfahren. (§ 172-§ 177 StPO.), Düsseldorf 1934, Diss. iur. Erlangen 1935 (U 35.3990)

2292 TÖWE: Das Klageerzwingungsverfahren, GS 108 (1936), S. 262-279

5.6.5 Einstellung

2293 KREUSCH, Max: Die Bekämpfung des Erpressertums im neuen Strafrecht (§ 154b StrPO.), Köln 1936, Diss. iur. Köln 1937 (U 37.6128)

2294 LEPPIN, Rudolf: Verfahrenseinstellung statt Freisprechung, DtR 1939, S. 1040

2295 OETKER: Einstellung des Strafverfahrens wegen Prozeßvoraussetzungsmangels und Abbruch der Hauptverhandlung wegen fehlender Urteilsvoraussetzung, GS 107 (1936), S. 316-350

2296 SCHUBART: Verfahrenseinstellung statt Freisprechung, DtR 1939, S. 1038-1039

2297 VERSEN, Horst: Form und Wirkung der Einstellungen im Strafprozeß, Düsseldorf 1937, Diss. iur. Bonn 1937 (U 37.1350)

2298 ZIRKEL, Wilhelm Josef: Absehen von Strafe und Absehen von Klage (§ 153 StPO), Düsseldorf 1936, Diss. iur. Freiburg 1936 (U 36.3151)

5.6.6 Haft

5.6.6.1 Allgemeines

2298 BLOEM, Liselotte: Die Situation der Straferwartung in der Untersuchungshaft, Heidelberg 1934, Diss. phil. Hamburg 1935 (n.f.d.A.) (U 35.7683)

2299 DOERFFLER: Die Untersuchungshaft, in: Gürtner (Hrsg.): Bericht der amtlichen Strafprozeßkommission, Berlin 1938, S. 265-279

2300 FLÜGGE, Ludwig: Der rechtspolitische Zweck des Haftbefehls, LZ 1933, Sp. 1187-1188

2301 JÄGER: Stellung und Aufgaben des Richters in Haftsachen, DJ 1942, S. 447-450

2302 REINTHALER, Hans: Die Untersuchungshaft und die einstweilige Unterbringung. (Nach dem Stand des Gesetzes vom 24. April 1934.), Aschaffenburg 1935, Diss. iur. Erlangen 1935 (U 35.6904)

2303 SCHULTZ, Herbert: Überblick über die Bestrebungen zur Reform der Untersuchungshaft, BlGk 68 (1937/38), S. 103-112

2304 STREIBL, Remig: Die Voraussetzungen der gerichtlichen Verhaftung im neuen Strafprozessrecht, Ebersberg 1938, Diss. iur. München 1939 (U 39.7195)

2305 STRUBE, Walter: Die Untersuchungshaft in Deutschland und Gedanken über die Neugestaltung der DVU (Preußische Verordnung über die Durchführung der Untersuchungshaft), BlGk 66 (1935), S. 256-268

5.6.6.2 Einzelheiten

2306 GÜNTHER, Hans: Die Rechtsbeziehungen des Untersuchungsgefangenen zum Staat in ihrer Auswirkung auf den Vollzug der Untersuchungshaft insbesondere in Preußen, Frankfurt 1933, Diss. iur. Frankfurt 1933 (U 34.590)

2307 ROHLING, Walter: Untersuchungshaft zur Sicherung vor Verbrechen, DJ 1936, S. 333-335

2308 TÖWE: Die Kollusionshaft, DtR 1942 B, S. 155-156

2309 WURST, Bruno: Zuständigkeit für die Prüfung der Fortdauer der Untersuchungshaft, DRpfl 1936, S. 517-519

5.6.7 Weitere Zwangsmaßnahmen

2310 BAUSENHART, Walter: Augenscheinseinnahme und Durchsuchung im geltenden Strafprozeßrecht und in den Entwürfen, Tübingen 1933, Diss. iur. Tübingen 1933 (U 33.7666)

2311 GALANDER, Wilhelm: Die Fahndungs- und Erforschungshilfsmittel der Kriminalpolizei und ihre strafprozessuale Berechtigung und Bedeutung, Viersen 1933, Diss. iur. Köln 1933 (U 33.6854)

2312 GEISS, Leo: Die Vermögensbeschlagnahme zwecks Gestellung des abwesenden Beschuldigten (§§ 290, 291, 292, 293 Str.P.O.), Würzburg 1934, Diss. iur. Würzburg 1934 (U 34.8402)

2313 HUSS, Otto Paul: Die körperliche Untersuchung im Strafverfahren. Auch unter Berücksichtigung der Rechtslage vor dem 24. November 1933, München 1934, Diss. iur. Erlangen 1934 (U 34.6082)

2314 MACHULE, Walther: Der Körper des lebenden Menschen als Gegenstand kriminalpolizeilicher Erforschungsmittel, Ohlau 1935, Diss. iur. Breslau 1935 (U 35.6661)

2315 SCHAFHEUTLE: Beschlagnahme, Durchsuchung, Untersuchung, in: Gürtner (Hrsg.): Bericht der amtlichen Strafprozeßkommision, Berlin 1938, S. 280-305

2316 SIARA, Georg: Strafprozessuale und polizeiliche Beschlagnahme, Emsdetten 1936, Diss. iur. Halle 1936 (U 36.4173)

2317 STAIB, Otto: Augenscheinseinnahme und Durchsuchung im geltenden Strafprozeßrechte und ihre Regelung in den neueren Entwürfen, Heilbronn 1933, Diss. iur. Tübingen 1933 (U 33.4562)

2318 TEPEL, Otto: Das Recht des Erkennungsdienstes zur Fingerabdrucknahme nach altem und neuem Recht, Coburg 1935, Diss. iur. Erlangen 1935 (U 35.6926)

5.7 Zwischenverfahren

2319 BECKER, W.: Der Eröffnungsbeschluß im kommenden Strafprozeß, DJ 1935 II, S. 1381-1382

2320 BLANKENBURG, Heinz: Die Eröffnung der richterlichen Untersuchung im deutschen Recht der Gegenwart und Zukunft, ferner nach österreichischem, französischem, englischem und italienischem Recht, Düsseldorf 1937, Diss. iur. Jena 1939 (U 39.5257)

2321 JÜNGER, Wilhelm: Das Eröffnungsverfahren im Strafprozeß. (Eine systematisch-dogmatische und rechtspolitische Betrachtung), Köln 1934, Diss. iur. Köln 1934 (U 34.1514)

2322 LICHTENBERGER: Wegfall des Zwischenverfahrens im kommenden Strafprozeß, DtRpfl 1937, S. 138-139

2323 NAGLER, J.: Das Zwischenverfahren, GS 111 (1938), S. 342-371

2324 OETKER: Der Übergang vom Vorverfahren zum Hauptverfahren, GS 106 (1935), S. 314-328

2325 OETKER: Der Wert des Eröffnungsbeschlusses, GS 106 (1935), S. 66-84

2326 SCHRÖDER, Hans: Die richterliche Prüfung im Zwischenverfahren, Hamburg 1942, Diss. iur. Hamburg 1943 (n.f.d.A.) (U 43.2764)

2327 SIKORSKI, Fritz: Für und Wider den Eröffnungsbeschluß im Strafverfahren, Coburg 1936, Diss. iur. Erlangen 1936 (U 36.2496)

5.8 Hauptverfahren

5.8.1 Allgemeines

2328 HENKEL, Heinrich: Die Hauptverhandlung im kommenden Strafverfahren, DStR 1935, S. 401-431

2329 SCHROERS, Herbert: Die Umgestaltung der Hauptverhandlung unter besonderer Berücksichtigung der geschichtlichen Entwicklung des Strafverfahrens und in kurzer vergleichender Darstellung der Hauptverhandlung im faschistischen Strafverfahrensrecht, Emsdetten 1936, Diss. iur. Halle 1936 (U 36.4171)

5.8.2 Beteiligte

2330 CUNO, Wilderich: Die Ausschließung des Richters in den Fällen des § 23 StPO., Coburg 1934, Diss. iur. Freiburg 1935 (U 35.1049)

2331 MAHN: Der Staatsanwalt in der Hauptverhandlung, ZAkDtR 1937, S. 113-115

2332 ROSTOSKY, Friedrich: Die Stellung des Schriftführers im kommenden Strafverfahren, DtR 1936, S. 452-454

2333 SCHÖNWETTER, Heinrich: Die Stellung der Beisitzer im Hauptverfahren, Oberviechtach 1934, Diss. iur. Erlangen 1934 (U 34.524)

2334 SCHRECK, Bruno: Das Erfordernis der Anwesenheit des Angeklagten in der Hauptverhandlung, Danzig 1937, Diss. iur. Bonn 1937 (U 37.1345)

2335 TÖWE: Vorsitzender und Beisitzer im neuen Strafprozeß, ZAkDtR 1936, S. 295-298

5.8.3 Einzelfragen

2336 BEPLER: Die Erörterung der Vorstrafen des Angeklagten in der Hauptverhandlung, DtR 1939, S. 763-764

2337 GARBE, W.: Die Erweiterung der Anklage in der Hauptverhandlung des Strafprozesses, DJZ 1936, Sp. 239-240

2338 HIPPEL, R. von: Die Abschaffung der Monstreprozesse, MonKrim 26 (1935), S. 241-246

2339 LIEBSCH, Albert: Die mit der rechtlichen Bedeutung des Kreuzverhörs in Zusammenhang stehenden Rechtseinrichtungen, insbesondere deren Beurteilung nach englischem und deutschem Rechtsempfinden, Dresden 1937, Diss. iur. Leipzig 1937 (U 37.6805)

2340 NÜSE, Karl-Heinz: Beschränkt rechtskräftige Außerverfolgungssetzung eines Beschuldigten ohne Hauptverhandlung?, DJ 1937 II, S. 1220-1223

2341 PESTALOZZA, Graf von: Die Erörterung der Vorstrafen des Angeklagten in der Hauptverhandlung, DtR 1939 B, S. 111-113

2342 SCHRETZMEIER, Hans: Das Fragerecht in der Hauptverhandlung, Coburg 1936, Diss. iur. Erlangen 1936 (U 36.2481)

2343 SIEGERT, Karl: Wie lassen sich Riesenprozesse abkürzen?, ZAkDtR 1935, S. 549-559

2344 STOCK, Hans: Die Reform der Strafprozeßordnung unter dem Gesichtspunkt der Abkürzung sogenannter Monstreprozesse, ZAkDtR 1935, S. 541-543

2345 THOSTE, Werner: Der Monstreprozeß. Seine Mängel und ihre Beseitigung, Würzburg 1936, Diss. iur. Jena 1936 (U 36.5386)

5.8.4 Mündlichkeit und Unmittelbarkeit

2346 FRISCH, Karl: Die Stellung und Bedeutung des § 252 St.P.O. in Lehre und Rechtsprechung, Augsburg 1936, Diss. iur. Erlangen 1936 (U 36.2329)

2347 GARTZEN, Walter von: Der Grundsatz der Mündlichkeit im Strafprozess, Heidelberg 1936, Diss. iur. Heidelberg 1936 (n.f.d.A.) (U 36.4807)

2348 KINZLER, Theo: Richterliche, staatsanwaltliche und polizeiliche Vernehmungsprotokolle, o.O. 1944, Diss. iur. Tübingen 1944 (n.f.d.A.) (U 44.8123)

2349 OETKER: Mündlichkeit und Unmittelbarkeit im Strafverfahren, GS 105 (1935), S. 1-25

2350 STEGMAIER, Hans: Die Frage der Unmittelbarkeit bei der Behandlung der Zeugen und Sachverständigen in der Gesetzgebung und im Schrifttum des reformierten deutschen Strafprozesses vor der Reichsstrafprozeßordnung, Mainz 1935, Diss. iur. Gießen 1935 (U 35.4234)

5.8.5 Öffentlichkeit

2351 BEESE, Wilhelm: Der Grundsatz der Öffentlichkeit im deutschen Strafprozeß, Kiel 1938, Diss. iur. München 1938 (U 38.7101)

2352 ROTHAUG, Oswald: Gedanken zur Öffentlichkeit der Hauptverhandlung, DtR 1943, S. 1018-1021

2353 SCHOENING, Hans-Joachim: Der Begriff der Öffentlichkeit im Strafrecht, o.O. 1942, Diss. iur. Erlangen 1942 (n.f.d.A.) (U 42.2043)

2354 SCHUCKERT, Rolf: Der Grundsatz der Volksöffentlichkeit im deutschen Zivil- und Strafprozeßrecht, Schramberg 1936, Diss. iur. Freiburg 1936 (U 36.3140)

2355 SCHWABE: Die Öffentlichkeit des Rechtsverfahrens, DtR 1936, S. 445-448

2356 TÖWE: Die Öffentlichkeit im neuen Strafverfahren, GS 107 (1936), S. 280-308

2357 WILLIES, Friedrich Wilhelm: Die Öffentlichkeit im Strafverfahren, Bremen 1940, Diss. iur. Göttingen 1940 (U 40.2831)

5.8.6 Gerichtsberichterstattung

2358 KIRSCHBAUM, Ernst: Ueber die Zulässigkeit von Rundfunkübertragungen aus dem Strafgerichtssaal, Siegburg 1934, Diss. iur. Bonn 1934 (U 34.3028)

2359 MAHLICH, Norbert: Freiheit und Schranken der Gerichtsberichterstattung in Strafsachen, Oderberg 1935, Diss. iur. Freiburg 1935 (U 35.4171)

2360 PREL, Freiherr du: Gerichtsberichterstattung im Strafprozeß, ZAkDtR 1935, S. 543-545

5.8.7 Sitzungspolizei

2361 DURRIEU, Theodor: Die Sitzungspolizei nach Deutschem Gerichtsverfassungsgesetz, Wandsbek 1933, Diss. iur. Freiburg 1933 (U 33.2894)

2362 SCHMIDT, Albert: Ordnung und Würde in den Gerichtssitzungen, DJ 1933, S. 403-405

2363 TÖWE: Die Sitzungspolizei im neuen Strafprozeß, GS 107 (1936), S. 298-308

2364 WILD, Moritz: Die Sitzungspolizei in Strafsachen, Bottrop 1933, Diss. iur. Erlangen 1933 (U 33.5565)

5.8.8 Protokoll

2365 ROBITSCHEK, Erhard: Protokollverlesung und Rechtskraft der Anklage, PragJZ 1934, Sp. 683-688

2366 SCHWARZ, Otto: Beweiskraft der Sitzungsniederschrift, DStR 1934, S. 96-100

2367 SEIDEL, Willi: Sicherung der Tatsachenfeststellungen im Strafverfahren durch besseres Protokoll?, DtR 1937, S. 417-421

2368 TÖWE: Das Hauptverhandlungsprotokoll, ZAkDtR 1936, S. 1028-1032

5.9 Beweis

5.9.1 Allgemeines, Überzeugungsbildung

2369 DOHN, Günter: Die Entwicklung der Wahrheitserforschung im Prozeß, Würzburg 1937, Diss. iur. Breslau 1937 (U 37.1803)

2370 GEBHARDT, Hellmut: Die Freiheit des Strafrichters bei der Beweiswürdigung, Würzburg 1939, Diss. iur. Hamburg 1939 (U 39.4002)

2371 HAAG, Ferdinand: Beweisfragen des geltenden und künftigen Strafprozesses, DStR 1938, S. 409-423

2372 HAERTER, Hans: Das Wesen der Überzeugung des Strafrichters, Düsseldorf 1936, Diss. iur. Gießen 1936 (U 36.3353)

2373 LAGRÈZE, Hans Eberhart: Die Erfahrungssätze im Zivil- und Strafprozeß, Berlin 1938, Diss. iur. Halle 1938 (U 38.3984)

2374 STRATHMEYER, Hermann: Die Beweisaufnahme während der Vorbereitung der Hauptverhandlung, Erlangen 1933, Diss. iur. Erlangen 1933 (U 33.5555)

2375 WRÜCK, Hans: Zum heutigen Stande der Frage nach dem Wesen der Überzeugung des Strafrichters, Würzburg 1937, Diss. iur. Leipzig 1937 (U 37.6872)

5.9.2 Umfang

2376 BÄR, Rudolf: Zum Umfang der Beweisaufnahme im Strafverfahren, Würzburg 1935, Diss. iur. Bonn 1935 (U 35.3614)

2377 BÄURLE, Hugo: Die Entscheidung über den Beweis im Strafverfahren nach freiem Ermessen, München 1936, Diss. iur. Erlangen 1937 (U 37.2451)

2378 KLEE, Hans-Joachim: Das freie Ermessen des Strafrichters bei der Bestimmung des Umfangs der Beweisaufnahme, DJ 1937 II, S. 1384-1388

2379 KLEE, Hans-Joachim: Die Bestimmung des Umfangs der Beweisaufnahme im Strafverfahren. Ein Beitrag zu den allgemeinen Lehren und zur Geschichte des Strafverfahrens, Berlin 1937, Diss. iur. Berlin 1937 (U 37.87)

2380 KNAUT, Martin: Schluß mit der restlosen Tatsachenaufklärung im Strafverfahren, DtR 1933, S. 183-184

2381 MEDER, Gustav Adolf: Die Ablehnbarkeit des Sachverständigenbeweises im Strafprozeß, Zeulenroda 1933, Diss. iur. Erlangen 1933 (U 33.5516)

5.9.3 Beweismittel und -arten

2382 JUCHEMS, Hermann: Das Geständnis im Zivil- und Strafprozeß, Düsseldorf 1935, Diss. iur. Köln 1935 (U 35.4864)

2383 ROSS, Erwin: Zur Lehre vom Augenschein im Strafprozeß, Pirmasens 1935, Diss. iur. Erlangen 1936 (U 36.2460)

2384 SCHÖNMÜLLER, Richard: Das Geständnis als Beweismittel unter Berücksichtigung der Forschungsergebnisse der Rassenpsychologie, Bochum 1937, Diss. iur. Köln 1937 (U 37.6196)

2385 WROBLEWSKI, Herbert: "Freibeweis" im Strafverfahren?, Leipzig 1935, Diss. iur. Jena 1935 (U 35.7984)

5.9.4 Beweiswürdigung

2386 BLUME, Ilse: Die Vorwegnahme des Beweisergebnisses im heutigen Strafprozess, o.O. 1943, Diss. iur. Leipzig 1943 (n.f.d.A.) (U 43.4010)

2387 DOHNA, Alexander Graf zu: Das Problem der vorweggenommenen Beweiswürdigung im Strafverfahren, in: Probleme der Strafrechtserneuerung, Eduard Kohlrausch zum 70. Geburtstage dargebracht, Berlin 1944, S. 319-338

2388 MATTERN, Friedrich: Die "Wahrunterstellung" im Strafprozess, Bruchsal 1933, Diss. iur. Heidelberg 1933 (U 33.6385)

2389 MEISTER, Oskar: In dubio pro societate?, DjR 10 (1934), S. 246-248

2390 MOSER, Konrad: "In dubio pro reo". Die geschichtliche Entwicklung dieses Satzes und seine Bedeutung im heutigen deutschen Strafrecht, München 1933, Diss. iur. München 1933 (U 33.1504)

2391 SCHERZ, Hans-Werner: Beweisführung und Beweiswürdigung nach kritisch-graphologischer Untersuchungsmethode, Bottrop 1943, Diss. iur. Köln 1944 (U 44.5681)

5.9.5 Wahlfeststellung

2392 BECHER, Josef: Das alternative Strafurteil, Düsseldorf 1939, Diss. iur. Köln 1939 (U 39.5871)

2393 DÜNHAUPT, Heinz-Wilhelm: Die alternative Entscheidung im Strafprozeß, Quakenbrück 1935, Diss. iur. Göttingen 1934 (U 35.1195)

2394 GAREIS, Georg: Alternativität im Strafrecht, Schramberg 1933, Diss. iur. Erlangen 1933 (U 34.486)

2395 HAUCK, Rudolf: Das Problem der alternativen Feststellung im Strafrecht, Köln 1936, Diss. iur. Köln 1936 (U 36.6021)

2396 KLATTE, Gerhard: Die Wahlfeststellung (§§ 2b StGB. und 267b StPO.), Düsseldorf 1937, Diss. iur. Frankfurt 1938 (U 38.2637)

2397 NÜTZEL, Helmut: Die Wahlfeststellung im geltenden Strafrecht, Coburg 1937, Diss. iur. Erlangen 1937 (U 37.2545)

2398 SCHULZE, Ernst: Die sogenannte Wahlfeststellung im Strafrecht früher und heute, Berlin 1937, Diss. iur. München 1937 (U 37.7745)

2399 SCHWARZ, Friedrich: Wahlfeststellungen im Strafverfahren nach geltendem und kommendem Recht. (Eine kritische Würdigung der §§ 2b StGB und 267b StPO.), Breslau 1936, Diss. iur. Greifswald 1936, Strafrechtliche Abhandlungen, Heft 368 (U 36.3936)

2400 STAHL, Wilhelm: Die Wahlfeststellung im Strafurteil, § 2b StGB., § 267b StPO., Erlangen 1937, Diss. iur. Erlangen 1937 (U 37.2588)

2401 STROBACH, Rudolf: Die Wahlfeststellung im Strafverfahren nach der Novelle vom 28. Juni 1935, Düsseldorf 1937, Diss. iur. Göttingen 1937 (U 37.3730)

2402 URBAN, Hans-Georg: Die Grenzen der Zulässigkeit wahlweiser Tatsachenfeststellungen im Strafurteil, Eisfeld 1935, Diss. iur. Erlangen 1935 (U 35.800)

5.10 Urteil

2403 DAHM, Georg: Das freisprechende Urteil im Strafverfahren, DtR 1936, S. 34-41

2404 FREISLER, Roland: Gedanken zur Wahrheit und Klarheit nationalsozialistischer Rechtskunst in der Urteilsfindung, DGWR 1940, S. 217-220

2405 HENNERICI: Entgegnung zu: Die Berichtigung des Strafurteils, DtR 1941 B, S. 46

2406 LINKHORST: Urteilsbegründung aus dem Gemeinschaftsgedanken, DtR 1939 B, S. 114-115

2407 SEMAR, Ludwig: Das richterliche Beratungsgeheimnis, Freiburg 1934, Diss. iur. Freiburg 1934 (U 34.6404)

2408 TÖWE: Das Urteil im neuen Strafverfahren, GS 114 (1940), S. 70-100

5.11 Anfechtung

5.11.1 Allgemeines

5.11.1.1 Zusammenfassungen

2409 DOHNA, Graf zu: Die Anfechtbarkeit rechtskräftiger Strafurteile, DStR 1936, S. 16-24

2410 HAAG: Die Zustimmung des Beschuldigten zur Rücknahme eines zu seinen Gunsten eingelegten Rechtsmittels, DtR 1939, S. 850

2411 MAHR, Carl: Die strafprozessualen Rechtsmittel des gesetzlichen Vertreters eines Beschuldigten und die Folgen bei seinem Ausbleiben in der Hauptverhandlung (§§ 298, 330 StPO), DtR 1939 B, S. 159-160

2412 SCHIRMER, Liselotte: Die Beschränkungen der Rechtsmittel im Strafprozeß, Würzburg 1933, Diss. iur. Jena 1933 (U 33.3572)

2413 SIEGERT, Karl: Berufung und Revision im Strafverfahren, in: Gegenwartsfragen der Strafrechtswissenschaft, Festschrift zum 60. Geburtstag von Graf W. Gleispach, Berlin/Leipzig 1936, S. 138-172

2414 SIMON, Hans-Joachim: Die Rechtsmittel in der deutschen Strafprozeßordnung seit 1877 unter besonderer Berücksichtigung ihrer Einschränkungen, Schramberg 1935, Diss. iur. Freiburg 1935 (U 35.4176)

2415 STEGMEYER: Die strafprozessualen Rechtsmittel des gesetzlichen Vertreters eines Beschuldigten usw., DtR 1939 B, S. 369

2416 STURM, Friedrich: Rechtsmittel im Strafverfahren, DtR 1939 B, S. 55-61

5.11.1.2 Reform

2417 DOERFFLER, Fritz: Die Rechtsmittel im künftigen Strafverfahren, DStR 1935, S. 275-283

2418 DOERFFLER: Die Urteilsrüge, in: Der Volksrichter in der neuen deutschen Strafrechtspflege, Berlin 1937, S. 156-165

2419 HARTUNG, Fritz: Die Rechtsmittel nach dem Vorentwurf einer neuen Strafverfahrensordnung, ZStW 57 (1938), S. 89-106

2420 KLEE, Karl: Zum künftigen Rechtsmittelsystem in Strafsachen, DStR 1944, S. 21-30

2421 NEUKAMP, Franz: Vorschläge zur Umgestaltung der Rechtsmittel im Strafprozeß, MonKrim 25 (1934), S. 610-613

2422 OETKER: Die Revision im künftigen Strafverfahren, GS 107 (1936), S. 32-47

2423 SCHÄFER, Ernst: Die Stellung der Revision im künftigen Strafverfahren, in: Beiträge zum Recht des neuen Deutschland, Festschrift für Franz Schlegelberger zum 60. Geburtstage, hrsg. von Erwin Bumke, J. Wilhelm Hedemann und Gustav Wilke, Berlin 1936, S. 139-164

2424 SCHAFFSTEIN, Friedrich: Revision und Berufung im künftigen Strafverfahren, DStR 1935, S. 465-483

2425 SCHWINGE, Erich: Abschaffung der Rechtsmittel im Strafprozeß?, ZAkDtR 1937, S. 589-592

2426 SCHWINGE, Erich: Zur Neugestaltung der Revision wegen verfahrensrechtlicher Verstöße, in: Beiträge zur Neugestaltung des deutschen Rechts, Festgabe für Erich Jung, Marburg 1937, S. 212-221

2427 SCHWINGE, Erich: Die Reform des höchstinstanzlichen Rechtsmittels, ZAkDtR 1935, S. 546-549

2428 SIEGERT, Karl: Die Rechtsmittel im neuen Strafverfahren, DtR 1935, S. 533-536

2429 THIERACK, Otto: Rechtsmittel und Wiederaufnahme des Verfahrens im künftigen Strafprozeßrecht, GS 106 (1935), S. 1-13

2430 WITT, Wilhelm: Gedanken und Bedenken zur Regelung der Rechtsmittel, namentlich der Urteilsrüge, im Entwurf einer neuen Strafverfahrensordnung, ZStW 58 (1939), S. 658-691

5.11.1.3 Begriff der Tat

2431 GELBERT: Der Gegenstand des Strafverfahrens, JW 1934 III, S. 2890-2894

2432 HALL, Karl Alfred: Gestaltwandel der Tat im Strafverfahren, DtRwiss 6 (1941), S. 305-327

2433 NAGEL, Karl: Der Verbrauch des Strafklagerechts beim fortgesetzten Delikt, Coburg 1935, Diss. iur. Erlangen 1935 (U 35.6889)

2435 NIEDERREUTHER: Tat und Rechtskraft im Strafverfahren, DJ 1942, S. 109-112

2436 NIEDERREUTHER: Prozeßgegenstand und Strafprozeßreform, DStR 1936, S. 166-175

5.11.1.4 Rechtskraft

2437 BÜTTNER: Der Umfang der materiellen Rechtskraft im Strafrecht, DanzigJZ 1939, Sp.33-37

2438 CREIFELDS: Die materielle Rechtskraft im Strafverfahren, DjR 17 (1941), S. 52-57

2439 NAGLER: Rechtskraft und Ergänzungsklage im Strafprozeß, ZAkDtR 1939, S. 371-376

2440 NIEDERREUTHER: Rechtskraft und materielle Gerechtigkeit, DJ 1938 II, S. 1752-1758

2441 NIEDERREUTHER: Rechtskraft und materielle Gerechtigkeit im Lichte der Strafverfahrenserneuerung, GS 113 (1939), S. 305-340

2442 SCHWARZ, Otto: Gefahren der Rechtskraft im Strafrecht, DStR 1939, S. 89-103

2443 SIEGERT, Karl: Die Rechtskraftwirkungen im künftigen Strafprozeß, DStR 1935, S. 283-298

2444 WIDER, Ernst: Die absolute Nichtigkeit im geltenden Strafprozeßrecht, Schramberg 1934, Diss. iur. Tübingen 1934 (U 34.8342)

2445 WILD, Albert: Die Rechtskraft im Strafverfahren und ihre Kritik im Hinblick auf das kommende Recht, o.O. 1942, Diss. iur. Frankfurt 1942 (n.f.d.A.) (U 42.2134)

2446 WOLTER, Erwin: Der Umfang der Rechtskraft im Strafprozeß, Bleicherode 1938, Diss. iur. Göttingen 1938 (U 38.3498)

5.11.1.5 Ne bis in idem

2447 LITZENBERG, Rudolf: Der Grundsatz "ne bis in idem" und seine Anwendung auf dem Gebiete des fortgesetzten und Kollektiv-Delikts, Hamburg 1936, Diss. iur. Hamburg 1936 (U 36.4367)

2448 NEUBAUER: Zur Frage des "Ne bis in idem", DJ 1942, S. 11-12

2449 PETERS, Helmut: Ne bis in idem bei Urteilen über fortgesetzte und Kollektivdelikte, Coburg 1936, Diss. iur. Erlangen 1936 (U 36.2443)

2450 WALLER, Kurt: Inwieweit gilt der Grundsatz ne bis in idem bei dem fortgesetzten und beim Kollektivdelikt?, Vaihingen 1933, Diss. iur. Rostock 1933 (U 33.7590)

5.11.1.6 Beschwer

2451 HOFFMANN, Albrecht: Die Beschwer im Rechtsmittelwesen des Strafverfahrens, Düsseldorf 1936, Diss. iur. Halle 1936 (U 36.4136)

2452 NEUMANN, Rudi: Die Beschwer als Rechtsmittelvoraussetzung im Strafprozeß. (Zugleich ein Ausblick auf das kommende Recht), Würzburg 1938, Diss. iur. Königsberg 1938 (U 38.6021)

5.11.1.7 Reformatio in peius

2453 FISCHER, Erich: Das Verbot der reformatio in peius in der Reichsstrafprozeßordnung, Halle 1934, Diss. iur. Halle 1934 (U 34.1069)

2454 HAAS, Alfons: Das Verbot der reformatio in peius im geltenden Strafprozeßrecht (einschließlich Militärstrafgerichtsordnung) und die Frage seiner Beibehaltung im künftigen Strafprozeß, Ellwangen 1934, Diss. iur. Tübingen 1934 (U 34.8319)

2455 PABST, Alois: Das Verbot der reformatio in peius in der deutschen Strafprozessordnung, Würzburg 1934, Diss. iur. Würzburg 1934 (U 34.5365)

2456 SCHWARZ, Otto: Die reformatio in pejus in der Praxis, JW 1935 III, S. 3345-3347

2457 SPRENGEL, Irmgard: Die reformatio in peius im Strafverfahren in Geschichte und Gegenwart, Bochum 1937, Diss. iur. Göttingen 1937 (U 37.3728)

5.11.2 Einzelne Anfechtungsmöglichkeiten

5.11.2.1 Beschwerde

2458 GÖZ , Volker: Die Beschwerde im deutschen Strafprozeß, Würzburg 1936, Diss. iur. Würzburg 1936 (U 36.9592)

2459 MARTIN: Grundsätzliche Fragen der Rechtsmittel. Die Beschwerde, in: Gürtner (Hrsg.): Bericht der amtlichen Strafprozeßkommission, Berlin 1938, S. 349-356

2460 MINHARDT, Hans: Das Rechtsmittel der Beschwerde im deutschen Strafprozeßrecht, Tübingen 1933, Diss. iur. Tübingen 1934 (U 34.2394)

5.11.2.2 Berufung

2461 BECKER, W.: Gedanken zur Berufung und Revision in Strafsachen, DtR 1941 B, S. 164-165

2462 GRUNER, Wolfgang: Das Verhältnis der Berufung zur Revision als Rechtsmittel des Strafverfahrens in seiner geschichtlichen Entwicklung, o.O. 1942, Diss. iur. Berlin 1942 (n.f.d.A.) (U 42.99)

2463 HAHN, Werner: Neues Vorbringen in der Berufungsinstanz. Eine geschichtliche und kritische Studie, Berlin 1940, Diss. iur. Freiburg 1940, Prozessrechtliche Abhandlungen, Heft 15 (U 40.2438)

2464 HENNERICI: Vorschlag für eine Einschränkung der Berufung in Strafsachen, DtR 1941 B, S. 86

2465 KANIAK, Gustav: Die Berufung des Strafprozeßentwurfs in der Erfahrung der österreichischen Strafprozeßordnung, DtR 1939, S. 116-117

2466 MÜLLER: Gedanken zur Berufung und Revision in Strafsachen, DtR 1941 B, S. 163-164

2467 OLCZEWSKI: Gedanken zur Berufung und Revision in Strafsachen, DtR 1941 B, S. 164

2467 SCHORER: Einschränkung der Berufung in Strafsachen, DtR 1941 B, S. 139-140

2468 SCHUBERT, Arthur: Einschränkung der Berufung in Strafsachen, DtR 1941 B, S. 140

2469 SCHWARZ, Otto: Berufung oder Revision?, DStR 1936, S. 24-40

2470 SEUFERT, Josef: Die beschränkte Berufung in der deutschen Strafprozeßordnung, Würzburg 1934, Diss. iur. Würzburg 1934 (U 34.5380)

2471 STEIGLEDER, Erich: Die beschränkte Überprüfung des Strafurteils durch das Berufungsgericht, Nürnberg 1933, Diss. iur. Erlangen 1933 (U 33.5552)

2472 STOLZENBURG: Die Berufung, in: Gürtner (Hrsg.): Bericht der amtlichen Strafprozeßkommission, Berlin 1938, S. 357-384

5.11.2.3 Revision

2473 AROLD, Friedrich: Revision wegen Verletzung einer Rechtsnorm über das Verfahren, Zeulenroda 1935, Diss. iur. Erlangen 1935 (U 35.3940)

2474 DOHNA, Graf zu: Die Problematik der Aufgaben des Revisionsgerichts in Theorie und Praxis, DStR 1940, S. 65-75

2475 HILLRICHS, Hermann: Zur Frage der standesrechtlichen Zulässigkeit offenkundig aussichtsloser Revisionsbegründungen, DtR 1939, S. 753-754

2476 HOFMANN, Max: Die Revision wegen eines das Verfahren betreffenden Mangels, Düsseldorf 1937, Diss. iur. Erlangen 1937 (U 37.2505)

2477 MEYER, Wolfgang: Darf der Rechtsanwalt,ohne seine Berufspflichten zu verletzen, eine offenkundig aussichtslose Revision begründen (§ 345 Strafprozeßordnung)?, DtR 1939, S. 208-210

2478 NEBRICH, Werner: Die Revisibilität der Strafzumessung, Dresden 1939, Diss. iur. Leipzig 1939 (U 39.6505)

2479 PETERS, Karl: Tat-, Rechts- und Ermessensfragen in der Revisionsinstanz, ZStW 57 (1938), S. 53-85

2480 STEUERLEIN, Bruno: Die strafprozessuale Revision, Urach 1935, Diss. iur. Tübingen 1935 (U 35.9158)

2481 TISMER, Heinz: Die Revision wegen sachlich-rechtlicher Verstöße im Strafverfahren unter besonderer Berücksichtigung der Stellung des Reichsgerichts als Wahrer der Rechtseinheit, Berlin 1935, Diss. iur. Halle 1935 (U 35.4471)

5.11.2.4 Wiederaufnahme

2482 BÜNGER, Ludwig: Judentum und die Wiederaufnahme des Strafverfahrens, Bleicherode 1939, Diss. iur. Göttingen 1939, Juristische Studien, Heft 7 (U 39.3416)

2483 DOERNER: Die Wiederaufnahme des Verfahrens, in: Gürtner (Hrsg.): Bericht der amtlichen Strafprozeßkommission, Berlin 1938, S. 428-452

2484 DOHNA, Graf zu: Die Wiederaufnahme zuungunsten, DStR 1937, S. 201-203

2485 FREISLER, Roland: Rechtspolitische Gedanken zur Wiederaufnahme des Verfahrens, DJ 1937, S. 730-738

2486 LOBE: Die Wiederaufnahme im Strafverfahren, GS 110 (1938), S. 239-261

2487 MÜLLER, Hans Joachim: Die Wiederaufnahmegründe im kommenden Strafverfahren. Ein Beitrag zur Lehre von der Rechtskraft des Strafurteils, Breslau 1940, Diss. iur. Göttingen 1940, Strafrechtliche Abhandlungen, Heft 410 (U 40.2818)

2488 THIERACK: Rechtsmittel und Wiederaufnahme des Verfahrens im künftigen Strafprozeßrecht, GS 106 (1935), S. 1-13

2489 TÖWE: Wiederaufnahme zugunsten und zuungunsten des Angeklagten, JbAkDtR 4 (1937), S. 229-235

2490 WUNDERER, C.: Zur Neuordnung des Wiederaufnahmeverfahrens, DJZ 1936, Sp. 157-161

5.11.2.5 Außerordentlicher Einspruch

2491 TEGTMEYER: Kriegs-Verwaltungsrecht. Der außerordentliche Einspruch, DtR 1939 II, S. 2057-2060

2492 SCHAETTE, Heinrich: Der ausserordentliche Einspruch und die Nichtigkeitsbeschwerde des Oberreichsanwalts im deutschen Strafverfahren, o.O. 1942, Diss. iur. Bonn 1942 (n.f.d.A.) (U 42.1005)

5.11.2.6 Nichtigkeitsbeschwerde

2493 BRETTLE: Ein Jahr Nichtigkeitsbeschwerde, DJ 1941, S. 561-572

2494 FRÄNKEL: Die Nichtigkeitsbeschwerde in der Praxis, DtR 1941 II, S. 2305-2312

2495 FREISLER, Roland: Nichtigkeitsbeschwerde, DJ 1940, S. 341-352

2496 GROHMANN: Nichtigkeitsbeschwerde in Strafsachen, DjR 16 (1940), S. 49-52

2497 KAYSER, Alfred: Die Nichtigkeitsbeschwerde des Oberreichsanwalts als Beitrag zur Verwirklichung des Rechtsgedankens der materiellen Gerechtigkeit, o.O. 1942, Diss. iur. Posen 1942 (n.f.d.A.) (U 43.6271)

2498 MÜLLER, Hermann: Die Nichtigkeitsbeschwerde, o.O. 1943, Diss. iur. Würzburg 1943 (n.f.d.A.) (U 43.5769)

2499 SCHOETENSACK: Die Nichtigkeitsbeschwerde des Oberreichsanwalts, GS 114 (1940), S. 259-266

2500 SUCHOMEL, Hugo: Die außerordentliche Nichtigkeitsbeschwerde im künftigen Strafverfahren, in: Erwin Bumke zum 65. Geburtstage, hrsg. von Wolfgang Mettgenberg, Berlin 1939, S. 135-153

5.12 Besondere Verfahren

5.12.1 Zusammenfassungen

2501 TÖWE: Die Neugestaltung der besonderen Verfahrensarten (Schnellverfahren, Strafbefehl, Strafverfügung), GS 107 (1936), S. 48-76

5.12.2 Beschleunigtes Verfahren

2502 BRACHT: Das beschleunigte Verfahren in seiner praktischen Auswirkung, DtR 1941 B, S. 275-276

2503 GALLREIN, Bernhard: Das schleunige Verfahren im Strafprozess.Schnellgerichtsverfahren und Sondergerichte, Breslau 1934, Diss. iur. Göttingen 1934, Strafrechtliche Abhandlungen, Heft 347 (U 34.6531)

2504 GEBLER, Willi: Das Schnellverfahren bei den ordentlichen Strafgerichten des Oberlandesgerichtsbezirks Thüringen in den Jahren 1933 bis 1937, Jena 1939, Diss. iur. Jena 1939 (n.f.d.A.) (U 41.3389)

2505 KELSCH: Das Schnellgericht in Berlin, DtR 1941 B, S. 294-295

2506 REINFRANK, Emil Heinrich: Das vereinfachte Verfahren nach § 212 StPO, Ochsenfurt 1936, Diss. iur. Würzburg 1936 (U 36.9607)

2507 ROTHENBERGER: Das Schnellgericht in Hamburg, DJ 1941, S. 721-723

2508 SIEGERT, Karl: Kritische Bemerkungen zum Schnellverfahren, GS 102 (1933), S. 30-52

2509 TÖWE: Das beschleunigte Verfahren, DtR 1941 B, S. 10-13

5.12.3 Abwesenheitsverfahren

2510 AXER, Karl: Das Verfahren gegen Abwesende im geltenden Reichsstrafprozeßrecht, Breslau 1937, Diss. iur. Rostock 1938, Strafrechtliche Abhandlungen, Heft 381 (U 38.8471)

2511 COMPES, Gerd:Entstehung und Entwicklung des geltenden Abwesenheitsverfahrens im Strafprozess, Düsseldorf 1937, Diss. iur. Köln 1937 (U 37.6064)

2512 KÜSTERMANN, Werner: Die Hauptverhandlung gegen Flüchtige in Geschichte, Rechtsvergleichung und Gegenwart, Göttingen 1939, Diss. iur. Göttingen 1939 (U 39.3426)

2513 LANGE, Walter: Die Entwicklung des Abwesenheitsverfahrens im deutschen Strafprozeß seit der Strafprozeßordnung vom 1. Februar 1877, Bleicherode 1938, Diss. iur. Hamburg 1938 (39.4022)

2514 REMPE: Verfahren gegen Flüchtige und Abwesende, in: Gürtner (Hrsg.): Bericht der amtlichen Strafprozeßkommission, Berlin 1938, S. 460-477

2515 STREBL, Hermann: Die Hauptverhandlung gegen Flüchtige gem. §§ 276-282b der Reichsstrafprozeßordnung, Forchheim 1937, Diss. iur. Erlangen 1937 (U 37.2594)

5.12.4 Strafbefehl

2516 DOERNER, Karl: Das Strafbefehlsverfahren, DjR 16 (1940), S. 109-111

2517 GROSCH, Walter: Nochmals: Warum richterlicher Strafbefehl?, DtR 1940 B, S. 324

2518 HENNERICI: Warum richterlicher Strafbefehl?, DtR 1940 B, S. 226

2519 LOHBECK, Ernst: Absolute Nichtigkeit bei Strafbefehl und Strafverfügung, Nürnberg 1934, Diss. iur. Erlangen 1934 (U 34.6111)

2520 THUMA, Robert: Das Strafbefehlsverfahren im geltenden und künftigen Recht, Tübingen 1935, Diss. iur. Tübingen 1935 (U 35.9159)

5.12.5 Beteiligung des Verletzten

5.12.5.1 Allgemeines

2521 DEIMLING, Otto von: Die Stellung des Verletzten im künftigen Strafprozeß, Schramberg 1938, Diss. iur. Freiburg 1938 (U 38.2981)

2522 HENKEL, Heinrich: Die Beteiligung des Verletzten am künftigen Strafverfahren, ZStW 56 (1937), S. 227-250

2523 NIEDERREUTHER: Die Beteiligung des Verletzten am künftigen Strafverfahren, DStR 1935, S. 311-321

2524 OETKER: Nebenklage und Adhäsionsprozeß, GS 105 (1935), S. 177-197

2525 WOLF, Erik: Die Beteiligung des Verletzten am Strafverfahren, DJZ 1936, Sp.1257-1266

5.12.5.2 Privatklage

2526 BERNKLAU, Wolfgang: Die Uebernahme eines Privatklageverfahrens durch die Staatsanwaltschaft gem. § 377 Abs. 2, 3 St.P.O., Ochsenfurt 1933, Diss. iur. Würzburg 1933 (U 34.2453)

2527 LANGELAND, Alfons: Die Sühneversuchsvorschrift im Privatklageverfahren, § 380 StPO., Vechta 1933, Diss. iur. Erlangen 1933 (U 33.2678)

2528 TÖWE: Der Sühneversuch im neuen Privatklageverfahren, GS 107 (1936), S. 222-232

2529 TÖWE: Die Privatklage, GS 106 (1935), S. 145-155

2530 TÖWE: Zum neuen Privatklageverfahren, DtR 1942 B, S. 259-261

5.12.5.3 Friedensrichter

2531 LEHMANN, Rudolf: Die Friedensrichter- und Schiedsmannsordnung, DStR 1935, S. 298-311

2532 MAHN: Ein Vorschlag für das Friedensrichterverfahren, ZAkDtR 1937, S. 467-468

2533 NIEDERREUTHER: Strafrichter oder Friedensrichter?, ZAkDtR 1936, S. 121-125

2534 NIEDERREUTHER: Zur Einführung des Friedensrichters, DJZ 1936, Sp. 1004-1009

2535 OETKER: Zur Gestaltung des Friedensverfahrens, GS 108 (1936), S. 297-310

2536 ROTHENBERGER: Zum Problem "Friedensrichter", DtR 1942 B, S. 253-259

2537 TÖWE: Das Friedensverfahren, GS 108 (1936), S. 311-317

5.12.5.4 Nebenklage

2538 KOCH, Walter: Die Staatsanwaltschaft und der Nebenkläger, Kulmbach 1933, Diss. iur. Erlangen 1933 (U 33.2674)

2539 MAIWEG, Wolfram: Die rechtliche Stellung des Nebenklägers im Strafprozeß, Düsseldorf 1934, Diss. iur. Tübingen 1934 (U 34.5287)

2540 RIEMANN, Karl: Die Nebenklage im deutschen Strafverfahren, Leipzig 1935, Diss. iur. Leipzig 1935 (U 35.5070)

5.12.5.5 Adhäsionsprozeß

2541 AMBROSIUS: Das Adhäsionsverfahren im Strafprozeß, DtR 1934, S. 282-283

2542 AMBROSIUS: Für und Wider das Adhäsionsverfahren, GS 107 (1936), S. 143-165

2543 BANG , Rudolf: Zur Systematik des Anschlußverfahrens, Berlin 1937, Diss. iur. Erlangen 1936 (U 37.2452)

2544 BEER, German: Das Anschlußverfahren im neuen Recht, Kallmünz 1933, Diss. iur. Erlangen 1933 (U 33.2611)

2545 HELMICH, Walter: Das Adhäsionsverfahren im künftigen Recht unter besonderer Berücksichtigung des Entwurfs und amtlichen Entwurfs eines Einführungsgesetzes zum Allgemeinen Deutschen Strafgesetzbuch und zum Strafvollzugsgesetz aus den Jahren 1928 und 1929, Berlin 1935, Diss. iur. Bonn 1935 (U 35.6507)

2546 HUMBERT, Eugen: Die Widerklage nach § 388 ST.P.O., Würzburg 1934, Diss. iur. Würzburg 1934 (U 34.8407)

2547 NAGLER: Das Adhäsionsverfahren im geltenden Recht und im Entwurfe der Strafverfahrensordnung, GS 112 (1939), S. 308-352, GS 113 (1939), S. 1-78, 177-211

2548 NAGLER: Echter und unechter Strafprozeß (Anschlußverfahren), GS 112 (1939), S. 133-168

2549 NIEDERREUTHER: Gedanken zur Ausgestaltung des Adhäsionsverfahrens im künftigen Strafverfahrensrecht, DtR 1937, S. 412-417

2550 OETKER: Zur Gestaltung des Adhäsionsverfahrens, ZAkDtR 1937, S. 77-80

2551 SCHÖNKE, Adolf: Bemerkungen über einen Adhäsionsprozeß im künftigen Strafverfahren, DStR 1935, S. 483-490

2552 STRANSKY, Oskar: Der Adhäsionsprozeß, Würzburg 1939, Diss. iur. Tübingen 1939 (n.f.d.A.) (U 39.8870)

2553 TÖWE: Der Adhäsionsprozeß, GS 106 (1935), S. 85-93

5.12.6 Sicherungsverfahren, objektives Verfahren

2554 BOHNEKAMP, Wilhelm: Das sogenannte objektive Verfahren nach den §§ 430-32 St.P.O., Emsdetten 1935, Diss. iur. Würzburg 1935 (U 35.5951)

2555 BOROWER, Ernst: Die Anwendbarkeit der allgemeinen Grundsätze des Strafrechts und des Strafverfahrens auf das Sicherungsrecht und das Sicherungsverfahren unter besonderer Berücksichtigung der Abgrenzung des Sicherungsvollzugs vom Strafvollzug nach der italienischen Vollzugsordnung, Hamburg 1934, Diss. iur. Hamburg 1934 (U 34.6804)

2556 HENKEL, Heinrich: Das Sicherungsverfahren gegen Gemeingefährliche, ZStW 57 (1938), S. 702-770, ZStW 58 (1939), S. 167-237

2557 HENNERICI: Verhältnis des Sicherungsverfahrens zum ordentlichen Strafverfahren, DtR 1940 B, S. 324-325

2558 LICHTENBERGER: Sicherungsverfahren und Einziehungsverfahren, in: Gürtner (Hrsg.): Bericht der amtlichen Strafprozeßkommission, Berlin 1938, S. 478-488

5.12.7 Verfahren gegen Jugendliche

2559 EHLING, Hänny: Die Jugendgerichtshilfe, ihre Aufgaben und ihre Stellung im Strafprozeß, Münster 1935, Diss. iur. Münster 1935 (U 35.8856)

2560 GLEISPACH, Graf von: Die Verordnung zum Schutz gegen jugendliche Schwerverbrecher, DtR 1939, S. 563-566

2561 KIESSNER, Horst: Das Verfahren in Jugendstrafsachen, seine Entwicklung seit 1923 und seine Reform, Diss. iur. Hamburg 1943 (U 43.2747)

2562 MORITZ, Ernst: Jugendgerichtshilfe, JuR 13 (1939), S. 22-26

2563 PASTORFF, Karl: Die Grundlagen des kommenden Jugendstrafverfahrensrechts, Breslau 1936, Diss. iur. Breslau 1938 (U 38.1706)

2564 ROSENSTOCK, Werner: Jugendgerichte und Jugendschutzgerichte, o.O. 1944, Diss. iur. Tübingen 1944 (n.f.d.A.) (U 44.8132)

5.12.8 Politische Strafsachen

2565 BARTH, Heinrich: Die Mitwirkung der Partei in politischen Strafsachen, DtR 1938, S. 361-363

2566 LÄMMLE: Strafgerichtsorganisation und Strafverfahren in politischen Strafsachen, DtR 1936, S. 448-452

2567 SCHMIDT, Albert: Entwicklung und Rechtsprechung des politischen Strafsenats des Hanseatischen Oberlandesgerichts, in: Das Hanseatische Oberlandesgericht, Gedenkschrift zu seinem 60-jährigen Bestehen, hrsg. von Curt Rothenberger, Hamburg 1939, S. 169-180

5.13 Sondergerichtsbarkeiten

5.13.1 Sondergerichte

5.13.1.1 Allgemeines

2568 BECKER, W.: Die Zukunft der Sondergerichtsbarkeit, GS 111 (1938), S. 190-205

2569 CROHNE: Bedeutung und Aufgaben der Sondergerichte, DJ 1933, S. 384-385

2570 DOERNER, Karl: Ordentliche Gerichte und Sondergerichte, DjR 15 (1939), S. 24-27

2571 FLEUCHAUS, Bernhard: Die Sondergerichte im Strafprozeß, Philippsburg 1936, Diss. iur. Heidelberg 1936 (U 36.4806)

2572 FUCHS, Robert: Die Sondergerichtsbarkeit in Deutschland, Oberndorf 1936, Diss. iur. Tübingen 1937 (U 37.9270)

2573 GLUNZ, Josef: Die Stellung der Sondergerichte in der Strafrechtspflege, Essen 1940, Diss. iur. Jena 1940 (U 40.1093)

2574 GÜRTNER, Franz/FREISLER, Roland: Die Arbeit der Sondergerichte in der Kriegszeit, DJ 1939 II, S. 1753-1755

2575 IDEL, Wolfgang: Die Sondergerichte für politische Strafsachen. Eine Gesamtdarstellung ihres Wesens, ihrer Entwicklung und ihrer rechtlichen Besonderheiten im Anschluß an die Verordnung der Reichsregierung über die Bildung von Sondergerichten vom 21.3.1933 (RGBl. I, S. 136) und unter Berücksichtigung des Volksgerichtshofes und seines Verfahrens, Schramberg 1935, Diss. iur. Freiburg 1935 (U 35.7053)

2576 NAGLER, Johannes: Die Bildung der Sondergerichte, in: Frank, Hans (Hrsg.): Nationalsozialistisches Handbuch für Recht und Gesetzgebung, München 1935, S. 1403-1408

5.13.1.2 Praxis

2577 BECHER: Von der Tätigkeit des Hanseatischen Sondergerichts, DtR 1942 B, S. 122-126

2578 BECKER, W.: Zweifelsfragen aus der sondergerichtlichen Praxis, DJ 1937 II, S. 1284-1287

2579 BEURMANN: Das Sondergericht Danzig, ein Sondergericht des deutschen Ostens, DtR 1942 B, S. 77-82

2580 BRAUNE: Aus der Praxis des pommerschen Sondergerichts, DtR 1940 B, S. 147-150

2581 KRANER: Zweifelsfragen aus der sondergerichtlichen Praxis, DJ 1937 II, S. 1954-1956

2582 LANGE: Die Verordnung zur Abwehr heimtückischer Angriffe gegen die Regierung der nationalen Erhebung vom 21. März 1933 in der Praxis der Sondergerichte, LZ 1933, Sp. 993-998

2583 LESKE: Die Rechtsprechung des Sondergerichts Schlesien seit Kriegsbeginn, DtR 1940 B, S. 69-72

2584 LÖSCHE: Sondergerichtsbarkeit in Sachsen, DtR 1942 B, S. 169-176

5.13.1.3 Einzelfragen

2585 BENKENDORFF: Zwei Fragen über die Wiederaufnahme von Sondergerichtsurteilen, JW 1934 II, S. 1324

2586 GREBE: Die erleichterte Wiederaufnahme des Verfahrens gegen sondergerichtliche Urteile, GS 115 (1941), S. 43-64

2587 GREBE: Sind alle Entscheidungen der Sondergerichte unanfechtbar?, JW 1934, S. 729-731

2588 KESSLER: Der Jugendliche vor dem Sondergericht, DtR 1940 B, S. 273-276

5.13.2 Volksgerichtshof

2589 BRUNER, Wilhelm: Der Volksgerichtshof, DtRpfl 1936, S. 225-227

2590 DIETZE, Kurt: Der Volksgerichtshof nach dem Gesetz zur Änderung von Vorschriften des Strafrechts und des Strafverfahrens vom 24. April 1934, JW 1934 II, S. 1761-1763

2591 ENGERT, Karl: Stellung und Aufgaben des Volksgerichtshofes, DtR 1939, S. 485-486

2592 FREISLER, Roland: Der Volksgerichtshof - das Reichsstrafgericht, ZAkDtR 1935, S. 90-94

2593 LÄMMLE: Die Rechtsprechung des Volksgerichtshofs zum allgemeinen Teil des Strafgesetzbuchs, DtR 1944, S. 505-508

2594 LÄMMLE: Die Rechtsstellung des Volksgerichtshofs in der deutschen Rechtspflege, JW 1938 III, S. 2569-2572

2595 SCHAUWECKER: Der Volksgerichtshof für das Dritte Reich, JW 1936 II, S. 1569-1570

2596 THIERACK, Otto: Aufgaben und Tätigkeit des Volksgerichtshofs, ZAkDtR 1936, S. 855-857

2597 WEISS, Wilhelm: Der Volksgerichtshof des Deutschen Reiches, DtR 1935, S. 518-519

2598 WERNER, Karl: Der Volksgerichtshof, in: Frank, Hans (Hrsg.): Nationalsozialistisches Handbuch für Recht und Gesetzgebung, München 1935, S. 1409-1415

5.13.3 Wehrmachtsgerichtsbarkeit

5.13.3.1 Allgemeines

2599 BORRMANN, Karl: Zur Neugestaltung des kriegsstrafrechtlichen Verfahrens, Düsseldorf 1940, Diss. iur. Marburg 1940 (U 40.5290)

2600 FREISLER, Roland: Kriegsgerichtsbarkeit. Zum Wesen des Richtertums, ZWehrR 5 (1940/41), S. 451-452

2601 GRAU, Fritz: Zur Neugestaltung des Strafverfahrens der Wehrmacht. Bericht des Arbeitsausschusses für Wehrstrafrecht der Akademie für Deutsches Recht, Stuttgart 1938

2602 HÜLLE: Das militärische Strafverfahren, DjR 15 (1939), S. 38-41

2603 HÜLLE, Werner: Einführung in die Grundzüge des Kriegsverfahrens, ZWehrR 4 (1939/40), S. 230-240

2604 MAYER, Helmuth: Militärjustiz im neuzeitlichen Krieg, ZWehrR 2 (1937/38), S. 329-356

2605 MEWES: Gedanken über das künftige militärische Strafverfahren, ZWehrR 2 (1937/38), S. 373-377

2606 ROSENBERGER, Heinrich: Zur Neugestaltung des Strafverfahrens der Wehrmacht, ZWehrR 3 (1938/39), S. 166-171

2607 SCHÖLZ, Joachim: Das militärische Strafverfahren im Kriege, ZStW 60 (1941), S. 115-136

2608 SCHWINGE, Erich: Die Militärgerichtsbarkeit im Kriege, ZWehrR 2 (1937/38), S. 247-258

2609 STOCK, Ulrich: Über Militärstrafrechtspflege im Kriege, ZWehrR 2 (1937/38), S. 356-368

5.13.3.2 Verhältnis zu anderen Gerichtsbarkeiten

2610 HEUER, Karl: Die Wehrmachtstrafgerichtsbarkeit und ihre Grenzen. Ein Beitrag zur Abgrenzung der Zuständigkeit zwischen der Gerichtsbarkeit der allgemeinen Strafgerichte und der Wehrmachtstrafgerichtsbarkeit, o.O. 1943, Diss. iur. Tübingen 1943 (n.f.d.A.) (U 43.5721)

2611 KUPFER, Ernst: Militärgerichtsbarkeit und Parteigerichtsbarkeit der NSDAP. Ein Vergleich, Coburg 1937, Diss. iur. Erlangen 1937 (U 37.2524)

2612 SELTMANN, Wolfgang: Wehrmachtgerichtsbarkeit und Allgemeine Strafrechtspflege, ZWehrR 9 (1944), S. 1-6

2613 STOCK: Die militärische Gerichtsverfassung und ihr Verhältnis zur allgemeinen Gerichtsbarkeit, in: Wehrstrafrecht und allgemeines Strafrecht, Berlin 1936, S. 108-140

5.13.3.3 Grundlagen

2614 HÜLLE, Werner: Die Kriegsgerichtsordnung und ihr Verhältnis zum allgemeinen Strafverfahren, ZWehrR 2 (1937/38), S. 97-111

2615 HÜLLE, Werner: Die Militärstrafgerichtsordnung, in: Frank, Hans (Hrsg.): Nationalsozialistisches Handbuch für Recht und Gesetzgebung, München 1935, S. 1442-1459

2616 HÜLLE, Werner: Die Änderungen der Militärstrafgerichtsordnung durch das Gesetz vom 16. September 1939, ZWehrR 4 (1939/40), S. 339-346

2617 HÜLLE, Werner: Die Änderungen der Kriegsstrafverfahrensordnung durch die 4., 5. und 6. Durchführungsverordnung, ZWehrR 4 (1939/40), S. 394-402

2618 HÜLLE, Werner: Die Änderungen der Kriegsstrafverfahrensordnung durch die 7. DurchfVO. vom 18. Mai 1940, ZWehrR 5 (1940/41), S. 153-161

2619 HÜLLE, Werner: Die Achte Durchführungsverordnung zur Kriegsstrafverfahrensordnung, ZWehrR 7 (1942/43), S. 193-202

2620 HÜLLE, Werner: Die Neunte Durchführungs-Verordnung zur Kriegsstrafverfahrensordnung, ZWehrR 8 (1943), S. 254-256

2621 HÜLLE, Werner: Die Zehnte Durchführungsverordnung zur Kriegsstrafverfahrensordnung, ZWehrR 9 (1944), S. 153-155

2622 LEHMANN: Die Militärstrafgerichtsordnung und die kommende Erneuerung des allgemeinen Strafverfahrensrechts, in: Wehrstrafrecht und allgemeines Strafrecht, Berlin 1936, S. 78-107

2623 SCHMIDT, Eberhard: Die Kriegsstrafverfahrensordnung im Ganzen der deutschen Strafprozeßrechtsentwicklung, ZStW 61 (1942), S. 429-464

2624 SCHÖLZ: Die Änderungen des Wehrmachtstrafverfahrens durch das Gesetz vom 16. September 1939, DtR 1939 II, S. 2125-2128

2625 SCHULZE, Werner: Rechts- und Zweifelsfragen aus der Praxis (KStVO.), ZWehrR 6 (1941/42), S. 152-158

5.13.3.4 Organisation

2626 DIETZ, Heinrich: Dem Reichskriegsgericht zum 1. Oktober 1936, ZWehrR 1 (1936/37), S. 257-258

2627 DIETZ, Heinrich: Wehrmacht und Reichsmilitärgericht, ZAkDtR 1935, S. 242-247

2628 DIETZ, Heinrich: Zum Aufbau der Wehrmachtjustiz, ZWehrR 2 (1937/38), S. 425

2629 GERLAND, Heinrich: Das Reichskriegsgericht und die deutsche Rechtseinheit, ZWehrR 1 (1936/37), S. 264-272

2630 HEITZ: Das Reichskriegsgericht, ZAkDtR 1938, S. 7-9

2631 HÜLLE, Werner: Aus der Geschichte des Obersten Gerichtshofes der Wehrmacht, ZWehrR 1 (1936/37), S. 272-277

2632 HÜLLE, Werner: Zur Verordnung über die Erweiterung der Zuständigkeit des Reichskriegsgerichts vom 16. Februar 1939, ZWehrR 3 (1938/39), S. 472-475

2633 ROSENCRANTZ: Über Kriegsgerichte im 17. und 18. Jahrhundert, ZWehrR 2 (1937/38), S. 40-47

2634 SIEGERT, Karl: Das Reichskriegsgericht als Hüter der Rechtseinheit und Gerechtigkeit im Wehrrecht, ZWehrR 1 (1936/37), S. 258-264

5.13.3.5 Wehrmachtsrichter

2635 BONIN, Burkhard von: Justizoffiziere, ZWehrR 3 (1938/39), S. 75-78

2636 BRAUSSE, Hans Bernhard: Führer und Richter in soldatischen Verbänden, ZWehrR 3 (1938/39), S. 81-96

2637 EICHLER, Wolfgang: Die Rechtsstellung des Kriegsgerichtsrats im Militärstrafgerichtsverfahren, Bochum 1935, Diss. iur. Freiburg 1935 (n.f.d.A.) (U 35.7044)

2638 ENGELBRECHTEN, Fritz von: Der Richter der Wehrmacht, ZWehrR 4 (1939/40), S. 261-264

2639 GALLAND, Fritz: Der Gerichtsherr im Militärstrafverfahren, Quakenbrück 1936, Diss. iur. Tübingen 1936 (U 36.9359)

2640 HÜLLE, Werner: Die Stellung des Militärrichters und seine Aufgaben im künftigen Verfahrensrecht, ZWehrR 2 (1937/38), S. 3-17

2641 HÜLLE, Werner: Die Stellung des Wehrmachtrichters im Truppensonderdienst, ZWehrR 9 (1944), S. 145-152

2642 JOHN: Die Bedeutung des Richtereides im Kriegsstrafverfahren, ZWehrR 6 (1941/42), S. 219-220

2643 LEHMANN, R.: Die Aufgaben des Rechtswahrers der Wehrmacht, DtR 1939 II, S. 1265-1269

2644 LEHMANN, Rudolf: Über die Aufgaben des Rechtswahrers der Wehrmacht, ZWehrR 4 (1939/40), S. 91-99

2645 RAAB-STRAUBE: Justizoffiziere, ZWehrR 3 (1938/39), S. 78-81

2646 RADTKE, Johannes: Die rechtliche Stellung der deutschen Wehrmachtbeamten, Emsdetten 1939, Diss. iur. Königsberg 1939 (U 39.6239)

2647 RISSOM: Das Justizoffizierkorps der deutschen Wehrmacht, ZWehrR 3 (1938/39), S. 73-75

2648 RISSOM, Carl: Führertum und Urteilsbestätigung, ZWehrR 4 (1939/40), S. 369-380

2649 SCHNEIDER, Hans: Gerichtsherr und Spruchgericht, Berlin 1937, Diss. iur. Freiburg 1937 (n.f.d.A.) (U 37.3207)

2650 ZELTWANGER, Wilhelm: Mannschaften als Kameradschaftsrichter in der deutschen Militärstrafrechtspflege, o.O. 1941, Diss. iur. Tübingen 1941 (n.f.d.A.) (U 41.5519)

5.13.3.6 Verteidigung

2651 BOCK, Hanns: Die Verteidigung im deutschen Militärstrafverfahren des 19. und 20. Jahrhunderts, o.O. 1944, Diss. iur. Tübingen 1944 (n.f.d.A.) (U 44.8115)

2652 BREITSCHWERDT: Grenzen der notwendigen Verteidigung, ZWehrR 7 (1942/43), S. 21-23

2653 GONNELL: Die Aufgaben des Verteidigers vor den Kriegsgerichten, DtR 1939, S. 226-227

2654 GRANICHSTAEDTEN-CZÉRVA, Rudolf von: Die Stellung des Verteidigers im Kriegsgerichtsverfahren, ZWehrR 9 (1944), S. 118-119

2655 LEHR, Wolfgang: Zur kriegsgerichtlichen Verteidigung, ZWehrR 8 (1943), S. 564-566

2656 SPATZ, Waldemar: Die Verteidigung vor dem Kriegsgericht, ZWehrR 9 (1944), S. 122-123

5.13.3.7 Einzelheiten des Verfahrens

2657 BUCHHEIM: Psychologie und Technik der Vernehmung bei der Selbstverstümmelung, ZWehrR 8 (1943), S. 59-70

2658 FREITAG, Friedrich Joachim: Die Strafverfügung nach der Militärstrafgerichtsordnung in der Fassung vom 29. September 1936, Ochsenfurt 1939, Diss. iur. Würzburg 1939 (U 39.8944)

2659 HÜLLE, Werner: Zur volkstümlichen Gestaltung des Urteilsspruchs im Kriegsverfahren, ZWehrR 7 (1942/43), S. 419-422

2660 KLINGSOHR, Hans: Das Legalitätsprinzip im Militärstrafprozeßrecht, Kallmünz 1935, Diss. iur. Erlangen 1935 (U 35.6872)

2661 LINDEMANN, H.: Bemerkungen zur Vernehmungskunst, ZWehrR 7 (1942/43), S. 358-365

2662 SCHEURE, von: Läuterungsberg Hauptverhandlung, ZWehrR 7 (1942/43), S. 275-276

2663 SCHOBER, Ernst: Eröffnungsbeschluß und militärgerichtliches Verfahren, ZWehrR 3 (1938/39), S. 406-411

5.13.3.8 Anfechtung

2664 DIETZ, Heinrich: Unbeachtliche (nichtige) Disziplinarstrafentscheidungen, ZWehrR 7 (1942/43), S. 87

2665 FIEDLER: Zum Berufungsverfahren, ZWehrR 2 (1937/38), S. 273-276

2666 FUHSE, Wilhelm: Rechtsmittelbeschränkung, ZWehrR 2 (1937/38), S. 474-483

2667 SCHAEFER: Zurücknahme der Berufung und der Revision nach Beginn der Hauptverhandlung (§ 303 StPO., § 333 MStGB.), ZWehrR 3 (1938/39), S. 282-286

5.13.4 Parteigerichtsbarkeit

5.13.4.1 Organisation und Aufgaben

2668 BUCH, Walter: Wesen und Sinn der Parteigerichtsbarkeit, ZAkDtR 1936, S. 201-204

2669 BUCH, Walter: Ziel und Aufgaben der Parteigerichtsbarkeit, Der Parteirichter 1 (1934), S. 15-18

2670 GAUWEILER, Otto: Rechtseinrichtungen und Rechtsaufgaben der Gesamtbewegung, München 1939, Diss. iur. München 1939 (U 39.7175)

2671 KOENIG: Der Aufbau der Parteigerichtsbarkeit, RVwBl 1936, S. 1023-1026

2672 KOENIG, Kurt: Der Aufbau der Parteigerichtsbarkeit, DjR 13 (1937), S. 113-118

2673 MÜLLER, Gerhard: Die Parteigerichtsbarkeit der NSDAP. Wesen und Aufgabe. Ihr Verhältnis zur kirchlichen, militärischen und Beamtengerichtsbarkeit, Bottrop 1935, Diss. iur. Heidelberg 1935 (U 35.7833)

2674 SCHNEIDER, Ludwig: Die Gerichtsbarkeit der NSDAP, Der Parteirichter 8 (1941), S. 17-21

5.13.4.2 Einzelfragen

2675 Anonym: Die Stellung des S.A.- und S.S.-Führers im Strafverfahren vor den Parteigerichten, Der Parteirichter 1 (1934), S. 10-12

2676 BRINCKMANN, Werner: Die Parteigerichte als Schrittmacher einer volkstümlichen Strafrechtspflege, DRiZ 1935, S. 231-233

2677 GRIMM: Die Stellung des Parteirichters in der Partei, Der Parteirichter 1 (1934), S. 18-20

2678 HESSE: Der Parteirichter, DtR 1934, S. 311

2679 KNOP, Walter: Die gerechte Entscheidung als Ziel des parteigerichtlichen Verfahrens, Der Parteirichter 2 (1935), S. 10-14

2680 MÜLLER: Die Amtsgerichte im Dienste der Partei- und SA-Gerichtsbarkeit, JW 1935 III, S. 3148-3149

2681 SCHNEIDER, Ludwig: Das Verfahren vor den Parteigerichten, Der Parteirichter 1 (1934), S. 20-27

2682 SCHNEIDER, Ludwig: Die Stellung des Parteirichters in der Partei, Der Parteirichter 2 (1935), S. 7-9

2683 WENDEL, Ernst: Ist der geschlechtliche Umfang von Parteigenossen und Parteigenossinnen mit Angehörigen des polnischen und tschechischen Volkes parteigerichtlich zu verfolgen?, Der Parteirichter 8 (1941), S. 1-3

5.13.5 Gerichtsbarkeit weiterer nationalsozialistischer Organisationen

2684 GARDIEWSKI: Ehrengerichtsbarkeit des NSRB und der deutschen Rechtsfront, DtR 1938, S. 456-457

2685 GRAU, F.: Die neue SS- und Polizei-Strafgerichtsbarkeit, DJ 1939 II, S. 1785-1788

2686 TETZLAFF, Walter: Das Disziplinarrecht der Hitler-Jugend, Berlin/Leipzig/Wien 1944

2687 ZACHERL: Strafrecht und Strafgerichtsbarkeit des Reichsarbeitsdienstes, ZWehrR 3 (1938/39), S. 278-281

5.13.6 Ständische Ehrengerichtsbarkeit

5.13.6.1 Grundlagen

2688 BECK, Franz: Ständische Ordnung. Theoretische Grundlagen - praktische Gestaltung, Düsseldorf 1935, Diss. iur. Köln 1935 (U 35.4827)

2689 DOERNER, Karl: Berufsständische Ehrengerichtsbarkeit, DjR 15 (1939), S. 51-56

2690 GIESEBRECHT, Helmut: Das Verfahren vor Ehrengerichten, Berlin 1938, Diss. iur. Berlin 1938 (n.f.d.A.), Rechtswissenschaftliche Studien, Heft 68 (U 38.92)

2691 HUBERNAGEL, Gerhard: Ehrenstrafen der Berufsstände, in: Frank, Hans (Hrsg.): Nationalsozialistisches Handbuch für Recht und Gesetzgebung, München 1935, S. 1425-1432

2692 LEITSMANN, Albrecht: Ständische Strafgerichtsbarkeit?, Dresden 1937, Diss. iur. Leipzig 1937 (U 37.6804)

2693 MARCELLO, Ernst: Die Ehrengerichtsbarkeit in der nationalsozialistischen Volksgemeinschaft, Freiburg 1937, Diss. iur. Freiburg 1937 (U 37.3193)

2694 MENDE, Herbert: Die Standesehrengerichtsbarkeit, Düsseldorf 1937, Diss. iur. Leipzig 1937 (U 37.6815)

2695 MÜLLER, Hans (Martin): Ständische Ehrengerichtsbarkeit, Stuttgart 1936, Diss. iur. Erlangen 1936 (U 36.2421)

2696 RUTKOWSKY, Heinz: Die Rechtsnatur der deutschen Ehrengerichtsbarkeit, Berlin 1938, Diss. iur. Berlin 1938 (U 38.134)

2697 SCHWULST, Heinz: Die Aufgaben der Ehrengerichtsbarkeit in der Volksgemeinschaft, Berlin 1938

2698 SCHWULST, Heinz: Volksgemeinschaft, Ehre, Ehrengerichtsbarkeit, Berlin 1938, Diss. iur. Leipzig 1938 (n.f.d.A.), Neue deutsche Forschungen, Abteilung Staats-, Verwaltungs-, Kirchen-, Völkerrecht und Staatstheorie, Bd. 14 (U 38.6367)

5.13.6.2 Verhältnis zur ordentlichen Gerichtsbarkeit

2699 CURSCHMANN, Heinrich Ferdinand: Soziale Ehrengerichtsbarkeit und ständische Ehrengerichtsbarkeit, ihr Verhältnis zueinander sowie zum Disziplinar- und Kriminalstrafrecht, Greifswald 1937, Diss. iur. Greifswald 1937 (U 37.3994)

2700 KOCH: Das Verhältnis der ordentlichen Strafgerichtsbarkeit zu der Disziplinar-, Ehren- und Parteigerichtsbarkeit, DanzigJZ 1938, Sp. 65-67

2701 NAGLER: Grenzen und Beziehungen zwischen sozialer Ehren- und Strafgerichtsbarkeit, JW 1935 II, S. 1525-1527

2702 VERWERK, Bernhard: Die ständische Ehrengerichtsbarkeit und ihr Verhältnis zur ordentlichen Gerichtsbarkeit, Schramberg 1940, Diss. iur. München 1940 (U 40.5468)

5.13.6.3 Rechtsanwälte

2703 LÜDERS, Bernhard: Die Ehrengerichtsbarkeit der Rechtsanwaltschaft, Tübingen 1937, Diss. iur. Tübingen 1937 (U 37.9282)

2704 NEUBERT: Anwaltliche Ehrenrechtsprechung in der Spruchpraxis des Dienststrafsenates, DtR 1944, S. 425-426

2705 PLÖNNIS, Rudolf: Das ehrengerichtliche Vertretungsverbot gegen Rechtsanwälte, Würzburg 1938, Diss. iur. Berlin 1939 (U 39.111)

2706 SCHULZ, Helmut: Die Ehrengerichtsbarkeit der Rechtsanwälte im Vergleich zu anderen (Standes-)Ehrengerichtsbarkeiten, Halle 1936, Diss. iur. Halle 1936 (U 36.4172)

2707 STAEGE: Anwaltliche Ehrengerichtsbarkeit, DtR 1941 B, S. 69-72

5.13.6.4 Handwerker

2708 KRAEGELOH, Walter: Handwerkliche Ehrengerichtsbarkeit, Berlin 1936

6. Strafvollzug

6.1 Normative Grundlagen

2709 EICHLER, Hans: Der Strafvollzugsordnung vom 22. Juli 1940 zum Geleit!, BlGk 71 (1940/41), S. 195-196

2710 EICHLER, Hans: Die Strafvollzugsordnung vom 22. Juli 1940, GS 115 (1941), S. 119-144

2711 SAUER, W.: Die Bedeutung der Strafvollzugsordnung vom 22.7.1940 für das Strafurteil und die Strafverfolgung, DStR 1940, S. 136-141

2712 SCHMIDT: Die reichsrechtlichen Grundsätze für den Vollzug von Freiheitsstrafen vom Standpunkt des preußischen Strafvollzugs, DJ 1934, S. 667-669

2713 WEISSENRIEDER: Die reichsrechtlichen Vollzugsgrundsätze. Die Verordnung über den Vollzug von Freiheitsstrafen und von Maßregeln der Sicherung und Besserung, die mit Freiheitsentziehung verbunden sind, vom 14. Mai 1934. Mit Anmerkungen von Weissenrieder, BlGk 65 (1934), Sonderh. 1

2714 Die für den Strafvollzugsbeamten wichtigen, seit dem 30. Januar 1933 erlassenen Bestimmungen unter besonderer Berücksichtigung der Vorschriften zur Überleitung der Rechtspflege auf das Reich = BlGk 66 (1935), Beil. zu H. 3

6.2 Landesrecht

2715 HEINKE: Der Strafvollzug in Sachsen nach dem 5. März 1933, BlGk 65 (1934), S. 140-165

2716 SCHULTZE-KLOSTERFELDE, Horst: Entwicklungstendenzen im Strafvollzug seit 1918 unter besonderer Berücksichtigung der Dienst- und Vollzugsordnungen von Preußen, Thüringen, Braunschweig und Hamburg, Hamburg 1934, Diss. iur. Hamburg 1934 (U 35.1497)

2717 SIEFERT: Ernst: Neupreußischer Strafvollzug. Politisierung und Verfall, Halle 1933

6.3 Ziele

2718 CANTOR, Nathaniel: Strafzweck und Strafvollzug, MonKrim 24 (1933), S. 65-74

2719 CHRISTIANS: Ziele des Strafvollzugs, BlGk 68 (1937/38), S. 339-350

2720 DRA, Konrad: Was heißt Besserung im Strafvollzug?, BlGk 70 (1939/40), S. 44-48

2721 FRICK, Hans: Der Besserungsgedanke im Wandel der Zeit, Düren 1934, Diss. iur. Erlangen 1934 (U 34.6052)

2722 HAENSEL: Der Strafzweck vom Standpunkt des Strafvollzuges, DJ 1934, S. 98-99

2723 HAUPTVOGEL, Fritz: Welche Zielrichtung ist dem künftigen Strafvollzug zu setzen?, DStR 1935, S. 321-334

2724 KORTHEUER, Hildegard: Die Aufgaben des neuzeitlichen Strafvollzugs und der an ihm beteiligten Personen, Wiesbaden 1934, Diss. iur. Marburg 1934 (U 34.7746)

2725 SCHAFFSTEIN, Friedrich: Die Bedeutung des Erziehungsgedankens im neuen deutschen Strafvollzug, ZStW 55 (1936), S. 276-290

2726 SCHMIDT, E.: Sinn und Zweck des Strafvollzugs, BlGk 68 (1937/38), S. 42-52

2727 WEISSENRIEDER, Otto: Zum Vergeltungszweck im Vollzug der Freiheitsstrafe, BlGk 64 (1933), S. 330-338

6.4 Stufenstrafvollzug

2728 HOFMANN, Wilhelm: Der Strafvollzug in Stufen in Deutschland in Geschichte und Gegenwart, Würzburg 1936, Diss. iur. Erlangen 1936 (U 36.2368)

2729 LEDER, Wolfgang: Der Stufenstrafvollzug im Zwischenreiche und im neuen Deutschland, Würzburg 1935, Diss. iur. Breslau 1935 (n.f.d.A.) (U 35.6659)

2730 RINGEL, Karl August: Der Strafvollzug in Stufen nach seiner geschichtlichen Entwicklung in seiner heutigen Gestalt in Preußen, Marburg 1937, Diss. iur. Marburg 1937 (U 37.7468)

6.5 Allgemeines

2731 DÜRR, Alfred: Der Vollzug der Freiheitsstrafe, in: Frank, Hans (Hrsg.): Nationalsozialistisches Handbuch für Recht und Gesetzgebung, München 1935, S. 1477-1486

2732 DYBWAD, Gunnar: Theorie und Praxis des fascistischen Strafvollzugs, Bonn 1934, Diss. iur. Halle 1934 (n.f.d.A.) (U 34.6704)

2733 EICHLER, Hans: Die Wandlung im Strafvollzuge, DRiZ 1934, S. 67-70

2734 STRUBE: Die Einstellung von Staat und Volk gegenüber den Vorbestraften, BlGk 68 (1937/38), S. 350-355

2735 SUMPER, Josef: Problematik des Strafvollzugs, Forchheim 1937, Diss. iur. Erlangen 1937 (U 37.2595)

2736 TROMMER, Harry: Volksrichter und Strafvollzug, DJ 1937, S. 972-973

2737 VACANO: Richter und Strafvollzug, BlGk 68 (1937/38), S. 355-365

2738 WEISSENRIEDER, Otto: Zur Einordnung des Strafvollzugs in das neue deutsche Recht, BlGk 67 (1936), S. 133-141

2739 WOLFF, Grete: Strafvollzug und Rechtsstaat, Breslau 1933, Diss. iur. Heidelberg 1933, Strafrechtliche Abhandlungen Heft 319 (U 33.3446)

6.6 Reform

2740 EICHLER, H.: Vor einer Neuordnung des Deutschen Strafvollzugs, BlGk 68 (1937/38), S. 5-14

2741 GEYFARTH, H.: Strafvollzug, Reformgedanken, BlGk 64 (1933), S. 125-129

2742 HAENSEL: Ist eine Reform des deutschen Gefängniswesens notwendig?, ZAkDtR 1935, S. 553-557

2743 MÜLLER: Die Umgestaltung des deutschen Strafvollzugs, DtR 1933, S. 38-39

2744 SCHÖNMANN, Herbert: Die Grundgedanken der neuen Entwicklung des deutschen Strafvollzugs und der Entwürfe eines deutschen Strafvollzugsgesetzes, Gelnhausen 1933, Diss. iur. Gießen 1933 (U 33.5873)

6.7 Behandlung der Gefangenen

2745 BOCHMANN, Heinz: Die Rechtsstellung des Strafgefangenen, Zeulenroda 1938, Diss. iur. Leipzig 1938 (U 38.6282)

2746 CHRISTIANS: Die Sicherung gerechter Behandlung der Gefangenen im Deutschen Recht, BlGk 66 (1935), S. 232-256

2747 DZIEMBOWSKI, W.: Strafvollzug im nationalsozialistischen Staate und Erziehungsmöglichkeiten an Strafgefangenen durch den Anstaltspädagogen, BlGk 67 (1936), S. 142-159

2748 ESPIG, Ludwig: Die rechtliche Stellung des Strafgefangenen, Schramberg 1933, Diss. iur. Leipzig 1933 (U 33.6971)

2749 FETZER, A. : Erziehungsmittel im Gefangenenlager, BlGk 73 (1942/43), S. 34-40

2750 HAENSEL: Militärische Formen im Strafvollzug, BlGk 67 (1936), S. 166-170

2751 HARTUNG, F.: Wieweit sind Maßnahmen der Gefängnisverwaltung bei Untersuchungs- und Strafgefangenen der richterlichen Aufsicht zu unterwerfen?, ZStW 55 (1936), S. 222-234

2752 HEINKE, Karl Johannes: Die Behandlung der Berufsverbrecher im Strafvollzug, Waldheim 1936, Diss. iur. Erlangen 1936 (U 36.2351)

2753 KURTH, Werner: Probleme der Strafgefangenenbehandlung, Jena 1939, Diss. iur. Leipzig 1939 (U 39.6498)

2754 SEIBERTZ: Vorbestrafte in Vertrauensstellungen?, DtR 1942, S. 559-560 und DtR 1942 B, S. 145-146

6.8 Arbeitseinsatz

2755 FREISLER, Roland: Arbeitseinsatz des Strafvollzuges im Dienste des 4-Jahres-Planes, DJ 1938, S. 584-587

2756 FREISLER, Roland: Arbeitseinsatz im Strafvollzug, DJ 1940 II, S. 1021-1025

2757 GLAUBACH, Hartwig: Die Wiedereingliederung des Vorbestraften unter besonderer Berücksichtigung des Arbeitseinsatzes, Diss. iur. Hamburg 1943 (U 43.2738)

2758 OLLMANN: Der Einsatz der Strafgefangenen beim Bau der Ostmarkstraße, BlGk 72 (1941/42), S. 53-61

2759 RAMBKE: Strafgefangene alsKultivierungsarbeiter in Italien und Deutschland, BlGk 69 (1938/39), S. 177-197

2760 WÜLLNER: Der Einsatz von Strafgefangenen im Rahmen des Vierjahresplans, BlGk 68 (1937/38), S. 268-294

6.9 Besondere Formen

6.9.1 Jugendliche

2761 EICHLER, Hans: Kriminalpolitische Stellung und Aufgabe des Jugendstrafvollzugs, BlGk 75 (1944), S. 1-14

2762 FREISLER, Roland: Einige Hinweise zur Handhabung des Jugendarrests vor allem zu seinem Vollzug, in: Gegenwartsfragen der Jugendrechtspraxis, Berlin 1942, Heft 2, S. 5-16

2763 SIEBERER-FALCH, Marianne: Der Jugendstrafvollzug. Ein geschichtlicher Ueberblick über den Vollzug der Gefängnisstrafe an Jugendlichen im Deutschen Reich, insbesondere in Württemberg, Tübingen 1939, Diss. iur. Tübingen 1940 (U 40.6776)

2764 TECHOW, Hansgerd: Jugendstrafvollzug, JuR 10 (1936), S. 36-38

2765 WEISSENRIEDER: Jugendstrafvollzug, BlGk 67 (1936), S. 393-402

2766 Jugendstrafvollzug. AV des RJM vom 22. Januar 1937 (DJ S. 97) = BlGk 67 (1936), Beil. zu H. 4

6.9.2 Wehrmacht

2767 BURKHARDT: Wandlungen der Wehrmacht-Strafvollstreckung im Kriege, ZWehrR 9 (1944), S. 108-115

2768 KLUT: Der Vollzug von Freiheitsstrafen und anderer Freiheitsentziehung in der Wehrmacht, ZWehrR 3 (1938/39), S. 126-134

2769 KLUT: Der Vollzug von Freiheitsstrafen und Untersuchungshaft in der Wehrmacht, BlGk 69 (1938/39), S. 123-130

2770 RÖSLER, Rudolf: Grundsätze des Strafvollzugs, unter besonderer Berücksichtigung des militärischen Strafvollzugs an jugendlichen Verbrechern, o.O. 1943, Diss. iur. Prag 1943 (n.f.d.A.) (U 43.6300)

6.9.3 Frauen

2771 BEGEMANN, Gusta: Strafvollzug an Frauen, BlGk 69 (1938/39), S. 202-206

2772 VOIGTLÄNDER, Else: Über den Strafvollzug an Frauen, BlGk 68 (1937/38), S. 268-278

6.9.4 Überzeugungstäter

2773 BÜLOW, Hans Jürgen von: Der Sonderstrafvollzug am Täter aus Ueberzeugung, Breslau 1933, Diss. iur. Freiburg 1933 (n.f.d.A.), Strafrechtliche Abhandlungen, Heft 327 (U 33.5798)

6.9.5 Maßregelvollzug

2774 FRATZSCHER, Adolf: Zur Frage der Verwahrung und Entlassung von Sicherungsverwahrten, BlGk 68 (1937/38), S. 465-470

2775 GEORGI, Hermann: Zum Vollzug der Sicherungsverwahrung in Deutschland, ZStW 55 (1936), S. 613-620

2776 HAIDINGER: Übersicht über den Vollzug der Maßregeln der Sicherung und Besserung in den einzelnen deutschen Ländern, DJ 1935, S. 222-225

6.10 Entlassenenfürsorge

2777 ELLMERS, Gustav: Gegenwartsprobleme der Betreuung von Strafentlassenen, Breslau 1938, Diss. iur. Hamburg 1939 (n.f.d.A.), Strafrechtliche Abhandlungen, Heft 392 (U 39.3998)

2778 HILGENFELDT: Die Neugestaltung der Gefangenen- und Entlassenenfürsorge und die Einführung der Ermittlungshilfe, DJ 1937 II, S. 1595-1597

2779 LUXENBERG, Lothar: Gefangenen- und Strafentlassenenfürsorge, DtR 1939 B, S. 17-19

6.11 Strafvollstreckung

2780 DALLINGER: Die Änderung der Strafvollstreckungsordnung vom 21. Januar 1942, DJ 1942, S. 125-127, 144-148

2781 EICHLER, Hans: Inwieweit ist in der Strafvollstreckung Raum für eine Mitwirkung richterlicher Instanzen?, DStR 1935, S. 357-364

2782 GRAF, Albert: Strafvollstreckung und Strafvollzug, Düren 1933, Diss. iur. Würzburg 1935 (U 35.9251)

2783 GROSCH: Zur Beschleunigung der Strafvollstreckung, DtR 1939 II, S. 2038-2039

2784 SCHOETENSACK, Aug./CHRISTIANS, Rud./EICHLER, Hans: Grundzüge eines deutschen Strafvollstreckungsrechts, Denkschrift des Ausschusses für Strafvollstreckungsrecht der Akademie für Deutsches Recht, Berlin 1936

6.12 Gnadenrecht

6.12.1 Allgemeines

2785 BECHERT, R.: Gnade und Recht, DJ 1944, S. 74-75

2786 BERKENKAMP, Hubert: Betrachtungen über das Gnadenwesen im Dritten Reich, ZAkDtR 1937, S. 11-13

2787 FUNCKE, Hans: Das Gnadenrecht in Deutschland, Schramberg 1933, Diss. iur. Tübingen 1933 (U 33 7674)

2788 GREWE, Wilhelm: Gnade und Recht, Hamburg 1936, Diss. iur. Hamburg 1936 (n.f.d.A.) (U 36.4347)

2789 KOENIG, Kurt: Das Gnadenrecht der Partei, DjR 13 (1937), S. 277-279

2790 MENSCHELL, Wolfgang: Das gesamte deutsche Gnadenrecht nebst verwandten Gebieten, Berlin 1940

2791 NIEHAUS, Anton: Die Erstreckung der Gnade auf die sichernden Maßnahmen, Emsdetten 1933, Diss. iur. Freiburg 1933

2792 PRALLE, August: Die Begnadigung als fehlerhafter Staatsakt, unter Einfluß des Rechtes der nationalen Revolution, Breslau 1934, Diss. iur. Göttingen 1934, Strafrechtliche Abhandlungen, Heft 335 (U 34.947)

2793 RICHTER, Hans: Ein einheitliches Gnadenrecht im ganzen Reich, DJ 1935, S. 251-252

2794 SCHÄFER, K.: Zur Neuregelung des Gnadenwesens, JW 1935, S. 900-909

2795 SCHULZ, Georg: Das neue Gnadenrecht, ZStW 58 (1939), S. 251-299

6.12.2 Amnestie

2796 FÄRBER, Hans: Die prozessuale Auswirkung der Amnestie, Berlin 1941, Diss. iur. Berlin 1941, Rechtswissenschaftliche Studien, Heft 91 (U 41.69)

2797 SCHÄFER, K.: Bemerkungen zum Straffreiheitsgesetz vom 30.4.1938, DJ 1938, S. 814-820

2798 SCHAFHEUTLE: Straffreiheitsgesetz und Freispruch, JW 1938 II, S. 1380-1383

2799 UHLE, Edgar: Die Amnestie nach altem und neuem Gnadenrecht, Breslau 1935, Diss. iur. Hamburg 1935 (n.f.d.A.) (U 35.7474)

6.12.3 Landesrecht

2800 FRITZE: Die Ausübung des Gnadenrechts in Preußen, DJZ 1933, Sp. 76-80

2801 KRUG: Das neue Preußische Strafvollstreckungs- und Gnadenrecht, DRiZ 1933, S. 281-284

2802 MAIER, Eduard: Das Begnadigungsrecht in Bayern. Eine zusammenfassende Darstellung des geltenden Rechts, Schwandorf 1934, Diss. iur. Erlangen 1934 (U 34.6115)

2803 SCHÄFER, K.: Das neue preußische Strafvollstreckungs- und Gnadenrecht vom 1. August 1933, JW 1933 II, S. 1919-1924

6.12.4 Wehrmacht

2804 GRAU, Fritz: Das Gnadenrecht der Wehrmacht, ZWehrR 3 (1938/39), S. 388-395

2805 KOCH, Hans: Urlaub gerichtlich Bestrafter bei Frontbewährung. Sperrfristen, ZWehrR 8 (1943), S. 215-216

2806 SCHERER, Werner: Das Gnadenrecht der Wehrmacht, ZWehrR 3 (1938/39), S. 266-272

7. Polizei

7.1 Grundlagen

2807 BEST, Werner: Die deutsche Polizei, Darmstadt 1940

2808 BEST, Werner: Neubegründung des Polizeirechts, JbAkDtR 4 (1937), S. 132-138

2809 BEST, Werner: Die Schutzstaffel der NSDAP. und die deutsche Polizei, DtR 1939, S. 44-48

2810 DACKWEILER, Edgar: Die Polizei im neuen Staat, RVwBl 1936, S. 753-756

2811 DALUEGE: Der nationalsozialistische Kampf gegen das Verbrechertum, DtR 1936, S. 123-125

2812 ERNST, Waldemar: Über die Neugestaltung des polizeilichen Rechts, RVwBl 1939, S. 509-513

2813 FALCK, Eberhart: Polizeibegriff und Polizeigedanke im heutigen deutschen Staat, Dresden 1935, Diss. iur. Leipzig 1935 (U 35.8412)

2814 FRANZEN, Wilhelm: Die Polizei im neuen Staat, Greifswald 1935, Diss. iur. Marburg 1935, Hauptprobleme des deutschen Rechts, Heft 4 (U 35.5255)

2815 GRAUERT: Die Entwicklung des Polizeirechts im nationalsozialistischen Staat, DJZ 1934, Sp. 965-968

2816 HAMEL, Walter: Die Aufgaben der Polizei im Nationalsozialitischen Staat, DJZ 1936

2817 HAMEL, Walter: Die Polizei im nationalsozialistischen Staat, DJZ 1935, Sp. 326-332

2818 HAMEL, Walter: Wesen und Rechtsgrundlagen der Polizei im nationalsozialistischen Staate, in: Frank, Hans (Hrsg.): Deutsches Verwaltungsrecht, München 1937, S. 381-398

2819 HÖHN, Reinhard: Alte und neue Polizeirechtsauffassung in der Praxis, DtVw 1938, S. 330-333

2820 HÖHN, Reinhard: Polizeirecht im Umbruch, DtR 1936, S. 128-132

2821 HÖHN, Reinhard: Die Wandlung im Polizeirecht, DtRwiss 1 (1936), S. 100-124

2822 KNAUTH: Die Aufgaben der Polizei im nationalsozialistischen Staat, DJZ 1936, Sp. 1205-1211

2823 KRAHMER, Herbert: Theorienstreit um den nationalsozialistischen Polizeibegriff, o.O. 1945, Diss. iur. Erlangen 1944 (n.f.d.A.) (U 44.2135)

2824 KRÜGER, Herbert: Grundfragen der deutschen Polizei, DtR 1937, S. 376-378

2825 LAUER, Klaus: Die Polizei im nationalsozialistischen Staat, Hamburg 1935, Diss.iur. Hamburg 1935 (n.f.d.A.)(U 35.1485)

2826 LEHMANN, Werner: Der alte und der neue Polizeibegriff, Berlin 1937, Diss. iur. Heidelberg 1937 (n.f.d.A.), Rechtswissenschaftliche Studien, Heft 63 (U 37.5114)

2827 NASS: Über die Bedeutung von Theorie und Praxis für die Polizeireform in Deutschland, RVwBl 1938, S. 347-349

2828 NASS: Polizeireform und Verwaltungsrechtsprechung, RVwBl 1939, S. 368-372

2829 NERRETER, Wilhelm: Geschichte und Entwicklung des Polizeibegriffes bis 1936, o.O. 1941, Diss. iur. Erlangen 1941 (n.f.d.A.) (U 42.2039)

2830 SCHAEFER, Gerhard: Der Wandel im Polizeibegriff, RVwBl 1937, S. 217-219

2831 SCHMID, Eugen: § 10 II 17 ALR und Polizeibegriff im Dritten Reich, Tübingen 1939, Diss. iur. Berlin 1939 (U 39.117)

2832 STEEGER, Max: Polizei und Staatsidee, Bochum 1938, Diss. iur. Freiburg 1938 (U 38.3006)

7.2 Polizeigewalt

2833 ABRAMCZYK, Siegfried: Die Polizeiverordnung und ihre Anwendung im Einzelfall nach dem preußischen Polizeiverwaltungsgesetz vom 1.6.1931, Berlin 1936, Diss. iur. Berlin 1936 (U 36.74)

2834 BAHRFELDT, Jürgen von: Vom Polizeiverordnungsrecht im neuen Staate, Leipzig 1935, Diss. iur. Halle 1935 (U 35.7379)

2835 BORST, Gerhard: Die Möglichkeit polizeilicher Eingriffe in die persönliche Freiheit, o.O. 1936, Diss. iur. Tübingen 1936 (U 36.9355)

2836 BRANDENBURG, Hermann: Das Verhältnis von Polizeigewalt und Staatsgewalt im deutschen Staatsleben, Bochum 1933, Diss. iur. Jena 1934 (U 34.1284)

2837 CREMER: Das Rechtsschutzinteresse bei der Anfechtung polizeilicher Verfügungen, RVwBl 1934, S. 714-716

2838 HAMEL, Walter: Sinn und Funktion der Polizei, DtRwiss 7 (1942), S. 26-37

2839 HEIN, Bruno: Die Stellung der Polizei im Auslieferungswesen, Dresden 1935, Diss. iur. Breslau 1935 (U 35.3811)

2840 HEMMERICH, Gerlach: Die polizeirechtliche Stellung der Ausländer in Deutschland, Düsseldorf 1936, Diss. iur. Göttingen 1936 (U 36.3581)

2841 HEYDRICH, Reinhard: Die Bekämpfung der Staatsfeinde, DtRwiss 1 (1936), S. 97-100

2842 JENTZSCH, Erich: Der Begriff der polizeilichen Verfügungen in Preußen, Berlin 1939, Diss. iur. Innsbruck 1939 (U 39.5532)

2843 JULIER: Das neue Waffengebrauchsrecht der deutschen Polizei, RVwBl 1939, S. 801-803

2844 KLEIBÖMER, Karl-Heinrich: Das Recht der Polizei zum Waffengebrauch in Preußen, Berlin 1935, Diss. iur. Breslau 1935 (U 35.6656)

2845 KNAUTH, Rudolf: Gebiete und Formen der polizeilichen Betätigung, in: Frank, Hans (Hrsg.): Deutsches Verwaltungsrecht, München 1937, S. 399-416

2846 LAUER, Klaus: Die polizeirechtliche Bedeutung der Verordnung zum Schutze von Volk und Staat, RVwBl 1935, S. 168-171

2847 LAUER, Klaus: Polizeigewalt, Polizeibegriff, allgemeiner polizeilicher Aufgabenkreis und polizeiliches Ermessen im nationalsozialistischen Staat, RVwBl 1934, S. 971-976

2848 LIEPELT, Adolf: Über den Umfang und die Bedeutung der Polizeigewalt im nationalsozialistischen Staat, Würzburg 1938, Diss. iur. Breslau 1938 (U 38.1700)

2849 MERTENS, Kurt: Die Bedeutung der Danziger Polizeirechtsverordnung vom 11.1.1937 für die Fortentwicklung des deutschen Polizeibegriffs, o.O. 1943, Diss. iur. Berlin 1943 (n.f.d.A.) (U 43.90)

2850 NASS: Der Polizeigedanke der preußischen Reformzeit und § 10 II 17 ALR, RVwBl 1938, S. 759-762

2851 PEIN, Gerhardt: Polizei und Ordnung, Leipzig 1936, Diss. iur. Jena 1936 (U 36.5352)

2852 RÖMER, Karl: Die Polizeihaft, o.O. 1942, Diss. iur. Tübingen 1942 (n.f.d.A.) (U 42.6317)

2853 ROHNE: Vom neuen Geist in der Polizeiverordnung, RVwBl 1936, S. 756-758

2854 SCHMIDT, Georg: Zielsetzung und Schranken der Polizeigewalt, RVwBl 1935, S. 833-839

2855 SCHULZ, Helmar: Polizei und ständische Ordnung, Würzburg 1938, Diss. iur. Heidelberg 1938 (U 38.4634)

2856 SIEVERS, Rudolf: Maßnahmen der Polizei außerhalb ihrer sonstigen Grenzen, DtVw 1940, S. 243-248

2857 STADLER, Otto: Polizei und Eigentum, München 1935, Diss. iur. München 1936 (U 36.7634)

2858 STECHOW, Hans-Joachim von: Beitrag zur Entwicklungsgeschichte der Polizeipflicht, o.O. 1942, Diss. iur. Berlin 1942 (n.f.d.A.) (U 42.122)

2859 UPMEYER , Bernhard: Der polizeiliche Waffengebrauch und seine Bedeutung als Mittel der Verbrechensbekämpfung in Süddeutschland, Quakenbrück 1935, Diss. iur. Erlangen 1935 (U 35.6931)

2860 WEWERS, Ernst: Das Polizeinotrecht im deutschen Verwaltungsrecht, Marburg 1933, Diss. iur. Marburg 1933 (U 33.7236)

7.3 Organisation

2861 GROSSHANS, Ludwig: Der Kommissar im Dritten Reich, o.O. 1941, Diss. iur. Heidelberg 1941 (n.f.d.A.) (U 41.2990)

2862 MEISNER, Günter: Der Kommissar, Würzburg 1933, Diss. iur. Jena 1933 (U 33.6560)

2863 MESSTORFF-LEBIUS, Horst: Die Beamten der allgemeinen Polizei, Würzburg 1939, Diss. iur. Königsberg 1939 (U 39.6234)

2864 TÄGER, Georg: Polizeifunktionäre ohne Beamtenstellung, dargestellt an einigen besonders markanten Beispielen, Leipzig 1937, Diss. iur. Leipzig 1937 (U 37.6854)

2865 TOECHE MITTLER, Theodor: Kommissare. Eine staats- und verwaltungsrechtliche Studie, Berlin 1933, Diss. iur. Heidelberg 1933 (U 33.6398)

7.4 Politische Polizei, Gestapo

2866 BABENDREYER, Heinz: Die politische Polizei in Preußen, Stallupönen 1935, Diss. iur. Königsberg 1935 (U 37.6459)

2867 BEST, Werner: Die Geheime Staatspolizei, DtR 1936, S. 125-128

2868 BEST: Die politische Polizei des Dritten Reichs, in: Frank, Hans (Hrsg.): Deutsches Verwaltungsrecht, München 1937, S. 417-430

2869 BULLMANN, Felix: Die Polizei für Strafsachen in Preußen unter besonderer Berücksichtigung der politischen Polizei, Coburg 1933, Diss. iur. Erlangen 1933 (U 33.5475)

2870 ERMERT: Die Preußische Geheime Staatspolizei, RVwBl 1936, S. 237-238

2871 HEYDRICH, Reinhard: Die Bekämpfung der Staatsfeinde, DtR 1936, S. 121-123

2872 HEYDRICH, Reinhard: Wandlungen unseres Kampfes, München/Berlin 1935

2873 SCHLIERBACH, Helmut: Die politische Polizei in Preußen, Emsdetten 1938, Diss. iur. Frankfurt 1938, Universitas-Archiv, Bd. 96 (U 38.2653)

2874 SCHWEDER, Alfred: Politische Polizei. Wesen und Begriff der politischen Polizei im Metternichschen System, in der Weimarer Republik und im nationalsozialistischen Staate, Berlin 1937, Diss. iur. Rostock 1937 (U 37.9008)

7.5 Schutzhaft

2875 BOEHR: Nochmals die Schutzhaft, JW 1933 III, S. 2499-2500

2876 GEIGENMÜLLER, Otto: Die politische Schutzhaft im nationalsozialistischen Deutschland, Würzburg 1937, Diss. iur. Leipzig 1937 (U 37.6777)

2877 KELZ: Zur Anrechnung von Schutzhaft auf die Strafe, DJ 1936 II, S. 1609-1612

2878 LÜDTKE: Die Schutzhaft, JW 1933 III, S. 2241-2242

2879 SPOHR, Werner: Recht der Schutzhaft, DJ 1934, S. 58-61

2880 SPOHR, Werner: Das Recht der Schutzhaft, Berlin 1937

2881 TESMER, Hans: Die Schutzhaft und ihre rechtlichen Grundlagen, DtR 1936, S. 135-137

7.6 Kriminalpolizei

2882 FREDERICH, Otto: Die Gerichtspolizei, Coburg 1937, Diss. iur. Erlangen 1937 (U 37.2481)

2883 FRIEDRICH, Paul-Moritz: Kriminalpolizei und Strafverfahrensrecht, dargestellt am Beispiel des deutschen, französischen und italienischen Rechts, Bonn 1938, Diss. iur. Marburg 1938, Rechtsvergleichende Untersuchungen zur gesamten Strafrechtswissenschaft, Heft 11 (U 38.6842)

2884 HÜBNER, Kurt: Die Entstehung einer Reichskriminalpolizei, Freiburg 1936, Diss. iur. Freiburg 1936 (U 36.3120)

2885 KOENEN, Hanns: Selbständige Rechte und Pflichten der Kriminalpolizei bei der Ermittlung strafbarer Handlungen, Köln 1938, Diss. iur. Köln 1938 (U 38.5748)

2886 KRUG, Wilhelm: Die Abgrenzung der polizeilichen Befugnisse gegenüber den staatsanwaltschaftlichen und richterlichen im Strafverfahren, Würzburg 1940, Diss. iur. Berlin 1940 (U 40.72)

8. Verwaltungs- und Völkerrecht

8.1 Allgemeines Verwaltungsrecht

2887 KOELLREUTTER, Otto: Das Verwaltungsrecht im nationalsozialistischen Staat, DJZ 1934, Sp. 625-631

2888 MAUNZ, Theodor: Das Verwaltungsrecht des nationalsozialistischen Staates, in: Frank, Hans (Hrsg.): Deutsches Verwaltungsrecht, München 1937, S. 27-48

2889 MAUNZ, Theodor: Zum Neubau des deutschen Verwaltungsrechts, DJZ 1934, Sp. 1046-1051

8.2 Beamtenrecht, Dienstrecht

2890 FABRICIUS, Hans: Beamtenrecht im nationalsozialistischen Staat, in: Frank, Hans (Hrsg.): Nationalsozialistisches Handbuch für Recht und Gesetzgebung, München 1935, S. 500-511

2891 FREISLER, Roland: Beamten - Soldaten, DJ 1939 II, S. 1418-1422

2892 KÖTTGEN, Arnold: Die Stellung des Beamtentums im völkischen Führerstaat, JböffR 25 (1938), S. 1-65

2893 KÜCHLER: Gründe für die geringe Fortpflanzung der Beamten, DtR 1939 B, S. 542-543

2894 PETERSEN: Der Assessoren-Titel nach der Laufbahnverordnung, DtR 1941 B, S. 178

2895 PROBST, Friedrich: Der Beamte der Weimarer Republik und des nationalsozialistischen Dritten Reiches. (Ein Vergleich auf politisch-weltanschaulicher Grundlage.), o.O. 1944, Diss. iur. Erlangen 1944 (n.f.d.A.) (U 44.2139)

2896 SCHRIEVER, Alfred: Die Dienst- und Rechtsverhältnisse der Assessoren und Gerichtsassessoren, DtR 1941 B, S. 38-41

2897 SEEL, Hanns: Das Beamtenrecht des Dritten Reiches, in: Frank, Hans (Hrsg.): Deutsches Verwaltungsrecht, München 1937, S. 151-165

8.3 Staatsangehörigkeitsrecht

2898 FLESSNER, Vollmar: Rasse und Politik im Staatsbürgerrecht. Rassisch-völkische und politische Voraussetzungen der Ausübung staatsbürgerlicher Rechte in Deutschland und im Auslande, Berlin 1939, Diss. iur. Rostock 1939 (U 39.8497)

2899 LICHTER, Matthias: Das Staatsangehörigkeitsrecht im Großdeutschen Reich, Berlin 1943

2900 MARKS, Kurt: Vom Wesen des Volksgruppenrechts in seiner Bedingtheit durch die Volksidee, Mülheim 1937, Diss. iur. Bonn 1937 (U 37.1332)

2901 PABST, Manfred: Volkszugehörigkeit und Recht, Leipzig 1942, Diss. iur. Leipzig 1942 (n.f.d.A.) (U 42.4584)

2902 STAUB, Georg: Stellung der Volksfremden im Staatsrecht, Düsseldorf 1935, Diss. iur. Gießen 1936 (U 36.3371)

2903 ZIMMERER, Helmut: Rasse, Staatsangehörigkeit, Reichsbürgerschaft. Ein Beitrag zum völkischen Staatsbegriff, Bamberg 1936, Diss. iur. Erlangen 1936 (U 36.2546)

2904 ZIMMERMANN, Heinrich: Staatsangehörigkeit und Reichsbürgerschaft unter besonderer Berücksichtigung des Judenproblems, Düsseldorf 1940, Diss. iur. Heidelberg 1940 (U 40.3778)

8.4 Unterbringungsrecht

2905 FISCHER, Gisela: Die geschichtliche Entwicklung des Schutzes der Gemeinschaft vor dem gemeingefährlichen Geisteskranken, Zeulenroda 1935, Diss. iur. Jena 1936 (U 36.5312)

2906 GERL, Bruno: Bewahrungsbedürftige Verwahrloste im Sinne des künftigen Bewahrungsgesetzes, DJZ 1935, Sp. 1274-1279

2907 GERL, Bruno: Nationalsozialistische Weltanschauung in einem Bewahrungsgesetz, DtR 1935, S. 550-553

2908 HEIENBROK, Will: Der unverbesserliche Gemeinschädling und seine Zwangsverwahrung nach geltendem Recht, Bethel 1938, Diss. iur. Berlin 1939 (U 39.84)

2909 SCHMIDT, Willi-Kurt: Das Bewahrungsgesetz im neuen Recht und seine Beziehung zum Strafrecht, Bonn 1937, Diss. iur. Halle 1937, Rechtsvergleichende Studien zur gesamten Strafrechtswissenschaft, Heft 8 (U 37.4268)

2910 WIEBEL, Karl: Das Bettler- und Landstreichertum und seine Bekämpfung durch die bayerische Wanderordnung vom 20. Februar 1936, o.O. 1942, Diss. iur. Erlangen 1943 (n.f.d.A.) (U 43.1722)

8.5 Steuerrecht

2911 DANNBECK, Siegmund: Konkretes Ordnungsdenken und steuerrechtliche Typenlehre, ZAkDtR 1938, S. 808-811

2912 GÖERS, Theodor: Tatbestandsbeurteilung nach nationalsozialistischer Weltanschauung, Über § 1 Absatz 3 StAnpG vom 16. Oktober 1934, Leipzig 1938, Diss. iur. Marburg 1938 (U 38.6845)

2913 KLAUSING, Friedrich: Grundsätzliches über "wirtschaftliche Betrachtungsweise", "Typenlehre" und "konkretes Ordnungsdenken", ZAkDtR 1939, S. 112-117

2914 OPPEN, von: Die Lehre vom richtigen Recht und das deutsche Steuerrecht, in: Rudolf Stammler, Festschrift zu seinem 80. Geburtstag, hrsg. von C.A. Emge, Berlin 1936, ARSP 29 (1935/36), S. 87-120

2915 REINHARDT: Leitsätze für die Gestaltung und Auslegung der Steuergesetze nach nationalsozialistischer Weltanschauung, DStZ 1935, S. 29 ff., 59 f., 85 ff., 113 ff.

8.6 Verwaltungsgerichtsbarkeit

2916 DANCKWERTS, Justus: Die Verwaltungsgerichtsbarkeit im nationalsozialistischen Staate, in: Frank, Hans (Hrsg.): Deutsches Verwaltungsrecht, München 1937, S. 99-125

2917 FRANK, Hans: Das Reichsverwaltungsgericht, DtR 1941 B, S. 152-155

2918 MUTH, Heinrich: Die Verwaltungsgerichtsbarkeit und der Krieg, DtR 1939 II, S. 1874-1877

2919 MUTH, Heinrich: Liberalismus und Verwaltungsgerichtsbarkeit, DtR 1936, S. 407-412

2920 REUSS, Hermann: Das Reichsverwaltungsgericht, ZAkDtR 1942, S. 17-19

2921 REUSS, Hermann: Zur Errichtung des Reichsverwaltungsgerichts, DtR 1941 II, S. 1425-1430

2922 RÖSSIGER, Herbert: Führertum und Verwaltungsgerichtsbarkeit, Leipzig 1936, Diss. iur. Leipzig 1936, Leipziger Rechtswissenschaftliche Studien, Heft 98

2923 SCHOLZ, Franz: Die Verwaltungsgerichtsbarkeit im Dritten Reich, Köln 1936

8.7 Völkerrecht

2924 BEST, Werner: Rechtsbegriff und "Völkerrecht", DtR 1939 II, S. 1345-1348

2925 BRISTLER, Eduard: Die Völkerrechtslehre des Nationalsozialismus, Zürich 1938

2926 DIETZE, Hans-Helmut: Die Entwicklung des Völkerrechts im Kriege, DtR 1944, S. 306-313

2927 GÜNZER, Karlfriedrich: Die Grundrechte des Völkerrechts, Würzburg 1938, Diss. iur. Freiburg 1938 (n.f.d.A.) (U 38.2986)

2928 GÜRKE, Norbert: Einfluß jüdischer Theoretiker auf die deutsche Völkerrechtslehre, in: Das Judentum in der Rechtswissenschaft, 6, Berlin 1938

2929 RASCHHOFER, Hermann: Volk, Nation und Völkerrecht, in: Frank, Hans (Hrsg.): Nationalsozialistisches Handbuch für Recht und Gesetzgebung, München 1935, S. 99-116

2930 TILKA: Der Führer schafft ein neues Völkerrecht, DjR 14 (1938), S. 277-279

2931 WAGNER, M.: Fragen des Kriegsvölkerrechts, DtR 1939, S. 515-519

Nachtrag von Schriften, die zwischen 1933 und 1945 nicht angezeigt werden durften

Grundlagen

2932 ALEXANDER, Edgar: Der Mythus Hitler, Zürich 1937

2933 ALGERMISSEN, Konrad: Der Mythus des XX. Jahrhunderts, Hannover 1934

2934 EICHEN, Claus: Rassenwahn. Briefe über die Rassenfrage, Paris 1936

2935 ILTIS, Hugo: Der Mythus von Blut und Rasse, Wien 1936

Staatsrecht

2936 BRAUN, Otto: Von Weimar zu Hitler, New York 1940

2937 FISCHER, Ernst: Über philosophische Grundlagen der deutschen Staatsumwälzung, Zürich/New York 1934

2938 IMBODEN, Max: Der Schutz von staatlicher Willkür, Antrittsvorlesung, gehalten am 11. November 1944 an der Universität Zürich, Zürich 1945

Recht allgemeim

2939 HOMBERGER, A./GUHL, Theo (Bd. 1); OVERBECK/RUCK/MARTI (Bd. 2): Das Schweizer Recht, Zürich 1938

2940 MUNCK AF ROSENSCHÖLD, August (Hrsg.): Europäisches Rechtshandbuch, Leipzig 1938

2941 SINZHEIMER, Hugo: Jüdische Klassiker der deutschen Rechtswissenschaft, Amsterdam 1938

Strafrecht

2942 LISZT, Eduard von: Reform der Strafrechtspflege, Wien 1933

2943 UNION FÜR RECHT UND FREIHEIT (Hrsg.): Der Strafvollzug im III. Reich. Im Anhang: Die Nürnberger Rassegesetze. Denkschrift und Materialsammlung, Prag 1936

Einzelne Prozesse

2944 ANONYM: ... und die Schuldigen regieren weiter. Der Reichstagsbrand-Prozeß, Zürich/Paris 1934

2945 BIEHAL, Fritz (Hrsg.): Dimitroff. Worte zum Reichstagsbrandstifter-Prozeß, Prag 1934

2946 DIMITROFF, Georgi: Anklagerede des Genossen (Georgi) Dimitrow vor dem Reichsgericht im Leipzig, gehalten am 16. Dezember 1933. Prozessbericht der TASS, 1934

2947 Entscheidung des Landgerichts Stuttgart. 3. Strafkammer. (Betr. Strafsache gegen Landesbischof D. Theophil Wurm u. Oberkirchenr. Dr. Gerhard Schauffler, in: Amtsblatt d. evang. Landeskirche in Württemberg, Bd. 26, 1934, Nr.37)

2948 KOMMISSION ZUR UNTERSUCHUNG DER LAGE DER POLITISCHEN GEFANGENEN (Hrsg.): Aus dem ersten Quartal der Hitlerherrschaft. (Hakenkreuz-)Terror in Braunschweig. Zürich 1933

2949 JUSTINIAN: Reichstagsbrand. Wer ist verurteilt?,Karlsbad 1934

2950 KILIAN, Hans: Der politische Mord. Zu seiner Soziologie, Zürich 1936

2951 KUGLER, Ferdinand: Das Geheimnis des Reichstagsbrandes, Amsterdam/Leipzig 1936

Verzeichnis der Entscheidungen der Sondergerichte

Sondergericht A l t o n a

Urteil vom 21. August 1933 - 11 Son J 186/33 -
JW 1933 III, S. 2170
Betr.: Die schwarz-weiß-rote und die Hakenkreuzflagge sind Reichsflaggen im Sinne des § 134a RStGB

Sondergericht B a m b e r g

Urteil vom 4./5. Dezember 1942 - SG 320/42 -
DtR 1943, S. 442-444
Betr.: Hortung von Verbrauchsgütern als Kriegswirtschaftsverbrechen (§ 1 Abs. 1 KWVO, § 1 Abs. 1 Nr. 1 VerbrReglStVO)

Sondergericht B e r l i n

Urteil vom 4. Oktober 1933 - 1 Sond. K. L. 8.33 (284/33) -
DJ 1933, S. 711
Betr.: Auslegung des § 2 Heimtückegesetz

Urteil vom 30. Oktober 1933 - 1 Sond. K. M. 193/33 -
DJ 1933, S. 688
Betr.: Auslegung des § 2 Heimtückegesetz gegen seinen Wortlaut im Sinne der nationalsozialistischen Weltanschauung

Sondergericht B e r l i n I

Urteil vom 5. Februar 1940 - 3 P K Ls 16/40 -
DJ 1940, S. 248-249
Betr.: Häufung von Verbrechen unter Ausnutzung der kriegsbedingten Verdunkelung als besonders schwerer Fall i.S. der Volksschädlingsverordnung

Urteil vom 20. November 1941 - 3 Sond. K. Ls. 19/41 (312/41) -
HRsp. 1942, Nr. 328 und DStR 1942, S. 55-56
Betr.: Wer Nachrichten eines inländischen Schwarzsenders verbreitet, die geeignet sind, die Widerstandskraft des deutschen Volkes zu gefährden, ist nach "gesundem Volksempfinden" in entsprechender Anwendung (§ 2 RStGB) der Verordnung über außerordentliche Rundfunkmaßnahmen zu bestrafen

Sondergericht B e r l i n II

Urteil vom 20. Januar 1936 - 1 Sond. K. Ms. 645/35 - 119/35 -
JW 1936, S. 751
Betr.: Schutz parteiamtlicher Abzeichen nach dem Heimtückegesetz

Urteil vom 17. Mai 1940 - 2 Gew. KLs 5/40 (159/40) -
DJ 1940, S. 736-737
Betr.: Gefährdung der Bedarfsdeckung durch Beiseiteschaffen lebenswichtiger Güter (§ 1 Kriegswirtschaftsverordnung)

Urteil vom 7. Januar 1941 - 1 Gew. KLs. 72/40 (417/40) -
HRsp. 1941, Nr. 404
Betr.: Abgetrennte Abschnitte einer Lebensmittelkarte sind öffentliche Urkunden (§ 268 RStGB)

Sondergericht B e r l i n VI

Urteil vom 4. Februar 1944 - (Sond. VI) 6 P KLs 4.44 (246/44) -
DJ 1944, S. 126-127
Betr.: Volksschädlingstyp des Postmarders: Entwendung von Postsendungen in der Hauptpostfachstelle eines Privatbetriebes als Verbrechen nach § 4 Volksschädlingsverordnung

Sondergericht B i e l e f e l d

Urteil vom 26. Februar 1942 - 2 Kls Sond. 2042 -
HRsp. 1942, Nr. 505
Betr.: Das Hamstern von Lebensmitteln und gewerblichen Waren im Kriege kann nach § 1 Kriegswirtschafts-Verordnung strafbar sein

Sondergericht B r e s l a u

Beschluß vom 22. Juni 1934 - Sg. 10. K. M. 186/33 -
DJ 1934 II, S. 1061-1062
Betr.: Gebühren des Verteidigers vor dem Sondergericht

Urteil vom 7. Oktober 1936 - 42 Sg 10 a K. Ls 22/36 (507/36) -
DJ 1936 II, S. 1813-1814
Betr.: Extensive Auslegung des § 3 Heimtückegesetz: Anwendung des Gesetzes auch auf Abzeichen, die Parteiabzeichen lediglich ähnlich sehen

Urteil vom 2. Juni 1937 - 16 K. Ms. 63/37 -
DStR 1937, S. 366-370
Betr.: Extensive Auslegung des Gesetzes über die Gewährung von Straffreiheit zugunsten des Angeklagten

Urteil vom 18. November 1939 - 42 Sg 14 K. Ls. 11/39 -
DStR 1940, S. 27-28
Betr.: Vergreift sich ein Angestellter der Feldpost am Inhalt von Feldpostsendungen, so ist er nach der Verordnung über Volksschädlinge zu bestrafen

Urteil vom 16. Januar 1940 - Sg 15 K Ls 14/39 -
DJ 1940, S. 247-248
Betr.: Anwendung und Auslegung der Verordnung gegen Gewaltverbrecher (RGBl I, 1939, S. 2378); Ausnutzung der Kriegsverhältnisse zur Begehung eines Straßenraubes

Urteil vom 30. Januar 1940 - 42 Sg 15 K Ls 1/40 -
DJ 1940, S. 248
Betr.: Auslegung der Verordnung gegen Gewaltverbrecher, insbesondere des Begriffs "mit Waffengewalt"

Urteil vom 9. Februar 1940 - 42 Sg 15 K Ls 2/40 -
DtR 1940 B, S. 37
Betr.: Ausnutzung der Besorgnis vor feindlicher Fliegergefahr zum Zwecke betrügerischer Geschäfte als Volksschädlingstat (§ 4 Volksschädlings-Verordnung)

Urteil vom 26. Februar 1940 - 42 Sg 15 K Ls 4/40 -
DtR 1940 B, S. 73-74
Betr.: Intimer Verkehr mit polnischen Kriegsgefangenen verlangt nach gesundem Volksempfinden schwere Strafe (§ 4 der Verordnung zur Ergänzung der Strafvorschriften zum Schutze der Wehrkraft des deutschen Volkes)

Urteil vom 21. März 1940 - 42 Sg 14 K Ls 13/40 -
DtR 1940 B, S. 50
Betr.: Überfall auf Kriegerfrauen als Volksschädlingstat (§ 4 der Verordnung gegen Volksschädlinge)

Urteil vom 1. April 1940 - 42 Sg 14 K Ls 71/40 -
DtR 1940 B, S. 73
Betr.: Begriff des Verbreitens von Rundfunkmaßnahmen (§§ 1, 2 der Verordnung über außerordentliche Rundfunkmaßnahmen)

Urteil vom 8. April 1940 - K Ls 19/40 -
DtR 1940 B, S. 49-50
Betr.: Auslegung des § 3 der Verordnung gegen Volksschädlinge: Ein bestimmter Vorsatz, die Widerstandskraft des deutschen Volkes zu schädigen, ist nicht nötig

Urteil vom 23. April 1941 - 42 Sg 14 K Ls 8/41 -
HRsp. 1942, Nr. 330
Betr.: Faustschläge auf den Kopf können gefährliche Mittel im Sinne des § 1 der Verordnung gegen Gewaltverbrecher sein

Urteil vom 28. August 1943 - Sg 12 K Ls 163/43 -
DtR 1944, S. 23-24
Betr.: Entsprechende Anwendung des § 223 RStGB bei Zufügung seelischer Schmerzen

Sondergericht B r ü n n

Urteil vom 30. April 1943 - K Ls. So 218/42 -
DtR 1943, S. 1046-1047
Betr.: Zum Begriff des "Beiseiteschaffens" im Sinne des § 1 Absatz 1 der Kriegswirtschaftsverordnung

Sondergericht C e l l e

Urteil vom 19. Januar 1940 - 6 S. Ls. 22/39 -
HRsp. 1940, Nr. 522
Betr.: Diebstahl rationierter Lebensmittel als Volksschädlingstat (§ 2 der Verordnung gegen Volksschädlinge)

Urteil vom 17. Juli 1940 - 6 S Ls 18/40 -
DJ 1940 II, S. 1336
Betr.: In die Rückfallverjährungsfrist von zehn Jahren ist die Zeit nicht einzurechnen, in der der Täter eine Freiheitsstrafe verbüßt hat

Sondergericht D a n z i g

Urteil vom 22. April 1940 - 4 S KLs 1/40 -
DtR 1940 B, S. 73
Betr.:Fortsetzungszusammenhang bei mehreren Verstößen gegen die Volksschädlings-Verordnung

Urteil vom 8. Juni 1940 - 6 S Js 85/40 -
DtR 1940 B, S. 97
Betr.: Auslegung des Begriffs "Angreifen" in § 1 Absatz 2 der Verordnung gegen Gewaltverbrecher

Urteil vom 8. Juli 1940 - 4 SK Lg 3/40 -
DtR 1940 B, S. 98
Betr.: Diebstähle in unbewachten Räumen, deren Inhaber evakuiert worden sind, werden unter Ausnutzung der durch den Kriegszustand verursachten außergewöhnlichen Verhältnisse begangen. Sie stehen der Plünderung gleich (§ 4 der Verordnung gegen Volksschädlinge)

Urteil vom 20. November 1940 - 8 S K Ms 24/40 -
DtR 1941 B, S. 37
Betr.: Auch die Vorschriften des Allgemeinen Teils des Strafgesetzbuchs unterliegen der rechtsschöpfenden Gesetzesanwendung (§ 2 RStGB)

Urteil vom 29. November 1940 - 6 S K Ls 24/40 -
DtR 1941, S. 25
Betr.: Landwirtschaftliche Maschine als eine Sache, die im Rahmen der Ernährungswirtschaft unmittelbar dem Nutzen der deutschen Volksgemeinschaft dient

Urteil vom 20. Juni 1941 - 6 SK MS 17/41 (2 S 83/41) -
DJ 1941, S. 945
Betr.: Unberechtigtes Tragen des "Volksdeutschenabzeichens" durch einen Polen verdient nach gesundem Volksempfinden Strafe

Urteil vom 8. Juli 1941 - 4 S K Ms 15/41 (2 S 91/41) -
DJ 1941, S. 945
Betr.: Beschimpfung der Volksdeutschen in den eingegliederten Ostgebieten ist als Beschimpfung des Reiches nach § 134 a RStGB strafbar

Sondergericht D a r m s t a d t

Beschluß vom 23. Oktober 1933 - S L 4/33 -
JW 1933 III, S. 2786-2787
Betr.: Gebühren des Verteidigers vor dem Sondergericht

Urteil vom 26. März 1934 - S M 26/34 -
JW 1934 II, S. 1744-1747
Betr.: Grundsätzliche Fortgeltung der Weimarer Reichsverfassung, insbesondere des Grundrechts der Religionsfreiheit (Art. 137 Weim R Verf)

Urteil vom 18. September 1941 - S Ls 48/41 -
HRsp. 1942, Nr. 43
Betr.: Der gesetzwidrige Verkauf bezugsbeschränkter Waren erfüllt den Tatbestand des Betruges (§ 263 RStGB)

Sondergericht D o r t m u n d

Beschluß vom 2. November 1936 - 18 b Ms 234/36 -
JW 1937, S. 189-190
Betr.: Straferlaß nach § 3 Straffreiheitsgesetz vom 23. April 1936 (RGBl I, S. 378)

Sondergericht D ü s s e l d o r f

Urteil vom 11. Oktober 1940 - So 163/40 -
DtR 1940 II, S. 2063-2064
Betr.: Als Volksschädling und Betrüger wird bestraft, wer gegenüber den Angehörigen eines Gefallenen wahrheitswidrig Angaben über dessen Tod macht, um dafür Geldzuwendungen zu erlangen

Sondergericht E l b i n g

Urteil vom 5. Oktober 1940 - 4 Js 259/39 Sd -
DJ 1940 II, S. 1271
Betr.: Die Überschreitung des Strafrahmens des Grunddelikts ist nicht Voraussetzung für die Anwendung der Verordnung gegen Volksschädlinge

Urteil vom 30. April 1942 - 3 K Ls 14/22 Sd -
HRsp. 1942, Nr. 556
Betr.: Wer ein unerfahrenes Mädchen durch Vorspiegelungen in eine Lage versetzt, aus der sie sich nur durch Gewährung des Verlangens des Täters, sich ihm hinzugeben, retten zu können vermeint, ist in entsprechender Anwendung des § 177 RStGB zu bestrafen. Er ist zudem als Volksschädling und Sittlichkeitsverbrecher zu strafen, wenn er die kriegsbedingte Abwesenheit des Ehemannes der Verführten ausnutzt.

Urteil vom 24. September 1942 - 4 K Ls 33/42 Sd -
DtR 1942 II, S. 1793-1794
Betr.: Durchbrechung der materiellen Rechtskraft: Eine erneute Aburteilung wegen derselben Tat ist möglich, wenn sich nachträglich herausstellt, daß der wegen Geisteskrankheit in einer Heil- und Pflegeanstalt untergebrachte Täter zur Zeit der Tat voll zurechnungsfähig war.

Sondergericht E s s e n

Urteil vom 14. November 1939 - 29 Ks 6/39 -
HRsp. 1941, Nr. 633
Betr.: Unter Ausnutzung der Verdunkelung ist eine Tat nur dann begangen, wenn die zur Abwehr von Fliegergefahr eingeführten Verdunkelungsmaßnahmen sie irgendwie erleichtert haben

Urteil vom 13. Januar 1940 - 31 K Ls 2/40 -
DJ 1940, S. 485-486 und HRsp. 1940, Nr. 568
Betr.: Zum Begriff der "Ausnutzung" in § 4 der Verordnung gegen Volksschädlinge

Urteil vom 23. Februar 1940 - 31 Ks 15/40 -
DJ 1940, S. 573-574
Betr.: Eine "Gefährdung der Bedarfsdeckung" wichtiger Wirtschaftsgüter liegt auch dann vor, wenn nicht die Einzelhandlung des Täters allein, sondern erst eine zu befürchtende Vielzahl derartiger Taten eine Gefahr für die Versorgung des Volkes darstellt (§ 1 Kriegswirtschafts-Verordnung)

Urteil vom 10. Oktober 1940 - 31 Ks 55/40 -
DtR 1941, S. 145-147
Betr.: Strafrahmen bei zusätzlicher Anwendung der Verordnung gegen Volksschädlinge

Urteil vom 28. November 1942 - 31 K Ls 133/42 -
DJ 1943, S. 47
Betr.: Das gesunde Volksempfinden verlangt die Bestrafung und Kennzeichnung desjenigen als Volksschädling, der vorspiegelt, er könne bezugsbeschränkte Waren beschaffen, um aufgrund der Täuschung eine Vorauszahlung zu erhalten

Sondergericht F r a n k e n t h a l

Urteil vom 10. November 1937 - 7 Js 175/37 -
DJ 1938, S. 197-198
Betr.: Aberkennung der Amtsfähigkeit nach gesundem Volksempfinden gemäß § 2 RStGB

Sondergericht F r a n k f u r t a.M.

Urteil vom 6. August 1941 - 6 Ls 10/41 -
HRsp. 1942, Nr. 36
Betr.: Wer Lebensmittel, die er vor dem Kriege eingekauft hat, durch unsachgemäße Lagerung verderben läßt, vernichtet sie im Sinne des § 1 der Kriegswirtschaftsverordnung

Sondergericht F r e i b e r g

Urteil vom 13. September 1934 - SG 532/34 -
JW 1934 III, S. 3154-3155
Betr.: Vorsätzliches Handeln im Sinne des § 3 Abs. 1 des Heimtückegesetzes setzt voraus, daß der Täter die in einer vom ihm verbreiteten Zeitschrift enthaltenen unwahren Behauptungen tatsächlich kennt

Urteil vom 27. Mai 1936 - Kls 28/36 SG 162 -
DJ 1936 II, S. 1299
Betr.: Zur Bestrafung aus § 3 des Heimtückegesetzes genügt nicht das Tragen einer Uniform, die einer parteiamtlichen Uniform zum Verwechseln ähnlich sieht

Urteil vom 20. Dezember 1939 - K Ls 34/39 - SG 179 II -
DStR 1940, S. 58-59
Betr.: Entsprechende Anwendung (§ 2 RStGB) des § 174 Abs. 1 Nr. 1 RStGB für Übergriffe von Personen, die eine vormundähnliche Stellung haben

Sondergericht G r a u d e n z

Urteil vom 27. März 1942 - 2 SG KLs 9/42; A K 43/42 -
DtR 1942, S. 930
Betr.: Bei Aburteilung eines Polen aufgrund der Polenstrafverordnung erübrigt sich die Heranziehung der Volksschädlingsverordnung

Urteil vom 13. Mai 1942 - 3 SG KLs 21/42 (SG 70/42) -
HRsp. 1942, Nr. 818
Betr.: Wer vor Beginn der öffentlichen Bewirtschaftung ein seinen eigenen Bedarf bei weitem übersteigendes Vorratslager an Lebensmitteln angelegt hat, kann in entsprechender Anwendung (§ 2 RStGB) des §1 der Kriegswirtschafts-Verordnung bestraft

werden, wenn er bei Beginn der Zwangsbewirtschaftung die gehorteten Waren nicht wieder dem Wirtschaftskreislauf zugeführt hat.

Sondergericht H a l l e

Urteil vom 20. Februar 1934 - SG M 6.34. -
DJ 1934, S. 452-453
Betr.: Unberechtigtes Tragen von Hoheitsabzeichen der NSDAP durch Mitglieder der Partei

Sondergericht H a m b u r g

Urteil vom 15. März 1935 - Sond 1617/34; 38 SondGer 75/35 -
JW 1935 III, S. 2988-2989
Betr.: Vernichtung der Weimarer Reichsverfassung durch die nationalsozialistische Revolution. Zum Umfang der Religionsfreiheit im Dritten Reich. Geltung des Programms der NSDAP als Verfassungsrecht

Urteil vom 5. Juni 1935 - Sond 263/35; 38 SondGer 117/35 -
JW 1935 III, S. 2987-2988
Betr.: Auslegung des Begriffs "Vorbereitung zum Hochverrat"

Beschluß vom 11. Dezember 1935 - Sond Ger 113/34 -
DtRpfl 1936, S. 317-318
Betr.: Gebühren des Verteidigers vor dem Sondergericht

Urteil vom 22. März 1938 - 11 Is Sond. 1473/37 -
JW 1938 II, S. 1884
Betr.: Zerschmettern eines Bildes als "Äußerung" im Sinne des § 2 des Heimtückegesetz

Urteil vom 20. Dezember 1938 - 11 Js. Sond. 1502/38 (38a) 188/38 -
DJ 1939, S. 189
Betr.: Zum Begriff der "Autofalle" im Sinne des Gesetzes gegen Straßenraub mittels Autofallen vom 22. Juni 1938

Urteil vom 21. Dezember 1938 - 11 Js. Sond. 1524/38 (38b) 98/38 -
DJ 1939, S. 189-190
Betr.: Zum Begriff der "Autofalle" im Sinne des Gesetzes gegen Straßenraub vom 22. Juni 1938

Urteil vom 13. September 1939 - (38a) SondG. 115/39 -
DtR 1939 II, S. 1977
Betr.: § 4 Heimtückegesetz: Zum strafrechtlichen Schutz des Begriffs des "alten Kämpfers". "Alter Kämpfer" ist eine Ehrenbezeichnung für verdiente Angehörige der Bewegung, die sich schon lange vor 1933 durch aktives Verhalten für die Ziele des Nationalsozialismus eingesetzt haben.

Urteil vom 10. Oktober 1939 - (38b) Sond.G. 121/39 -
DJ 1939 II, S. 1835-1836
Betr.: § 2 der Verordnung gegen Volksschädlinge: Der Begriff "unter Ausnutzung" der Verdunkelungsmaßnahmen ist nicht kausal zu verstehen. Selbst eine Tat, die der Täter auch unter normalen Beleuchtungsverhältnissen ausgeführt hätte, kann daher unter Ausnutzung der zur Abwehr von Fliegergefahr getroffenen Maßnahmen begangen sein.

Beschluß vom 10. Juni 1940 - 38 a Sond 46/40 -
DtR 1940 II, S. 1390-1391
Betr.: Gebühren des Pflichtverteidigers vor dem Sondergericht

Urteil vom 10. September 1940 - (38b) SondG 89/40 -
DtR 1940 II, S. 1939
Betr.: Ein Postfacharbeiter, der im Betriebe der Reichspost als Handlanger beim Ausschütten von Postsäcken beschäftigt ist, ist Beamter im Sinne des § 359 RStGB und wird als Volksschädling bestraft, wenn er Feldpostsendungen entwendet.

Urteil vom 24. September 1940 - (38b) SondGer. 96/40 -
HRsp. 1941, Nr. 85
Betr.: Kommen Eheleute überein, regelmäßig den Nachrichtendienst ausländischer Sender gemeinsam abzuhören, und berichtet ein Ehegatte dem anderen bei dessen Behinderung verabredungsgemäß von dem Inhalt der Nachrichten, so liegt ein Verbrechen gegen §§ 1, 2 des Gesetzes über außerordentliche Rundfunkmaßnahmen vor

Urteil vom 1. November 1940 - (38a) SondGer 124/40 V -
HRsp. 1941, Nr. 293
Betr.: Angestellte, die im zivilen Luftschutz eines Unternehmens tätig sind, werden nach § 4 der Verordnung gegen Volksschädlinge bestraft, wenn sie in Ausnutzung der nach Kriegsausbruch einsetzenden besonders starken Nachfrage der Bevölkerung Luftschutzgeräte aus dem Bestande des Unternehmens für eigene Rechnung veräußern

Urteil vom 1. November 1940 - (38b) SondGer 118/40 -
HRsp. 1941, Nr. 305
Betr.: Ein im Briefkastendienst beschäftigter Postfacharbeiter, der sich Feldpostpäckchen aneignet, ist nach § 4 der Verordnung gegen Volksschädlinge zu bestrafen

Urteil vom 22. November 1940 - (38b) SG 126/40 -
HRsp. 1941, Nr. 294
Betr.: Eine Verurteilung nach § 4 der Verordnung gegen Volksschädlinge setzt voraus, daß der Täter seiner ganzen Persönlichkeit nach als Volksschädling erscheint

Urteil vom 26. November 1940 - (38b) SondGer 93/40 -
DtR 1941, S. 701-703
Betr.: Auslegung des § 1 Absatz 1 der Kriegswirtschafts-Verordnung

Urteil vom 20. Dezember 1940 - (38b) SondGer 87/40 -
DtR 1941, S. 582
Betr.: Böswillige Untergrabung der deutschen Siegeszuversicht als Verstoß gegen § 2 des Heimtückegesetzes

Urteil vom 28. Februar 1941 - (38b) SondGer 1/40 -
DtR 1941, S. 1203
Betr.: Mitgliedskarte der nationalsozialistischen Kriegsopferversorgung als öffentliche Urkunde

Urteil vom 28. Februar 1941 - (38b) SondGer 1/41 -
DtR 1941 II, S. 1452
Betr.: Abgrenzung Vorbereitungshandlung/Versuch beim Diebstahl

Urteil vom 6. März 1941 - (38b) SG. 13/41 -
HRsp. 1941, Nr. 563
Betr.: Körperverletzung durch starke seelische Erschütterung als Volksschädlingstat (§ 4 der Verordnung gegen Volksschädlinge)

Urteil vom 21. April 1941 - (38b) SondGer 34/41 -
HRsp. 1941, Nr. 834
Betr.: Diebstahl unter Ausnutzung der kriegsbedingten Verdunkelung als Volksschädlingstat

Urteil vom 2. Mai 1941 - 11 Js. Sond. 918/40 (38b) Sond.Ger. 111/40 -
DJ 1941, S. 665 und DtR 1941 II, S. 1841
Betr.: Die Anrechnung der erlittenen Polizei- und Untersuchungshaft durch das Gericht ist auch bei zu Zuchthausstrafe verurteilten Wehrpflichtigen zulässig

Urteil vom 28. Mai 1941 - (38b) SondGer. 54/41 -
HRsp. 1941, Nr. 940
Betr.: Ein Beamter des Hauptwirtschaftsamtes, der eine Amtsunterschlagung an Lebensmittelkarten begeht, verübt dadurch zugleich ein Verbrechen gegen § 4 der Verordnung gegen Volksschädlinge

Urteil vom 27. Juni 1941 - (38b) SondGer. 64/41 -
HRsp. 1941, Nr. 916
Betr.: Äußerung eines Angeklagten, er hasse alles Deutsche, als eine Tat, die gemäß den besonderen Anforderungen der Kriegsverhältnisse entsprechend § 2 des Heimtückegesetzes Strafe verdient

Urteil vom 11. Juli 1941 - (38b) SG 69/41 -
HRsp. 1941, Nr. 1014
Betr.: Fortsetzungszusammenhang zwischen einem Verdunkelungsverbrechen nach § 2 der Verordnung gegen Volksschädlinge und einfachem Recht

Urteil vom 9. September 1941 - (38b) SondGer 61/41 -
HRsp. 1941, Nr. 1062
Betr.: Auch ein Ausländer kann als Volksschädling bestraft werden

Urteil vom 14. Oktober 1941 - (38b) SG. 132/41 -
HRsp. 1942, Nr. 226
Betr.: Auch durch Diebstahl kann ein Beiseiteschaffen von Waren im Sinne der Kriegswirtschafts-Verordnung erfolgen. Der Begriff des "lebenswichtigen Bedarfs" ist weit auszulegen: Darunter fallen auch Genußmittel

Urteil vom 31. Oktober 1941 - (38b) SG 116/41 -
HRsp. 1942, Nr. 243
Betr.: Wer in der gegenwärtigen Kriegszeit unter der Hand von einem Unbekannten bezugsbeschränkte Lebensmittel erwirbt, ohne sich genau nach deren Herkunft zu erkundigen, nimmt einen hehlerischen Erwerb in Kauf (§ 259 RStGB)

Urteil vom 31. Oktober 1941 - (38b) SondGer 80/41 -
DtR 1942, S. 266-268
Betr.: Auslegung des § 2 Absatz 2 Heimtückegesetz

Urteil vom 4. November 1941 - (38b) SondGer. 128/41 -
HRsp. 1942, Nr. 122
Betr.: Diebstähle aus einem Luftschutzraum als Volksschädlingstat

Urteil vom 6. Juli 1943 - (38a) 99/43 -
DtR 1944, S. 280-282
Betr.: Anwendung der Verordnung zur Erweiterung und Verschärfung des strafrechtlichen Schutzes gegen Amtsanmaßung vom 9. April 1942

Urteil vom 20. Juli 1943 - (38a) 117/43 -
DtR 1944, S. 282-283
Betr.: "Fortgesetzte Beeinträchtigung der Lebenskraft des deutschen Volkes" durch mehrfache Abtreibungen

Sondergericht H a n n o v e r

Urteil vom 25. Januar 1934 - 6 SL 3.34 -
DJ 1934, S. 452-453
Betr.: Keine Strafbarkeit nach § 2 des Heimtückegesetzes, wenn ein NSDAP-Mitglied bei Begehung einer Straftat eine SA-Uniform trägt, ohne Mitglied dieses Verbandes zu sein

Urteil vom 30. September 1942 - 10 SLs 4/42 -
DtR 1942 II, S. 1788-1790
Betr.: Uneigennützige Zurückhaltung von Textilwaren als Verstoß gegen § 1 Absatz 1 der Kriegswirtschafts-Verordnung

Sondergericht I n n s b r u c k

Urteil vom 6. Juli 1943 - KLS 79/43 -
DtR 1943, S. 1045
Betr.: Zum Begriff des Beiseiteschaffens im Sinne des § 1 der Kriegswirtschafts-Verordnung

Sondergericht J e n a

Urteil vom 28. März 1940 - SoG 44/40 -
DJ 1940 II, S. 799
Betr.: Wer absichtlich Nachrichten ausländischer Sender, die geeignet sind, die Widerstandskraft des Deutschen Volkes zu gefährden, in einer Weise abhört, durch die er sie zugleich bewußt und gewollt zur Kenntnis eines anderen gelangen läßt, ist wegen eines Verbrechens nach §§ 1, 2 der Verordnung über außerordentliche Rundfunkmaßnahmen zu bestrafen

Sondergericht K a s s e l

Urteil vom 4. Dezember 1942 - S 3 b Js 470/42 -
DtR 1943, S. 393-396
Betr.: "Ausmerzung" eines Gewohnheitsverbrechers

Sondergericht K i e l

Urteil vom 11. Februar 1942 - 12 Son K Ls 8/42 (Sdg 399/41) -
DtR 1942 B, Heft 11/12 vom 15. Juni 1942
Betr.: Betrügerischer Verkauf einer nachgemachten Kleiderkarte als Volksschädlingstat

Sondergericht K l a g e n f u r t

Urteil vom 5. November 1940 - K Ls 35/40 -
DtR 1941, S. 579-582
Betr.: Einschränkende Auslegung des § 1 der Verordnung gegen Gewaltverbrecher

Sondergericht K o b l e n z

Urteil vom 30. September 1942 - 2 SLs 94/42 -
DtR 1943, S. 35-36
Betr.: Die unbegründete Weigerung eines Stahlwarenhändlers, einem Bombengeschädigten Eßbestecke zu verkaufen, ist als Verbrechen gegen § 1 der Kriegswirtschafts-Verordnung zu bestrafen

Sondergericht K ö l n

Urteil vom 27. Dezember 1939 - 31 S Ls 15/39 -
DJ 1940, S. 249
Betr.: Auch Jugendliche, die noch nicht das 16. Lebensjahr erreicht haben, können durch die Sondergerichte abgeurteilt werden

Urteil vom 28. Oktober 1942 - 31 SLs 88/42 (39-295/42) -
DJ 1943, S. 141-142
Betr.: Qualifizierende Tatumstände, die ein Vortäter erfüllt hat, sind auch einem neuen Täter zuzurechnen, der zwar nicht gemeinsam mit dem Vortäter gehandelt, aber die Tat in Kenntnis der besonderen Merkmale der Vortat weitergeführt und beendet hat

Urteil vom 5. Januar 1944 - 1 SLs 68/43 -
DJ 1944, S. 206-207
Betr.: Extensive Auslegung des Gewaltbegriffs als Tatbestandsmerkmal des Raubes nach "gesundem Volksempfinden"

Urteil vom 12. Juli 1944 - 33 SLs 21/44 -
DJ 1944, S. 321
Betr.: Zum Begriff des Plünderns in § 1 der Verordnung gegen Volksschädlinge

Sondergericht K ö n i g s b e r g

Urteil vom 20. November 1941 - 14 S KLs 469/663/41 -
HRsp. 1942, Nr. 817
Betr.: Bringt der Inhaber eines Geschäfts gewerblicher Waren durch Tauschhandel bezugsbeschränkte Lebensmittel an sich, so macht er sich nach § 1 der Kriegswirtschafts-Verordnung strafbar

Sondergericht L e i p z i g

Urteil vom 12. August 1941 - 1 GS 210/41 -
HRsp. 1941, Nr. 1027
Betr.: Bestimmung des Begriffs "umschlossener Raum" im Sinne des § 243 Ziff. 2 RStGB

Urteil vom 2. April 1942 - 37 KLs 49/42 (1 2O 65/42) -
HRsp. 1942, Nr. 665
Betr.: Wer sich fortgesetzt von einem Hörer ausländischer Sender Nachrichten mitteilen läßt, ist in entsprechender Anwendung (§ 2 RStGB) des § 1 des Gesetzes über außerordentliche Rundfunkmaßnahmen zu bestrafen

Urteil vom 21. Mai 1942 - 37 KLs 71/42 - 1 SG 107/42 -
HRsp. 1942, Nr. 819
Betr.: Wer den Verkauf lebenswichtiger Güter unbegründet verweigert, wird nach § 1 der Kriegswirtschafts-Verordnung bestraft

Sondergericht L e o b e n

Urteil vom 5. April 1940 - KLs 9/40 -
DJ 1940 II, S. 799
Betr.: Wer absichtlich Nachrichten ausländischer Sender, die geeignet sind, die Widerstandskraft des Deutschen Volkes zu gefährden, in einer Weise abhört, durch die er sie zugleich bewußt und gewollt zur Kenntnis eines anderen gelangen läßt, ist wegen Verbrechens nach §§ 1, 2 der Verordnung über außerordentliche Rundfunkmaßnahmen zu bestrafen

Sondergericht L e s l a u

Urteil vom 10. September 1941 - SdG 1 194/41 -
HRsp. 1941, Nr. 1071
Betr.: Ein Pole, der im Osten das Abzeichen der "Deutschen Arbeitsfront" trägt, ist in entsprechender Anwendung (§ 2 RStGB) des § 3 Heimtückegesetz zu bestrafen

Sondergericht L i n z

Urteil vom 30. April 1943 - II Sg 112/43 -
DtR 1943, S. 1046
Betr.: Nachmachen von Gutscheinen einer Werkskantine als Verbrechen gegen die Kriegswirtschafts-Verordnung

Sondergericht M a g d e b u r g

Urteil vom 9. Januar 1941 - SG Ls 192/40 -
DtR 1941, S. 706
Betr.: Kameradendiebstahl als Volksschädlingstat

Urteil vom 18. August 1941 - SG Ls 116/41 -
DJ 1942, S. 105-106 und DtR 1942, S. 723-725
Betr.: Zersetzung der Wehrkraft durch Unterlassungstat

Urteil vom 5. und 9. Mai 1942 - SG Ls 103/42 -
DJ 1942, S. 803-804 und DtR 1942 II, S. 1139-1140
Betr.: Unterlassung einer Anzeige bei der Polizei als Beihilfe zu einem Kriegswirtschaftsverbrechen; wegen Beihilfe ist auch derjenige zu bestrafen, der nicht Mithelfer, sondern nur Mitwisser der Tat ist

Sondergericht M a n n h e i m

Urteil vom 28./29. November 1938 - 7 Kls 14/38 -
JW 1939, S. 35-37
Betr.: Begriff der "Autofalle" im Sinne des Gesetzes gegen den Straßenraub; Abgrenzung zwischen versuchtem Totschlag und versuchtem Mord

Urteil vom 5. September 1941 - So KLs. 66/41 -
DStR 1941, S. 197-199
Betr.: Entsprechende Anwendung (§ 2 RStGB) des § 243 Absatz 1 Ziffer 4 RStGB (schwerer Diebstahl)

Urteil vom 17. Dezember 1943 - So KLs 132/43 -
DJ 1944, S. 125-126
Betr.: Beiseiteschaffen von Bezugsberechtigungen für Waren als Kriegswirtschaftsverbrechen

Sondergericht M ü n c h e n

Urteil vom 16. Mai 1934 - Str Proz Reg Nr 50 134/34 -
JW 1934 II, S. 2090-2091
Betr.: § 59 RStGB, § 8 Volksverratsgesetz. Irrtum des Täters über den Inhalt strafrechtlicher Bestimmungen in Sondergesetzen schließt den Vorsatz aus

Urteil vom 22. August 1936 - AVZ Is - So 1103/36 -
JW 1936 III, S. 3013
Betr.: Straferlaß nach dem Straffreiheitsgesetz vom 23. April 1936

Urteil vom 30. Oktober 1936 - 16 KMs - So 218/36 -
JW 1937, S. 184-185
Betr.: Die Verbreitung einer unwahren Behauptung tatsächlicher Art nach dem Heimtückegesetz liegt nicht vor, wenn ein Ehemann seiner Frau ein Gerücht weitererzählt und nicht damit zu rechnen braucht, daß diese das Gerücht weitererzählen werde

Urteil vom 15. Dezember 1939 - 1 KLs So. 56/39 -
HRsp. 1940, Nr. 567
Betr.: Wer aus perverser Veranlagung wiederholt jungen Mädchen mit einer Rasierklinge die Röcke aufschlitzt, ist wegen Sachbeschädigung und als gefährlicher Gewohnheitsverbrecher zu bestrafen

Urteil vom 10. Mai 1941 - ohne Aktenzeichen -
DtR 1941 B, S. 85
Betr.: Betrug und Untreue als Volksschädlingstaten

Sondergericht N ü r n b e r g

Urteil vom 16. Dezember 1938 - Reg f. H. V. Sg 98/38 -
DJ 1939, S. 190
Betr.: Zum Begriff der "Autofalle" im Sinne des Gesetzes gegen Straßenraub mittels Autofallen vom 22. Juni 1938

Beschluß vom 11. Februar 1939 - SG 98/38 -
DtR 1939, S. 165
Betr.: Gebühren des Verteidigers vor dem Sondergericht

Sondergericht N ü r n b e r g - F ü r t h

Urteil vom 25. Februar 1943 - Reg f. H. V. Sg. Nr. 773/42 -
DtR 1943, S. 1037-1038
Betr.: Ehrenschutz gefallener Soldaten

Sondergericht P o s e n

Urteil vom 3. Juli 1941 - Sd 4 KLs 94/41 (II S 1 I) -
HRsp. 1942, Nr. 666
Betr.: Wer sich Nachrichten aushändigen läßt, die ein anderer von einem ausländischen Sender abgehört und aufgezeichnet hat, ist in entsprechender Anwendung (§ 2 RStGB) des Gesetzes über außerordentliche Rundfunkmaßnahmen zu bestrafen

Urteil vom 26. Juli 1941 - Sd 4 KLs 114/41 (II B 17) -
HRsp. 1942, Nr. 47
Betr.: Das Tragen von Hakenkreuzabzeichen bei Begehung von Straftaten ist in entsprechender Anwendung (§ 2 RStGB) des Heimtückegesetzes zu bestrafen

Sondergericht P r a g

Urteil vom 5. Dezember 1941 - 7 KLs 146/41 -
DtR 1942, S. 400
Betr.: Tateinheit zwischen Verbrechen nach der Volksschädlings- und nach der Kriegswirtschafts-Verordnung

Urteil vom 4. März 1943 - 3 K Ls 12/45 -
DtR 1944, S. 24-25
Betr.: Wenn ein Bauer fest entschlossen ist, seiner Ablieferungspflicht nicht nachzukommen, so stellt dies den strafbaren Versuch eines Unterlassungsdelikts nach § 1 Absatz 1 der Kriegswirtschafts-Verordnung dar

Sondergericht R o s t o c k

Urteil vom 15. November 1939 - 1 K Ls 10/39 -
HRsp. 1940, Nr. 381
Betr.: Wer in Kriegszeiten wehrlosen Frauen unter Ausnutzung der durch den Kriegszustand verursachten außergewöhnlichen Verhältnisse auflauert, ist als Volksschädling zu bestrafen, auch wenn es nur zu einem Notzuchtversuch kommt

Sondergericht S c h w e r i n

Urteil vom 13. Mai 1935 - K Ms 31/35 -
JW 1935 II, S. 2082
Betr.: Einschränkung der Weimarer Reichsverfassung durch nationalsozialistische Rechtsgrundsätze

Urteil vom 27. Oktober 1941 - 1 K Ls. 58/41 SD. -
HRsp. 1942, Nr. 227
Betr.: Wer die Abgabe bezugsbeschränkter lebenswichtiger Erzeugnisse von der Lieferung anderer Mangelware abhängig macht, wird nach der Kriegswirtschafts-Verordnung bestraft

Sondergericht S t e t t i n

Urteil vom 11. Februar 1937 - 6 S. R. Ms 14/37 -
DJ 1937, S. 708-709
Betr.: Trifft eine öffentliche Beleidigung tateinheitlich mit einem Vergehen gegen § 2 des Heimtückegesetzes zusammen, so kann dem Beleidigten durch entsprechende Gesetzesanwendung (§ 2 RStGB) die Veröffentlichungsbefugnis aus § 200 (RStGB) zugesprochen werden, obwohl das Heimtückegesetz, aus dem die Strafe zu entnehmen ist, dies nicht vorsieht

Sondergericht S t u t t g a r t

Urteil vom 1. Februar 1940 - SL 13/40, I 10 SG 43/40 -
DtR 1940, S. 441-442
Betr.: Auslegung des Begriffs "Gewaltverbrecher"

Urteil vom 22. Februar 1940 - 5 M 32/40 -
DStR 1940, S. 96
Betr.: Wer "die Deutschen" oder "das deutsche Volk" beschimpft oder böswillig und mit Überlegung verächtlich macht, ist in entsprechender Anwendung (§ 2 RStGB) des § 134 a RStGB zu bestrafen

Sondergericht T r i e r

Urteil vom 11. Dezember 1939 - 3a S KLs 7/39 -
HRsp. 1940, Nr. 632 und DJ 1940, S. 515-516
Betr.: Auch eine Unterschlagung im "freigemachten Gebiet" kann den Tatbestand des Plünderns im Sinne der Verordnung gegen Volksschädlinge erfüllen

Sondergericht W e i m a r

Urteil vom 26. Februar 1943 - SoG 54/43 -
DtR 1943, S. 761
Betr.: Beiseiteschaffen von Lebensmittelkarten nach der Kriegswirtschaftsverordnung: Ein Beiseiteschaffen im Sinne des Gesetzes liegt auch dann vor, wenn der Täter die Karten nicht ausnutzen, sondern lediglich vernichten will

Sondergericht W i e s b a d e n

Urteil vom 6. Dezember 1939 - 5 a KLs 4/39 -
HRsp. 1940, Nr. 569
Betr.: Die Beleidigung der Frauenehre eines zur Kriegsdienstleistung einberufenen Volksgenossen stellt eine besonders verwerfliche Straftat nach § 4 der Verordnung gegen Volksschädlinge dar

Sondergericht W ü r z b u r g

Urteil vom 30. September 1942 - SG 5/42 -
DtR 1943, S. 36-37
Betr.: Ein Bauer, der seinen Hof schlecht bewirtschaftet, wird wegen eines Verbrechens nach § 1 Absatz 1 der Kriegswirtschaftsverordnung bestraft

Sondergericht W u p p e r t a l

Urteil vom 14. November 1942 - 8 KLs 14/42 (So 62) -
DtR 1943, S. 441-442
Betr.: Ein Beiseiteschaffen im Sinne des § 1 der Kriegswirtschaftsverordnung kann auch im wahllosen Ankaufen von Lebensmitteln gefunden werden

Sondergericht Z w e i b r ü c k e n

Urteil vom 9. Juli 1941 - 15 S Kls 75/41 -
HRsp. 1941, Nr. 938
Betr.: Inverkehrbringen von Fehldrucken der Reichskleiderkarte als Zuwiderhandlung gegen § 1 der Kriegswirtschaftsverordnung

Stichwortverzeichnis

Bei Fragen zur Produktsicherheit wenden Sie sich bitte an:
If you have any questions regarding product safety,
please contact:

Walter de Gruyter GmbH
Genthiner Straße 13
10785 Berlin
productsafety@degruyterbrill.com